Interpretationshilfen

Kurt Binneberg

Deutsche Lyrik 1945–1989

Ernst Klett Schulbuchverlag Leipzig
Leipzig Stuttgart Düsseldorf

CIP-Vermerk
Die Deutsche Bibliothek verzeichnet diese Publikation in der Deutschen Nationalbibliografie; detaillierte bibliografische Daten sind im Internet über http://dnb.ddb.de abrufbar.

1. Auflage 1 6 5 4 3 | 2011 2010 2009

Alle Drucke dieser Auflage sind unverändert.
Die letzten Zahlen bezeichnen jeweils die Auflage und das Jahr des Druckes.

Internetadresse: www.klett.de

Umschlaggestaltung und Layoutkonzeption: Sandra Schneider
Satz: Ines Schiffel, Berlin
Druck: Druckhaus Beltz, Hemsbach

Printed in Germany

ISBN 978-3-12-922627-8

9 783129 226278

Inhalt

Einleitung

Als Paul Celan im Juli 1967 zu einer Lesung seiner Gedichte nach Freiburg kam, überfüllten weit mehr als tausend Zuhörer das Auditorium Maximum der Universität. Die Lesung wurde vom Südwestfunk aufgezeichnet. Ein solcher Vorgang, der die breite Anziehungskraft einer immerhin schwierigen Lyrik veranschaulicht, ist aus heutiger Sicht kaum vorstellbar. Er beruht nicht nur auf der Berühmtheit des Autors, sondern er bezeugt auch das lebhafte Interesse des Publikums jener Jahre an der Kunstform des Gedichts. Insgesamt besitzt die Lyrik in den ersten Jahrzehnten nach dem Kriegsende einen außergewöhnlich hohen Stellenwert im literarischen Leben. Neben Celan sind unter anderem Benn, Krolow, Eich, Kaschnitz, Bachmann, Domin, Brecht, Kunert, Kirsch, Huchel, Enzensberger viel beachtete Autoren. Eine Auseinandersetzung mit ihren Texten ist nicht nur aus historischen Gründen allemal lohnend. Gedichte bezeugen, wie kaum eine andere Literaturform, die ungeahnte Ausdrucks- und Gestaltungskraft der Sprache. Der russische Dichter Joseph Brodsky formuliert den prinzipiellen Anspruch der poetischen Gattung einmal so: „Lyrik ist die Essenz der Kultur aller Welt." Die Behauptung mag überspitzt klingen, sie bekommt aber durch den Begriff „Essenz", der so viel wie ‚Konzentration' bedeutet, ihren besonderen Wahrheitsgehalt.

Die Zeitspanne von nahezu einem halben Jahrhundert lyrischer Produktivität wird durch zwei einschneidende historische Ereignisse eingegrenzt. Im Mai 1945 endet mit der deutschen Kapitulation der Zweite Weltkrieg und die Schreckensherrschaft des Nationalsozialismus. Zugleich damit wird auch die Teilung Deutschlands eingeleitet. Fünfundvierzig Jahre später, am 3. Oktober 1990, erfolgt mit dem Beitritt der DDR zur Bundesrepublik die Wiedervereinigung der beiden Staatsgebilde, wodurch für Deutschland das Ende der Nachkriegszeit erreicht ist. In dieser Epoche entsteht eine bemerkenswerte Fülle von Lyrik, die vor allem wegen der Zugehörigkeit der Autoren zu zwei verschiedenen politischen Systemen erhebliche Unterschiede aufweist. Nicht zu Unrecht hat man von *zwei* deutschen Literaturen gesprochen. Im vorliegenden Band wird aber auf diese zweigeteilte Betrachtungsweise verzichtet. Sie hätte eine weitere Aufgliederung der Kapitel erforderlich gemacht und die Darstellung zusätzlich kompliziert. Die damit gewonnene Überschaubarkeit rechtfertigt den (vertretbaren) Verzicht auf Differenzierungen.

Der Aufbau der Buches, dessen Schwerpunkt die ausführlichen Einzelinterpretationen bilden, folgt systematischen und chronologischen Gesichtspunkten. Ein erster Hauptaspekt der Gliederung ergibt sich aus der umstrittenen, aber didaktisch nützlichen Unterscheidung zwischen ästhetisch-autonomer und engagierter Literatur (*poésie pure* und *poésie engagée*).

Benn und Brecht stehen als exemplarische Vertreter der beiden Richtungen an der Spitze der Lyrik nach 1945. „Benn ist maßgebend für die magische, absolute und hermetische Poesie, Brecht hat Maßstäbe gesetzt für eine auf Mitteilung und Erkenntnis gerichtete und der sozialen Wirklichkeit verpflichtete Lyrik“ (W. Hinck: Gedichte und Interpretationen, Bd. 6. S. 9). Wollte man beiden Autoren eine dominierende philosophische Strömung zuordnen, dann wäre für Benn wohl Nietzsche und für Brecht der frühe Marx zu nennen. Eine vergleichbare Zweiteilung für die neuere deutsche Lyrik schlägt M. Windfuhr vor (Sengle, S. 401 f.). Er sieht einen „Antagonismus“ zwischen „Seins- und Zeitdichtern“. Einerseits gibt es Autoren, die sich auf die „Strukturen von Sein und Leben“ (auf die „metaphysische Frage“) konzentrieren. Er nennt hier R. Ausländer, E. Meister, D. Grünbein. Wir würden Benn, Eich, Celan, Bachmann u.a. mit wesentlichen Teilen ihres Werks dieser Linie zurechnen. In den Kapiteln I, 2 und III, 3/4 finden sich Interpretationsansätze, die sich mit Windfuhrs These berühren. Auf der anderen Seite stehen Lyriker, denen „es um die spezifische Zeitsignatur geht“. Dazu zählen beispielsweise Fried, Kunze, Biermann. Sie gehören in eine Traditionsreihe, die von Heine und Brecht ihren Ausgang nimmt. In unserer Darstellung sind sie unter dem Themenschwerpunkt „Historisch-politische Lyrik“ vereint. Dass es zwischen beiden Lagern viele Überschneidungen gibt, ist leicht zu erkennen.
Ein zentrales Thema in der modernen Lyrik bilden die Problemfelder Sprache und Poesie. Sie werden zum Gegenstand in den sich selbst reflektierenden poetologischen Gedichten, die während der fünfziger und sechziger Jahre in großer Zahl entstehen. Mit ihnen setzt die Interpretationsarbeit des Buches ein. Auch für diesen Komplex ließen sich Verknüpfungen mit Windfuhrs Kategorie von Seins- und Zeitdichtung herstellen. Das Nachdenken über Lyrik und ihre Bedeutung für die Gesellschaft führt zu menschlichen Existenz- und Sinnfragen bei Benn, Kaschnitz, Bachmann (Kap. I, 2). Auf der anderen Seite lenkt die poetologische Reflexion den Blick auf die Rolle des Gedichts in der politischen Praxis bei Brecht, Kunert, Enzensberger (Kap. IV, 2).
Die Experimentelle und Konkrete Poesie, die vor allem durch Beispiele von Gomringer und Jandl vertreten sind, stellen eine Sonderform der ästhetisch-autonomen Lyrik dar. Ihre artifiziell konstruierten Sprach-Bild-Kunstwerke verfolgen nur selten außerliterarische Absichten. Sie spielen mit dem Laut- und Wortmaterial und bringen dadurch versteckte Eigenschaften der Sprache ans Licht. Primär aber geht es gerade um dieses Material selbst. Gleichwohl können auch sprach- und gesellschaftskritische Intentionen wirksam werden, wie es sich exemplarisch an den erörterten Jandl-Gedichten erweist (Kap. II, 3).
Zu den bedeutenden Hervorbringungen in der poetischen Tradition der Jahrhunderte gehört die Naturlyrik. Das gilt auch für die Zeit nach 1945.

Es wird dem Genre ein eigenes Kapitel eingeräumt, in dem Gedichte von Eich, Bachmann und Benn zur Sprache kommen, die die Rolle der Natur für die Selbsterfahrung des Menschen thematisieren (Kap. III, 2/3). Ergänzend zu dem Gedichttypus ließe sich auch ein Kapitel ‚Naturlyrik als politische Lyrik' schreiben. Beispielhaft für die Themenverknüpfung ist der von N. Mecklenburg betreute Band „Naturlyrik und Gesellschaft" (Stuttgart 1977). In der vorliegenden Arbeit beschränken wir uns auf Hinweise zu naturlyrischen Motiven bei der Interpretation der entsprechenden politischen Gedichte.
Die Richtungen der ästhetisch-autonomen, absoluten Poesie, die nach Kriegsende die europäische Moderne in Deutschland fortführen, entfalten ihre größte Wirkung bis in die späten fünfziger Jahre hinein. Krolow benennt die Zeit von 1952 bis 1962 als das „Goldene Lyrik-Jahrzehnt" (Knörrich, 1978. S. 370). Mit Beginn der sechziger Jahre zeichnet sich ein Paradigmenwechsel ab. Zwar publizieren Lyriker wie Celan, Eich, Meister u. a. weiterhin bedeutende Gedichte im hermetischen Stil, aber parallel dazu betritt Enzensberger 1957 mit der „Verteidigung der Wölfe" und 1960 mit „Landessprache" das literarische Terrain. Er zählt wie Kunert zu den Erben der Tradition Brechts, und er gibt wichtige Anstöße zur Politisierung der Lyrik, die das Ende der hermetischen Ästhetik herbeiführen soll. Rühmkorf ist neben Enzensberger zu nennen. Günter Grass veröffentlicht 1960 die Sammlung „Gleisdreieck". Erich Fried schreibt im Zusammenhang mit dem Vietnam-Krieg provozierende Widerstandsgedichte (1965). Nach schwachen Ansätzen in der unmittelbaren Nachkriegszeit kommt damit zu Beginn der sechziger Jahre eine Lyrik zur Geltung, die auf gesellschaftliche Veränderung hinwirken will. Das Gedicht muss einen praktischen ‚Gebrauchswert' besitzen und als Waffe im Kampf gegen die herrschenden Verhältnisse dienen können. In der Lyrik der DDR ist eine solche aggressive Protestdichtung kaum anzutreffen. Viele Autoren setzen noch Hoffnungen auf die Verwirklichung eines ‚wahren Sozialismus'. Biermanns „Ermutigung" wäre dafür als Beispiel zu nennen. Andererseits gibt es eine große Zahl kritischer Gedichte, in denen offen oder verdeckt Widerspruch gegen die SED-Parteidiktatur und den Verrat an der sozialistischen Idee formuliert wird (Biermann, Braun, Kirsch, Kunert, Kunze; vgl. Kap. IV, 6). Ähnlich wie in Westdeutschland gewinnt das politische Zeitgedicht auch im Osten während der sechziger Jahre zunehmend an Bedeutung.
Zusammen mit dem Eindringen der historisch-politischen Themen in die Lyrik um 1960 setzt eine intensivere Auseinandersetzung mit der Geschichte des Dritten Reiches ein. Die in den fünfziger Jahren eher verdrängte Erinnerung an die Verbrechen der Nazizeit, vor allem die Vernichtung der Juden, wird durch die anwachsende Holocaust-Lyrik ins literarische Bewusstsein gerückt. Zwar gibt es schon früh aus persönlicher Betroffen-

heit heraus Gedichte von Nelly Sachs und Paul Celan zu diesem Komplex. Doch bleibt dies vereinzelt. Erst während der sechziger Jahre richtet sich der öffentliche Blick auf das durch die Deutschen verübte Grauen. Um ein signifikantes Beispiel aus der Zeit zu nennen: Von Dezember 1963 bis August 1965 findet der Frankfurter Auschwitz-Prozess statt, der in dem Oratorium „Die Ermittlung" von Peter Weiss poetisch dokumentiert ist. Zahlreiche Gedichte von E. Arendt, Ausländer, Bobrowski, Enzensberger, Fried, Hahn, Huchel nehmen das Thema auf, und es ist als unauslöschliche Erinnerung in der deutschen Lyrik bis heute wirksam (Kap. IV, 4).
Mit der radikalen Politisierung der Literatur geht auch ein Wandel in ihrem Selbstverständnis einher. Das Gedicht wird zum Instrument der Gesellschaftsveränderung funktionalisiert und von daher bezieht es seine Rechtfertigung, vorausgesetzt dass es für die ‚richtige' Seite Partei ergreift. Literarischer Rang und ästhetische Ansprüche treten gänzlich in den Hintergrund. Schon Anfang der siebziger Jahre setzt aber eine gegenläufige Bewegung ein. Man hat aus verschiedenen Gründen das Jahr 1970 als Zäsur in der Entwicklung der Dichtung nach 1945 angesehen. Es handelt sich um das Todesjahr von Paul Celan. Mit seinem Verstummen klingt die inzwischen bedeutungslos gewordene hermetische Poesie endgültig aus. Um dieselbe Zeit hat aber auch die politische Protestlyrik mit ihren utopischen Entwürfen an Anziehungskraft verloren. Es bahnt sich um 1970 ein Neuanfang an, dessen Ziel in der Rückeroberung der Literatur besteht. Die Wiedergewinnung des Subjekts, das in der politischen Programmdichtung verloren gegangen ist, und die Wahrnehmung der alltäglichen Erlebniswirklichkeit anstelle der abstrakten Gesellschaftstheorien gehören zum Kern der neuen literarischen Strömungen. Ihre Vorbilder stammen insbesondere aus der amerikanischen Pop-Art-Szene. Mit Begriffen wie ‚Alltagslyrik' – ‚Neue Subjektivität' – ‚Neue Innerlichkeit' – ‚Neue Sensibilität' sind ihre Tendenzen stichwortartig umrissen: gegenstandsnaher Detailrealismus, Motive des Alltagslebens, umgangssprachlicher Stil bis zum Jargon, Verständlichkeit für jedermann, ästhetische Anspruchslosigkeit, selbsterlebte subjektiv-autobiographische Sujets (‚Erlebnislyrik'), sinnliche Wahrnehmungs- und Darstellungsformen. J. Becker, Born, Brinkmann, Buselmeier, Delius, Haufs, Theobaldy, Wondratschek gehören zeitweise zu den bedeutendsten Autoren der Richtung. In gewissem Sinne richten sich ihre Texte gegen Grundzüge der Moderne. Für diese sind antirealistische Tendenzen der Verfremdung, die dunkle, schwer verständliche Metaphorik, das kunstvolle Sprachspiel und komplexe Montagetechniken charakteristisch. Aufgrund ihrer entgegengesetzten Stilhaltungen sind Alltagslyrik und Neue Subjektivität auch als Erscheinungsformen der ‚Postmoderne' bezeichnet worden. Aber die Verwendung dieses Begriffs, gängig in der Architektur und bildenden Kunst, ist gerade für die Lyrik sehr umstritten. Lamping (Moderne Lyrik, S. 112 ff.) spricht für die

siebziger Jahre von einer Phase der deutschen Lyrikgeschichte, in der die Tradition der Moderne keineswegs zu einem Ende gebracht worden sei. Korte (Geschichte der deutschen Lyrik seit 1945) diskutiert das Problem der Postmoderne erst für die Gedichte der achtziger und neunziger Jahre. Auch ihm erscheint die Charakterisierung widersprüchlich und mit vielen Unstimmigkeiten behaftet.
Alltagslyrik und Neue Subjektivität geraten in den achtziger Jahren in die Kritik. Während die bewusste Simplizität der Motive, die gewollte Kunstlosigkeit der sprachlichen Formen und die subjektivistische Lebenssicht in den Gedichten anfangs avantgardistisch wirken und zur Auseinandersetzung herausfordern, verlieren sie durch ständige Wiederholung ihren Reiz. Es entsteht beim Leser der Eindruck des Leerlaufs auch dadurch, dass viele Texte nur äußere Wirklichkeitsausschnitte präsentieren, ohne deren komplexe Zusammenhänge ahnen zu lassen. Die alltägliche Prosasprache ist in der Lyrik auf Dauer nur dann tragfähig, wenn sie sich durch ästhetische Gestaltung von der landläufigen Kommunikation unterscheidet. Das geschieht zweifellos bei den bedeutenderen Gedichten von Becker, Brinkmann, Buselmeier, Theobaldy (Kap. V, 2/3). Und hier zeigt sich auch die eigene Qualität der lyrischen Strömungen in den siebziger Jahren. In der Folge setzt aber das Bestreben nach einer Rückgewinnung der literarisch anspruchsvolleren Formtraditionen ein. Zwar bleiben Stilzüge und Motive der Alltagsgedichte noch länger wirksam, aber gleichzeitig beobachtet man vermehrt Anknüpfungen an frühere Phasen der Lyrik. Antike Vers- und Strophenformen, Blankverse, Oden werden aufgegriffen und variiert. Hölderlin vor allem, Mörike, Lenau, Platen nehmen die Rolle von Vorbildern ein. Im Montageverfahren werden Bruchstücke und Zitate aus anderen Texten so eingebaut, dass sich in den Gedichten ganz unterschiedliche Stilebenen und Erlebniswelten vereinen. Die Kulturkritik hat die spielerische Verarbeitung und Vermischung vorhandener Materialien zu neuen Werken als ein Merkmal der Postmoderne bezeichnet. Möglicherweise besitzt diese Begriffsbeschreibung eine gewisse Tragfähigkeit. Aber andererseits findet die Montagetechnik (Collage) in der modernen deutschen Literatur bereits seit Beginn des 20. Jahrhunderts Anwendung, und man müsste unter diesem Aspekt auch Expressionisten und Dadaisten postmodern nennen. In „Lieder eines fahrenden Gesellen“ von Delius (Kap. VI, 2) und in „Das Eigentum“ von Braun (Kap. VI, 4) lässt sich das Prinzip der Zitatmontage exemplarisch beobachten.
Die Darstellung von Wirklichkeit im Gedicht verändert sich in den achtziger Jahren gegenüber der Alltagslyrik und Neuen Subjektivität erheblich. Während hier eine an Filmtechniken angelehnte realistische Abbildung von Ausschnitten vorherrscht (Brinkmann), kommt im nachfolgenden Jahrzehnt eine mehr reflexive, emotional-melancholische Weltsicht zur Sprache. An die Stelle der konkreten Wahrnehmung tritt die kritische

Beurteilung. Pessimistische Klagen im ‚Lamentostil' über den heillosen Zustand der Gesellschaft und die Warnung vor möglichen Katastrophen finden sich gehäuft unter anderem bei Fried, Kunert, Haufs (Kap. VI, 2). Daneben werden auch andere Traditionsstränge aufgegriffen und produktiv fortgeführt. Die Laut- und Sprachspiele des Dadaismus, die in der Konkreten Poesie, bei Pastior, Artmann, Heißenbüttel, Jandl u.a. ihre Resonanz finden, erfahren eine Neubelebung in den witzigen Textinstallationen von Thomas Kling und bei Bert Papenfuß-Gorek (Kap. VI, 3). Die Wiedervereinigung Deutschlands in den Jahren 1989/1990 und ihre Folgen werden zum Ausgangspunkt für zahlreiche politische Gedichte, vor allem für Autoren der ehemaligen DDR, die eine Neubestimmung ihrer persönlichen und gesellschaftlichen Situation suchen. Brauns „Das Eigentum" thematisiert Vorbehalte gegenüber der Vereinigung (Kap. VI, 4), während andere Lyriker (Papenfuß-Gorek, Grünbein) das Ende des sozialistischen Staates ohne Bedauern zur Kenntnis nehmen.

In der Vielstimmigkeit der gegenwärtigen Lyrik lassen sich die Konturen eines epochentypischen Stils noch nicht wahrnehmen. Es fehlen die thematischen und poetologischen Gemeinsamkeiten, die einer lyrikgeschichtlichen Phase eine gewisse Einheit verleihen. Es gibt Zusammenhänge selbst zwischen so generationsverschiedenen Autoren wie Enzensberger (geb. 1929) und Grünbein (geb. 1962). Aber vorherrschend ist der Eindruck der Pluralität und des schnellen Wechsels, der manchen Kritikern als Indiz für unseren postmodernen Kulturzustand erscheint. Welchen Aussagewert eine solche Diagnose besitzt, lässt sich wohl erst später, aus größerem literaturgeschichtlichem Abstand beurteilen.

Das Vorhaben einer zusammenhängenden Einführung in die Lyrik eines halben Jahrhunderts muss sich zahlreiche Beschränkungen auferlegen. Das betrifft vor allem die Auswahl der Autoren und ihrer Gedichte. Da der Schwerpunkt der Darstellung auf der ausführlichen Interpretation exemplarischer Texte liegt, ist deren Anzahl relativ begrenzt. So werden die Leser zwangsläufig bedeutende Namen und wichtige Werke vermissen oder sich andere Akzente im Textzugang wünschen. Doch wird man von einem Arbeitsbuch, das zur Interpretation anleiten will, keine auch nur annähernde Vollständigkeit erwarten. Auf einige kanonische Gedichte, beispielsweise auf Celans „Todesfuge", Eichs „Inventur", Kaschnitz' „Hiroshima" wird bewusst verzichtet, weil dazu eine Fülle hilfreicher Interpretationsliteratur vorliegt.

Nicht eigens erörterte, aber zusätzlich wichtige Gedichttexte sind am Schluss der jeweiligen Kapitel genannt; wenn möglich sind dazu Hinweise auf Sekundärliteratur beigefügt. Als Fundorte für diese motivverwandten Gedichte werden meist leicht zugängliche Anthologien zitiert. Unter ihnen steht „Der Neue Conrady" als umfangreichste Sammlung an erster Stelle. Ausdrücklich zu erwähnen ist ein wichtiges Hilfsmittel für die Suche nach Interpretationsliteratur, nämlich das von W. Segebrecht herausgegebene „Fundbuch der Gedichtinterpretationen“, das bis 1995/96 reicht und für den Literaturunterricht besonders geeignet ist. Auch die umfangreiche ‚Frankfurter Anthologie‘ (von Reich-Ranicki begründet) verdient die Aufmerksamkeit des Lyrikrezipienten. Sie vereinigt in einer zehnbändigen Taschenbuchversion unter dem Titel „1000 Deutsche Gedichte und ihre Interpretationen“ wichtige Texte und kurze hilfreiche Erläuterungen.

I. Ästhetisch-autonome und metaphysische Lyrik

1. Poetologische Lyrik

G. Benn: „Satzbau" (1950)

Literaturtheoretische Themen in der modernen Lyrik

Zu den Besonderheiten in der neueren Literatur gehört ein außerordentliches Interesse der Dichter an theoretischen Problemen der Dichtung selbst. Dazu gehören unter anderem Fragen der lyrischen Form, das Verhältnis zwischen Sprache und Wirklichkeit, die Rolle von Wahrheit und Lüge im dichterischen Sprechen, die Problematik von privater und öffentlicher Existenz des Lyrikers und vieles mehr. Entsprechend haben bedeutende Lyriker der Nachkriegszeit (Benn, Eich, Krolow, Enzensberger u.a.) maßgebende lyriktheoretische Abhandlungen verfasst und gleichzeitig zahlreiche Gedichte zu poetologischen Themen geschrieben. In seinen „Linguistischen Bemerkungen zur modernen Lyrik" fasst Harald Weinrich (1971, S. 109) diesen Sachverhalt folgendermaßen zusammen:

> Auf das Machen [...] konzentriert sich die Aufmerksamkeit der Autoren, seitdem Baudelaire die Poetik Edgar Allan Poes nach Europa gebracht und sich selber zu der Maxime bekannt hat, ein Gedicht sei zu konstruieren wie ein mathematischer Lehrsatz. Das Machen aber interessiert nicht nur vor dem Gedicht oder nach dem Gedicht, sondern tritt als leitendes Motiv in das Gedicht selber ein. Gedichte werden möglich, die ihr eigenes Machen zum Gegenstand haben: Gedichte über Gedichte, *Metapoesie*.

Französische und angelsächsische Vorbilder

Der hier erwähnte Baudelaire gilt mit seinem berühmten Gedichtzyklus „Die Blumen des Bösen" (1857) als einflussreichster Wegbereiter der lyrischen Moderne in Europa. Bedeutsam für seine unvergleichliche Wirkung sind aber auch seine dichtungstheoretischen Schriften, die im Jahre 1868 erschienen sind (vgl. dazu Friedrich, 1974. S. 35 f.). In ihnen beruft sich Baudelaire auf E. A. Poe's Essay „The philosophy of composition" (1846), in dem ein Dichtungsbegriff im Sinne einer streng kalkulierten sprachlichen Konstruktion entwickelt wird. Baudelaire übernimmt dieses artifizielle Prinzip für die Architektonik seiner „Fleurs du Mal". Gleichzeitig verherrlicht er die künstlerisch fruchtbare Wirkung von Rauschmitteln (Opium, Haschisch, Wein), die zu einer Steigerung des Erlebnis- und Ausdrucksvermögens führen. Dieses irrationale Element bildet einen Gegenpol zur rationalistischen Lyrikauffassung. Insgesamt gibt die französische Poetik des späten 19. Jahrhunderts (Symbolismus) mit ihren Hauptvertretern Rimbaud, Mallarmé, Valéry die wichtigsten Anstöße für die Herausbildung der modernen Lyrik im Sinne der reinen, absoluten Dichtung (*poésie pure*), an die ein Teil der deutschen Nachkriegslyrik anknüpft.

Fast ein Jahrhundert nach Baudelaire ist es vor allem Benn, der in exponierter Weise diese Theorien und ihren Dichtungsstil für sein artistisches-Lyrikprogramm fruchtbar macht. In der einflussreichen Marburger Rede „Probleme der Lyrik“ (1951) hat er seine Kunstauffassung zusammenhängend dargestellt. Daneben formulieren viele seiner Gedichte poetologische Fragestellungen, sind also im Sinne Weinrichs: ‚Metapoesie‘. Dichtungstheoretische Gedichte hat es allerdings schon lange vorher gegeben; Klassik und Romantik liefern eine Fülle von Beispielen. Die Eigenart des poetologischen Gedichts der Moderne beruht vor allem darauf, dass es die Poesie als ein ‚Machen‘ begreift. Das führt auf den griechischen Ursprungssinn von ‚Poesie‘ zurück, nämlich auf ‚poiesis‘, zu ‚poiein‘ (herstellen, machen). Das Verständnis von Literatur als eines Artefakts (*ars facere*) nimmt in der europäischen Lyriktheorie des 20. Jahrhunderts einen besonderen Stellenwert ein. Unter dem Einfluss Benns wird diese Auffassung in der deutschen Literatur der fünfziger Jahre radikalisiert und zu einem zentralen Prinzip in der neueren Produktionsästhetik. Artifizielle Strukturmomente und Formqualitäten erhalten einen entschiedenen Vorrang gegenüber den Inhalten des Gedichts. Der „Wille zur Form“ (Benn), auf den sich die Autonomie des Ästhetischen gründet, ist jedoch nicht als bloß artistische Spielerei zu verstehen. Vielmehr steht hinter ihm die Überzeugung, dass der Drang zur künstlerischen Formung aus geheimnisvollen Schichten der Existenz kommt und von einem höheren, die äußere Wirklichkeit übersteigenden Sein kündet. Entsprechend weist das Dichtungsverständnis bei Benn, Celan, Kaschnitz, Bachmann u.a. einen Zug zur Transzendenz auf. Man kann erhebliche Teile dieser Lyrik der ästhetischen Autonomie als metaphysische Lyrik deuten. Trotz der Verabsolutierung von Form und Kunstphantasie auf der einen Seite, wird dem lyrischen Gedicht andererseits eine geistig-existenzielle Sinngebung des menschlichen Daseins zugetraut. Sie ergibt sich nicht dadurch, dass die modernen Gedichte ein Ideenprogramm entwerfen wie etwa die Klassik, sondern der neue Sinn verwirklicht sich im künstlerischen Schaffensakt selbst.

Einfluss von Gottfried Benns Lyriktheorie

Dichten als ‚Machen‘

Vorrang der Form vor den Inhalten

Sinngebung des Daseins durch die Kunst

Von den zahlreichen poetologischen Gedichten Gottfried Benns wählen wir den im Zyklus ‚Fragmente‘ (1951) erschienenen Text „Satzbau“ (s. Seite 14), weil er zur Einführung in die Thematik besonders geeignet ist.

Benn: „Satzbau“

Das dreiteilige Gedicht steht in seiner lockeren Parlando-Form stilistisch ganz in der Nähe der Prosa oder der Sprechweise des Vortrags. Klang, Reim, Rhythmus, musikalische Versgestaltung – all die lyrischen Strukturelemente, die Benn so meisterhaft beherrscht, fehlen hier völlig. Sicher könnte man das Gedicht mühelos in ein Stück essayistischer Kurzprosa umschreiben, in eine Gattung also, zu der Benn ebenfalls glänzende Beiträge geliefert hat.

Lyrik im Prosastil

Satzbau

Alle haben den Himmel, die Liebe und das Grab,
damit wollen wir uns nicht befassen,
das ist für den Kulturkreis besprochen und durchgearbeitet.
Was aber neu ist, ist die Frage nach dem Satzbau
und die ist dringend:
warum drücken wir etwas aus?

Warum reimen wir oder zeichnen ein Mädchen
direkt oder als Spiegelbild
oder stricheln auf eine Handbreit Büttenpapier
unzählige Pflanzen, Baumkronen, Mauern,
letztere als dicke Raupen mit Schildkrötenkopf
sich unheimlich niedrig hinziehend
in bestimmter Anordnung?

Überwältigend unbeantwortbar!
Honoraraussicht ist es nicht,
viele verhungern darüber. Nein,
es ist ein Antrieb in der Hand,
ferngesteuert, eine Gehirnlage,
vielleicht ein verspäteter Heilbringer oder Totemtier,
auf Kosten des Inhalts ein formaler Priapismus,
er wird vorübergehn,
aber heute ist der Satzbau
das Primäre.

„Die wenigen, die was davon erkannt" – (Goethe) –
wovon eigentlich?
Ich nehme an: vom Satzbau.

Die Textaussage würde dadurch nicht wesentlich verändert. Ob eine solche Sprechweise (wie gelegentlich behauptet) gegen das Wesen des Lyrischen verstößt, sei dahingestellt. Bei einem Dichter wie Benn darf man wohl annehmen, dass die prosanahe Formgebung wegen des Gedichtthemas gewählt wurde. Zwar schreibt er auch poetologische Gedichte mit traditionell lyrischem Charakter („Ein Wort", „Worte", „Gedicht" u.a.), doch offensichtlich soll die Struktur von „Satzbau" eine reflexive Leserhaltung begünstigen. Klangschöne, rhythmisch bezaubernde Verse, die den Leser mit sich forttragen, könnten der Konzentration auf die Sache schaden. Der theoretische Gegenstand, den das Gedicht zur Sprache bringt, begründet seine Form. Es ist derselbe, den Benn in seinem Essay „Probleme der Lyrik" ausführlich behandelt und in dessen Nähe das zeitgleiche Gedicht „Satzbau" gehört. Gefragt wird von Benn nach Beschaffenheit, Ursprung und Sinn der Dichtung, ja der Kunst überhaupt; und die Antworten, die wir von ihm erhalten, machen uns mit wichtigen Thesen der Literatur-

Korrespondenz von Stil und Thematik

theorie des Dichters bekannt. Dem dreiteiligen Aufbau des Gesamttextes entspricht eine klare Gliederung des Argumentationsgangs. Die 1. Strophe zerfällt in zwei gleiche Teile, deren erste Hälfte von dem spricht, was Benn bei der poetologischen Reflexion als belanglos erachtet: die dichterischen Inhalte. Er wendet sich gegen eine überholte, themenbezogene Ästhetik und stellt ihr im zweiten Strophenabschnitt eine neue, formorientierte Kunstauffassung gegenüber:

Ablehnung der inhaltsbezogenen Ästhetik

> Alle haben den Himmel, die Liebe und das Grab,

Mit abfälligem Unterton nennt der Dichter die gängigen Motive der Poesie: Glauben, Liebe und Tod. Die genannten Themen sind nicht spezifische Inhalte des Kunstwerks sondern allgemeinste Bestandteile unserer Existenz. In „Probleme der Lyrik" (S. 21) drückt Benn denselben Gedanken folgendermaßen aus:

> Die Inhalte eines Gedichtes, sagen wir Trauer, panisches Gefühl, finale Strömungen, die hat ja jeder, das ist der menschliche Bestand, sein Besitz in mehr oder weniger vielfältigem und sublimem Ausmaß, aber Lyrik wird daraus nur, wenn es in eine Form gerät.

Obwohl es sich bei diesen ‚Inhalten' auch um Zentralthemen der Dichtung handelt, kann die Ästhetik sie ignorieren, weil sie zum Verständnis des Lyrikbegriffs wenig beitragen. Neu und wichtiger erscheint Benn, wovon der zweite Teil der Strophe handelt, nämlich die Form. Der Autor benutzt dafür den Begriff „Satzbau" gleichsam stellvertretend (als ‚pars pro toto'– Metapher) für die Gesamtheit aller strukturbildenden Formelemente. Der Satzbau im strengen Sinne besäße innerhalb der Lyrik ja nur eine sehr eingeschränkte Bedeutung. Überraschend wirkt der Gedankensprung, den Benn mit dem Vers 6 vollzieht. Die Frage nach dem Satzbau mündet in die umfassende Frage: „Warum drücken wir etwas aus?". Wobei der Doppelpunkt nach Vers 5 die Gleichsetzung der beiden Fragenkomplexe signalisiert. ‚Ausdruck' steht als zentraler Begriff in Benns Poetik mit der ‚Formgebung' in engstem Zusammenhang. Andererseits verweist die Frage „Warum drücken wir etwas aus?" in den psychischen Bereich, also in den der produktionspsychologischen Ästhetik.

Formorientierte Ästhetik

‚Ausdruck' als zentrale Kategorie

Die 2. Strophe besteht aus einem sieben Zeilen umfassenden Fragesatz. Eingeleitet durch die anaphorische Wiederholung des gewichtigen Fragewortes ‚Warum' (Vers 7/8), konkretisiert die Strophe mit Hilfe anschaulicher Beispiele das in Vers 6 formulierte Problem:

Warum Kunst?

> Warum reimen wir oder zeichnen
> [...]

oder stricheln
[...]
in bestimmter Anordnung?

Benn erläutert die für das Lyrische gestellte Frage durch einen Blick auf die Malerei. Er könnte ebensogut die Musik wählen, wofür sein poetologisches Gedicht „Eure Etüden“ als Beispiel genannt sei. DieProblemstellung hat Benn schon früher in dem Essay „Expressionismus“ (1933) beschäftigt, und er fasst sie in der folgenden Bemerkung zusammen:

> Was für ein Rätsel, was für ein Geheimnis, daß der Mensch Kunst macht, daß er der Kunst bedürftig ist, was für ein einziges Erlebnis innerhalb des europäischen Nihilismus.
> *(Ges. Werke, Bd. 3. S. 809 f.)*

Die Frage ist im Grunde sehr alt. Benn stellt sie grundsätzlich, indem er nach Bedeutung und Wesen der Kunst an sich fragt, und zwar aus der Sicht des Künstlers (Warum tun wir das?). In der 3. Strophe, deren Verszahl der Zeilensumme der ersten beiden Strophen entspricht, gibt der Dichter verschiedene Antworten und ein abschließendes Resümee. Das Bindeglied zwischen der 2. Strophe, die mit einem Fragezeichen endet, und der 3. Strophe bildet die lakonische Feststellung „Überwältigend unbeantwortbar!“ (Vers 14) mit markantem Ausrufezeichen. Aufgrund dieser Absage an die Beantwortbarkeit der gestellten Problemfragen wäre das Gedicht eigentlich beendet. Aber die strikte Verneinung ist von Benn offenbar nur rhetorisch gemeint, denn er schlägt in den folgenden Versen verschiedene Lösungen vor.

Unbeantwortbarkeit der Frage nach dem Wesen der Kunst

Zunächst weist er ökonomische Motive für die dichterische Tätigkeit zurück: Verdienen kann man mit der Herstellung von Lyrik kaum etwas. Die poetologischen Kernaussagen finden sich dann in den Versen 17–21, wo der Dichter mit unerwarteter Bestimmtheit die großen Rätselfragen beantwortet:

Versuch einer metaphysischen Antwort

> ein Antrieb in der Hand,
> ferngesteuert, eine Gehirnlage,
> ein formaler Priapismus,

Aus diesen metaphorischen Umschreibungen lassen sich wichtige Stücke von Benns Lyriktheorie ableiten.

Künstlertum als innerer Zwang (Ausdruckszwang)

1. Der Ausgangspunkt des künstlerischen Tuns liegt offenbar in einem nicht kontrollierbaren Trieb psychophysischer Natur. Benn spricht in „Probleme der Lyrik“ (S. 20) von einem „dumpfen schöpferischen Keim“, einer „psychischen Materie“, die im Dichter wirksam wird – und außerdem noch von den „Worten, die in seiner Hand liegen ... ,

mit denen er umgehen kann". Die geheimnisvolle schöpferische Energie drängt das Künstler-Ich zum Handeln im wörtlichen Sinne: mit der Hand etwas zu formen – seien es der Marmor, die Farben oder die Worte. Der Vorgang gleicht einem schicksalhaften Zwang, dem das Ich nicht entrinnen kann. So liegt der Anlass zum Dichten nicht in äußeren sozialen Bedingungen (wie etwa Brecht es sieht), sondern in einer subjektiven Ich-Verfassung. Benn spricht vom ‚Zwang zur Formung', vom ‚Ausdruckszwang' u.ä. Doch woher stammt diese zwanghafte Bestimmung des künstlerischen Individuums?

2. Mit der Formulierung „ferngesteuert" gibt Benn darauf eine Antwort, die das Problem nicht löst, sondern im Dunkeln belässt. Denn von wo oder wem diese Fernbestimmung ausgeht, lässt sich nicht angeben. In einem poetologischen Gedicht mit dem Titel „Gedicht" heißt es auf die Frage, „woher die Dränge aus stillem trauerndem Gefühl" kommen mögen, vage und rätselhaft:

   > Es strömt dir aus dem Nichts zusammen.

   Die psychische Ausgangssituation, die als irrationaler Gefühlsschub den dichterischen Prozess in Gang setzt, bleibt letztlich unerklärbar.

3. Aus dem Begriff ‚Gehirnlage' lässt sich ein weiterer Faktor des Dichterischen ableiten. Er umschreibt reflexive Bewusstseinshaltungen und die rationalen Prinzipien von Wissen, Erkenntnis und Konstruktivismus. Das ist für Benn in dreierlei Hinsicht bedeutsam. Einmal setzt das künstlerische Handeln sachbezogenen Wissenserwerb voraus.
   In „Probleme der Lyrik" (S. 36) fordert Benn:

Bedeutung der Metapher ‚Gehirnlage'

   > Der Lyriker kann gar nicht genug wissen, er kann gar nicht genug arbeiten, er muß an allem nahe dran sein, er muß sich orientieren, wo die Welt heute hält.

   Zum zweiten ist Benn überzeugt von der zunehmenden Verhirnung (‚progressive Zerebalisation') der modernen Gesellschaft. Kritische Reflexion und rationale Wissenschaft prägen in wachsendem Maße die abendländische Entwicklung, die für Benn Fluch und Triumph zugleich ist. Die dritte Bedeutungsschicht der Metapher ‚Gehirnlage' zielt unmittelbar auf den lyrischen Schaffensprozess. Emotionale Worteruptionen, heraufsteigende Versfragmente oder erste Verse werden vom Intellekt wie von einem ‚Beobachtungsapparat' kritisch geprüft, kombiniert und variiert, bis sie ein Höchstmaß an ästhetischer Wirkung (Faszination) hervorbringen. Es ist das „formale, das geistige Prinzip", dem die Entstehung der artistisch vollendeten Gebilde letztlich zu verdanken ist (vgl. „Probleme der Lyrik", S. 21).

Zusammenwirken von rationalen und irrationalen Prinzipien in der Lyrik („Formaler Priapismus")

Der Vers 20 fasst den bisherigen Gedankengang noch einmal in einer dialektischen Begriffsverknüpfung zusammen. Benn liebt exotische Fremdwörter und medizinische Formulierungen; entsprechend umschreibt er das Wesen des Dichterischen mit der kontradiktorischen Wendung: „formaler Priapismus". ‚Formal' betont den intellektuellen Anteil am Schaffensprozess. ‚Priapismus' leitet sich ab von Priapus (dem Sohn des Bacchus und der Venus), der als antiker Gott der Fruchtbarkeit und Geilheit verehrt wurde. ‚Priapismus' benennt die triebhafte Begierde und dient als Metapher für den psychophysischen Reizwert des Gedichts sowohl im Schaffen wie in der Rezeption. Häufig spricht Benn auch, mit erotischen Konnotationen, vom ‚Wallungswert' oder ‚Rauschwert' des Ästhetischen. In seinem Marburger Essay nennt er das dichterische Wort, gleichfalls mit medizinsprachlicher Sexualmetaphorik, den „Phallus des Geistes" (S. 24). So treten in Benns Poetologie die rationalen Prinzipien (Form) mit den irrationalen (Rausch und Traum) zur Synthese zusammen.

Vorbilder für Benns Theorie der Einheit von Form und Rausch

Für diese Form der ästhetischen Theorie gibt es zahlreiche Vorbilder. R. Grimm hat sie in einem Aufsatz über ‚Die problematischen Probleme der Lyrik' (1979, S. 223 ff.) dargelegt. Er stellt die Formel „trunken zerebral" (eine Variante zu „formaler Priapismus") als Motto über das Gesamtwerk von Benn. Zu finden ist der Gedanke bereits bei Hölderlin, der von der „trunkenen Nüchternheit" spricht (vgl. Binneberg, 1995. S. 112 f.). Zu erwähnen wäre auch die analoge Denkfigur bei Nietzsche, dessen Kunstphilosophie auf Benn entscheidenden Einfluss ausgeübt hat. Sie beruht auf der Dialektik und Synthese der Begriffe ‚dionysisch' (rauschhaft) und ‚apollinisch' (vernunftgeleitet). Die lyriktheoretische Ausgangsposition, die Benn in seinem Gedicht vertritt, ist also keineswegs neu, aber sie erhält eine eigene Nuancierung.

Mythische und transzendente Motive in Benns Poetologie: der Totem-Glaube

4. In Vers 19 erwägt der Dichter eine denkbare religiöse oder mythisch-kultische Funktion der Lyrik:

vielleicht ein verspäteter Heilbringer oder Totemtier

Als ‚Heilbringer' unseres Kulturkreises gilt Christus. Der Pfarrersohn Benn ist vertraut mit den christlichen Erlösungsvorstellungen, die den Lebenssinn auf das ewige Heil hin entwerfen. Aber in seinem Werk besitzen sie keine wirkliche Geltung. Eine metaphysische Sinngebung des Lebens ist für ihn allein denkbar durch die Kunst, die ins Absolute reicht. Immer wieder unternimmt Benn den Versuch, die Bedeutung der Kunst in den Transzendenzbereich hinein zu verlängern.

Der Hinweis auf das ‚Totemtier' hängt damit zusammen. Für die indianischen Völker war das Totem (als Ding, Pflanze, Tier usw.) ein mit übernatürlichen Kräften beseeltes Wesen, Sinngestalt einer vergangenen Ahnenreihe, das als heilig verehrt wurde. Es besitzt eine geheimnisvolle Verweisungskraft auf eine unfassbare, höhere Realität. Vielleicht lässt sich die Wirkungsmacht der Poesie damit vergleichen. Im Essay „Probleme der Lyrik" gibt Benn einen Hinweis, der so verstanden werden kann (S. 26):

Sprachmagie

> Worte, Worte – Substantive! Sie brauchen nur die Schwingen zu öffnen und Jahrtausende entfallen ihrem Flug. Nehmen Sie Anemonenwald [...] oder Olive.

Wie ein Totem rufen solche Worte durch ihre Nennung eine vergangene Welt herbei oder schaffen neue Wirklichkeiten, die es vorher nicht gab. Eine solche sprachmagische Leistung des Lyrischen erinnert von fern an die bannende Wirkungskraft des mythischen Totem-Glaubens.

Damit kommen wir zurück auf die Zentralaussage des Gedichts, die in Vers 4/5 anklingt („Was aber neu ist") und die in den Schlussversen gewichtig wieder aufgenommen wird:

> aber heute ist der Satzbau
> das Primäre.

Bedeutung der Zentralmetapher ‚Satzbau'

Zur Präzisierung des Begriffs ‚Satzbau' macht E. Buddeberg (1961, S. 26) darauf aufmerksam, dass Benn absichtlich den Terminus ‚Syntax' in dem Gedicht meidet. In der frühen Novelle „Die Insel" hatte der Dichter die „Schaffung einer neuen Syntax" als Sprachsystem der modernen Prosa gefordert. Mit dem Begriff ‚Satzbau' zielt er auf etwas anderes, nämlich den „Bau des Satzes aus den neu zu findenden Beziehungsmöglichkeiten des Wortes". Benn erläutert dies in verschiedenen theoretischen Äußerungen mit Formeln wie ‚Genauigkeit der Wortgefüge', ‚Seltenheit der Bestandteile', ‚Schönheit durch Anordnung von Sätzen, Worten und Vokabeln' sowie durch ‚Abstand, Rhythmus und Tonfall' (Gerth, 1979. S. 241).

Faszinierende Wortmontage

Das ideale lyrische Kunstwerk ist nach Benn „das Gedicht aus Worten, die Sie faszinierend montieren" (Probleme der Lyrik, S. 36). Damit wird erkennbar, dass der Zentralbegriff ‚Satzbau' mit dem traditionellen System der Syntax nichts zu tun hat. Er bedeutet vielmehr: nichtsystematische Montage der Worte zur optimalen Entfaltung ihrer faszinierenden Wirkungen. Benn nennt diese Vorgehensweise ‚Artistik'. Anschaulich bringt er durch das Kompositum ‚Satzbau' auch die Vorstellung vom handwerklichen Machen (Bauen) des Gedichts.

„Faust"-Zitat: Goethe als Verfechter der formbezogenen Ästhetik

Am Schluss bedient sich Benn eines Goethe-Zitats aus „Faust I" (Vers 590), das er für seine Zwecke umdeutet. Der Famulus Wagner äußert an Faust gerichtet den Wunsch:

> Allein die Welt! des Menschen Herz und Geist!
> Möcht‘ jeglicher doch was davon erkennen.

Faust antwortet ihm mit dem Hinweis auf die Gefahren der Erkenntnis- und Wahrheitsverbreitung:

> Die wenigen, die was davon erkannt,
> Die töricht gnug ihr volles Herz nicht wahrten,
> Dem Pöbel ihr Gefühl, ihr Schauen offenbarten,
> Hat man von je gekreuzigt und verbrannt.
> *(Goethes Werke. HA. Bd. 3. S. 26)*

Unter den wenigen waren Gelehrte, Philosophen und Dichter. Sie werden von Faust wegen ihrer besonderen Weisheit gerühmt, aber zugleich tadelt er ihren inneren Drang, sich der Welt um jeden Preis mitteilen zu müssen. Um Benns Anspielung auf das Faust-Zitat zu verstehen, muss man die folgende Maxime Goethes über die Kunst hinzuziehen:

> Den Stoff sieht jedermann vor sich, den Gehalt findet nur der, der etwas dazu zu tun hat, und *die Form* ist ein Geheimnis den meisten.
> *(Goethes Werke. HA. Bd. 12. S. 471; Kursivsetzung vom Verf.)*

Zum Schlussteil dieser Maxime fügt sich stimmig der von Benn zitierte ‚Faust‘-Vers „Die wenigen, die was davon erkannt“ – von der „Form“ nämlich. Dass die Einsicht in das Geheimnis der künstlerischen Form nur wenigen Eingeweihten vorbehalten bleibt, deutet auf einen elitären Literaturbegriff, der in Benns Poetik durchgehend anzutreffen ist. Dem suchenden Faust geht es um die fundamentale Erkenntnis dessen, „was die Welt im innersten zusammenhält“. Benn weist mit seinem Gedicht in die Richtung, in der Antworten auf diese Fragen zu finden sind: im Kunstwerk. Seine ästhetisch argumentierende Literaturtheorie ist als Gegenposition zu der Auffassung zu verstehen, dass Dichtung humane, moralische oder politische Ideen vermitteln, zum besseren Handeln anleiten und die Welt verändern solle. Eine solche Literaturbetrachtung ist Benn äußerst suspekt. Allerdings bleibt neben und hinter dem rein Artistischen, das im Mittelpunkt seiner Theorie steht, noch genügend Raum für tiefe menschlich-soziale und philosophische Probleme. Davon zeugt Benns dichterisches Gesamtwerk.

2. Lyrik als Kunstwerk und existenzielle Selbsterfahrung

M. L. Kaschnitz: „Ein Gedicht" (1962) – H. Bienek: „Wörter meine Fallschirme" – I. Bachmann: „Wahrlich" (1963)

‚Artistik' als formales und als metaphysisches Prinzip

Dass Gottfried Benns Auffassung von der Lyrik komplizierter und widersprüchlicher ist als man dies vom Programm einer rein ästhetischen Sprachartistik erwarten sollte, ist oft ausgesprochen worden und hat sich am „Satzbau"-Gedicht (vgl. S. 14) schon erkennen lassen. Hinter dem Drang zur Erschaffung formvollendeter Gebilde enthüllt sich eine außergewöhnliche Bewusstseinslage: die Vorstellung, dass Dichten ein schicksalhaft auferlegter Zwang ist. Der Künstler erfährt die Wirklichkeit und das eigene Ich in ihrer äußeren Gegebenheit als fremd und rätselhaft. Er sucht nach ihrem geheimnisvollen Sinn, und dieser wird ihm im poetischen Sprechen bruchstückhaft zugänglich. So vereinen sich in Benns poetologischem Zentralbegriff ‚Artistik' zwei wesentliche Dimensionen. Zum einen zielt er auf formalästhetische Strukturmomente des Gedichts als reinem Wortkunstwerk. Auf diesen Aspekt der ästhetischen Autonomie hat man Benn oft einseitig festgelegt. Zum andern enthält die ‚Artistik' philosophische und religiöse Aspekte (Knörrich, 1978. S. 155), insofern die geistig-künstlerische Formung den Weg bahnen soll zum Verständnis der tieferen Seinszusammenhänge und der eigenen Existenz. So schwankt Benns Poesiebegriff zwischen zwei Extremen: der Vorstellung vom absoluten Gedicht, „ohne Glauben, ohne Hoffnung, an niemanden gerichtet, das Gedicht aus Worten, die Sie faszinierend montieren" (Probleme der Lyrik, S. 36), und der Überzeugung, dass auch dieses Gedicht – wie er selbst sagt – „transzendent" sei (ebd. S. 37), also auf der Suche nach absoluter Wahrheit oder der Enthüllung des Seins. Mit Recht nennt Knörrich (1978, S. 30) deshalb Benns artistische Kunst ‚metaphysische Dichtung' oder auch ‚Seinsdichtung'. Das trifft im übrigen ebenso auf die Lyrik von Kaschnitz, Bachmann, Celan und vieler anderer zu.

Einfluss der Existenzphilosophie

Die geistesgeschichtliche Lage der fünfziger Jahre ist im Wesentlichen von der Existenzphilosophie (Nietzsche, Kierkegaard, Heidegger, Jaspers, Sartre, Camus) geprägt. Ihre Grundpositionen wirken spürbar auf das Literaturverständnis dieser Jahre ein. Den Ausgangspunkt der existenzialistischen Philosophie bildet das sich selbst entwerfende, seine eigentliche Bestimmung suchende, unabhängige Ich. Es erlebt sich krisenhaft als in die Welt ‚geworfenes' Individuum, aller sinngebenden religiösen, sozialen und weltanschaulichen Sicherheiten beraubt. Es droht ihm das Schicksal, in Einsamkeit und Sinnleere unterzugehen, wenn es nicht für sich selbst einen tragfähigen Sinn setzt – beispielsweise durch die Kunst. Für Sartre ist der Mensch zur Freiheit verdammt, er selbst zu sein oder nicht er selbst zu sein und zu werden, und zwar als je einzelnes Subjekt. Alle diese Motive finden sich in Benns Dichtungen als durchgehende Leitthemen wieder.

Vereinzelung und Selbstbegegnung

Indem er das Gedicht ‚monologisch' nennt, ‚an niemanden gerichtet', hebt er die radikale Vereinzelung des Menschen ins Bewusstsein. Im Sinne des existenzphilosophischen Denkens heißt es in „Probleme der Lyrik" (S. 40) voller Pathos:

> Die ganze Menschheit zehrt von einigen Selbstbegegnungen,
> aber wer begegnet sich selbst? Nur wenige und dann allein.

Der Sinn dieser ‚elitären' Feststellung lautet: Alle wirklich bedeutenden Wahrheiten liegen im Menschen und nicht irgendwo außerhalb seines Bewusstseins. Sie können nur in der Selbstreflexion von wenigen Auserwählten (Künstlern/Philosophen) fragmentarisch ans Licht gehoben werden.

Kaschnitz: „Ein Gedicht"

Ganz in der poetologischen Tradition Gottfried Benns steht Marie Luise Kaschnitz mit ihrem lyriktheoretischen Text „Ein Gedicht" aus dem Zyklus ‚Dein Schweigen – meine Stimme' (1958–1962). Es ist wegen seiner thematischen Nähe zu Benns „Satzbau" (und auch zum Gedicht „Worte") für eine vergleichende Betrachtung besonders geeignet; und es verdient auch wegen seines literarischen Rangs eine besondere Beachtung:

Ein Gedicht

Ein Gedicht, aus Worten gemacht.
Wo kommen die Worte her?
Aus den Fugen wie Asseln,
Aus dem Maistrauch wie Blüten,
Aus dem Feuer wie Pfiffe,
Was mir zufällt, nehm ich,

Es zu kämmen gegen den Strich,
Es zu paaren widernatürlich,
Es nackt zu scheren,
In Lauge zu waschen
Mein Wort

Meine Taube, mein Fremdling,
Von den Lippen zerrissen,
Vom Atem gestoßen,
In den Flugsand geschrieben

Mit seinesgleichen
Mit seinesungleichen

Zeile für Zeile,
Meine eigene Wüste
Zeile für Zeile
Mein Paradies.

Prosanaher Lyrikstil

Ähnlich wie Benn in „Satzbau“ bedient sich Kaschnitz einer prosanahen Sprachgebung. Doch mit ihrem strengen Zeilenstil (jeder Vers umfasst eine syntaktisch-semantische Einheit), mit der kunstvollen Verwendung rhetorischer Sprachfiguren (Häufung von Anaphern), der gelegentlichen Reimbindung (Verse 6–8, 16 u. 17, 18 u. 20) und einer ausgeklügelten Zeichensetzung zeigt das Gedicht eine merkliche Tendenz zur traditionellen lyrischen Form. Dem korrespondiert eine stärker von Emotionen bestimmte rhythmisch-dynamische Ausdruckssprache, während Benn in „Satzbau“ einen distanzierteren Prosaduktus bevorzugt.
In weitgehender Übereinstimmung mit Benns Poetik formuliert Kaschnitz im Anfangsvers ihres Gedichts dessen Grundsatz, der wie ein Zitat aus „Probleme der Lyrik“ klingt:

Ein Gedicht, aus Worten gemacht.

„– ein Gedicht wird gemacht“, heißt es bei Benn (Probleme der Lyrik, S. 10), und das Primäre dabei sind die Worte. In „Satzbau“ stellt er die Frage, warum und mit welchen Wirkungen der Dichter das Sprachmaterial zum Kunstwerk formt. Für Kaschnitz tritt zu Beginn die rätselhafte Herkunft der Wörter stärker in den Vordergrund. In drei parallel gebauten, anaphorischen Zeilen gibt der Text zu verstehen, dass der Dichter die Welt primär durch sprachliche Vermittlung erlebt. Die Bildvergleiche der Verse 3–5 signalisieren das Vorhandensein der Worte in einer ähnlichen Seinsweise und mit analogen Eigenschaften wie die Vorgänge in der dinglichen Wirklichkeit. Die Sprache tritt dem Dichter wie eine außerhalb seines Ichs existierende Realität entgegen. Einmal ist sie hässlich wie ‚Asseln‘, dann schön wie ‚Maiblüten‘ oder gefährlich wie ‚Feuerpfiffe‘. Man ist verleitet, an Eichendorffs berühmte „Wünschelruten“–Verse zu denken:

Herkunft und Wesen der Wörter

Vergleich mit Eichendorffs ‚Zauberwort‘

Schläft ein Lied in allen Dingen,
Die da träumen fort und fort,
Und die Welt hebt an zu singen,
Triffst du nur das Zauberwort.
(Werke. Hg. W. D. Rasch. Hanser Verlag. München 1966. S. 103)

Aber W. Hinck (1994, S. 279 f.) widerspricht der Vorstellung, dass Kaschnitz hier den „Gedanken einer mystischen Einheit von Ding und Wort“ vertrete. Für Eichendorff war der Dichter Vermittler der göttlichen Naturordnung, deren Geheimsprache er aus den Erscheinungen herauszulesen vermochte. Für Kaschnitz gibt es das romantische ‚Zauberwort‘ nicht mehr, das eine verborgene Identität mit den benannten Dingen besitzt. Vielmehr sind die Worte willkürlich auftauchende, selbständige Phänomene, die zur Verfertigung von Gedichten benutzt werden können.

Dissonantischer Gegensatz zwischen dem Hässlichen und dem Schönen

Wichtig in der triadisch strukturierten Versfolge 3–5 ist der harte Gegensatz zwischen ‚Asseln' und ‚Blüten', dem widerwärtigen Ungeziefer aus muffigdunklen Kellerlöchern und der duftenden Blütenschönheit der Natur. Dieselbe Gegensätzlichkeit herrscht auch innerhalb unserer Sprache. Es gibt zugleich die ekelhaft gemeinen und die wundervollen Wörter. Die Autorin setzt damit einen dissonantischen Kontrast, der durch die formale Parallelsetzung der Verse noch an Spannung gewinnt. Er bleibt im Verlauf des gesamten Gedichts erhalten und realisiert sich in Wortpaaren wie ‚Taube – Fremdling', ‚seinesgleichen – seinesungleichen' und ‚Wüste – Paradies'. Die methodische Verknüpfung solch gegensätzlicher Sprach- und Wirklichkeitselemente als poetisches Verfahren kommt in der Formulierung „Es zu paaren widernatürlich" (Vers 8) zutreffend zum Ausdruck. Der Dichter wählt nicht im Sinne einer klassischen Ästhetik des Schönen die positiv besetzten, harmonischen Wörter aus und lässt die hässlichen beiseite, sondern er benutzt mit unbestechlicher Wahrheitsliebe alles, was die sprachliche Realität ihm zuträgt, auch wenn daraus in der Komposition schmerzliche Disharmonien entstehen.
Die faktische Vorgegebenheit des sprachlichen Materials, von der Kaschnitz spricht, findet sich – ähnlich formuliert – auch in der 2. Strophe von Benns „Gedicht", in der es heißt:

> Es strömt dir aus dem Nichts zusammen,
> aus einzelnem, aus Potpourri,
> dort nimmst du Asche, dort die Flammen,
> du streust und löschst und hütest sie.
> *(Sämtl. Werke, Bd. 1. S. 281).*

Dichterischer Umgang mit der Sprache: das Wort wird zum eigenen Wort

Das ‚Nichts', dem der Baustoff ‚Sprache' entstammt, umschreibt für Benn das Ungeordnete und Ungeformte, das der sinngebenden Formung bedarf. Worte und Sprachfragmente begegnen dem Dichter in der natürlichen und sozialen Realität. Er besitzt die besondere Fähigkeit, mit diesem Material in kunstschaffender Weise umzugehen, weil er eine ungewöhnliche Sprachsensibilität besitzt. Die Lyrikerin Kaschnitz beschreibt den formenden Umgang mit dem Wortvorrat dahingehend, dass er als Gedicht zum eigenen Wort werden soll. Die signifikante Formel „Mein Wort" steht als Schlusszeile der 2. Strophe in Vers 11 an bevorzugter Position, nämlich genau in der Mitte des Gedichts, wodurch sich ihre zentrale Bedeutung offenbart. Die Häufung des Possessivpronomens der 1. Person ab Vers 11 signalisiert gleichfalls den Prozess des subjektiven Sich-Aneignens der Sprache im Dichten. Mit ungewöhnlichen Metaphern wird der Arbeitsvorgang in drei anaphorischen Parallelversen und einem Variationsvers sinnbildhaft umschrieben (Vers 7–10). Der Dichter entreißt das Wort seinem gängigen Gebrauchszusammenhang und den konventionellen Bedeutungszwängen und macht es zum eigenen: ‚Er kämmt es gegen den Strich'. Er legt seinen wahren Sinn bloß, indem er ihm das schützende, verbergende Haarkleid abschneidet und seinen unverhüllten Körper zeigt. Er reinigt es von den Verschmutzungen, die ihm durch Missbrauch und Lüge zugefügt wurden (Vers 10). Nur das so gewonnene ‚ehrliche' Wort kann vom lyrischen Subjekt als sein Wort akzeptiert werden. Der identische Reim („ich – Strich – widernatürlich") spiegelt auf der Formebene den Zusammenhang zwischen dem individuellen Sprachbewusstsein des Ichs und der kritischen Zubereitung des Sprachmaterials. Es handelt sich um einen ‚sprechenden Reim', der zu verstehen gibt, dass das Ich die Wörter „widernatürlich" und „gegen den Strich" – also entgegen den herrschenden Gewohnheiten verwendet. Nur so wird die Sprache zur authentischen und das Gedicht zur aufrichtigen Selbstaussprache. Die Dichterin thematisiert nicht ausdrücklich die subjektiv-monologische Situation des Lyrikers, wie Benn dies in „Worte" oder „Probleme der Lyrik" tut. Aber die Drillingsformel „Mein Wort/Meine Taube/Mein Fremdling" (Verse 11/12), welche die Strophen 2 und 3 kunstvoll verknüpft, macht die individualistische Funktion des Gedichts hinreichend deutlich. Es ist monologischer Natur. Die Metapher der ‚Taube' weckt assoziative Vorstellungen vom Symboltier der Liebe, aber auch von dem Vogel, dem man Botschaften anvertraut und von dem man Botschaften aus der Ferne erhält. Der rettende Erkundungsflug der Taube von Noahs Arche spielt untergründig hinein. In der christlichen Symbolik, an die Kaschnitz gedacht haben wird, erscheint sie als Geist Gottes, dessen Ausgießung in vielen religiösen Bildern durch die Taube versinnbildlicht wird. Die zuvor benutzten Aktionsverben ‚kämmen/scheren/waschen' lassen gleichfalls versteckte Anspielungen an das christlich zu deutende (Opfer-)Lamm erkennen, das als Sinnbild der Unschuld und Reinheit dient. Die Charakterisierung des Wortes als ‚Fremdling' – im Gegensatz zur Vertrautheit der ‚Taube' – lässt sich deuten als das ‚Reden in fremden Zungen', von dem die Apostelgeschichte (Kap.2, Vers 3 ff.) im Kontext des Pfingstwunders berichtet (vgl. Rüdiger,1994. S.423). „Voll des heiligen Geistes" beginnen die Apostel zu predigen „mit andern [= fremden] Zungen", heißt es in der Bibel. Es ist eine von Gott kommende Sprache, nicht ihre eigene, welche die frommen Männer sprechen. Wenn Kaschnitz das dichterische Wort somit als vom Geist eingegebenes auffasst, dann äußert sie einen Gedanken, den Benn ähnlich auch in „Satzbau" anklingen lässt. Er verwendet dort die Metapher ‚ferngesteuert' (Vers 18) und bringt außerdem mit der Formulierung „verspäteter Heilbringer oder Totemtier" transzendenten bzw. religiösen Sinn ins Spiel. Beiden Autoren dient die christliche Bildersprache nicht zur Bekundung ihres Glaubens, sondern als poetisches Mittel zur Umschreibung des geheimnisvollen Wesens der Dichtung. Auf einer anderen Deutungsebene kann man die Bezeichnung des Wortes als ‚Fremdling' auch so verstehen, dass die Sprache

Authentisches und monologisches Sprechen

Christliche Metaphern: Das Wort als ‚Taube' und ‚Fremdling'

des Gedichts für den Lyriker nur in begrenztem Ausmaß zur je eigenen und verfügbaren Sprache wird. Es erscheinen die Wörter einesteils als vertraute und dienstbare (‚Taube'), aber sie bleiben zum andern Teil fremd und unverständlich, für den Dichter wie auch für den Leser.

Dichten als ‚Wüste' und ‚Paradies'

Im Kaschnitz-Gedicht erscheint die religiöse Metaphorik noch einmal im antithetischen Wortpaar ‚Wüste' und ‚Paradies'. Wenn sich durch mühevolle Arbeit die Worte zum Kunstwerk fügen – „quäle dich ab", heißt es bei Benn – dann legt das Gedicht gleichermaßen Zeugnis ab von den Entbehrungen, Einsamkeiten und tödlichen Bedrohungen des Ichs („Meine eigene Wüste") wie auch von den Erfüllungen und Glücksverheißungen („Mein Paradies"). Die gegensätzlichen seelischen Befindlichkeiten des Subjekts gehen unterschiedslos ins lyrische Werk ein.

‚Ausdruckskunst' – ‚Emotionaler Stil' bei Kaschnitz

Wie bei Benn lässt sich auch das Dichtungsverständnis von Kaschnitz mit dem Begriff der ‚Ausdruckskunst' umschreiben. Im Gegensatz allerdings zu Benns rationalem Stil (jedenfalls in „Satzbau"), mit dessen Hilfe er die Emotionen in vielen Gedichten zu kaschieren versucht, bringt Kaschnitz durch die Wahl der Bilder, die spannungsreiche Struktur, die intensiven Steigerungsfiguren und den drängenden Rhythmus die hohe Gefühlsbeteiligung des lyrischen Subjekts unverstellt zum Ausdruck. Das zeigt sich ebenfalls in der 3. Strophe, die vom artikulierenden Aussprechen des gedichteten Worts handelt. Mit Verben, die dem semantischen Feld der Emotionalität und Gewaltsamkeit zugehören, umschreibt die Dichterin das kombinierende Setzen, Erproben und Mitteilen der Worte: „Von den Lippen zerrissen". Schon die Wortwahl verrät den gewalttätigen, erbarmungslosen Umgang des Lyrikers mit seinem Sprachmaterial. Mitgeteilt wird das Gedicht als geschriebenes Zeichen (Vers 15), allerdings in einem höchst unbeständigen Medium: dem „Flugsand". Zugleich vorhanden und doch leicht vergänglich sind die Verse wie das Leben, das der Tod verwehen wird. Diese Rückbindung der Dichtung an die menschlichen Existenzbedingungen, die auch in den Metaphern ‚meine Wüste' – ‚mein Paradies' ausgesprochen ist, macht das poetologische Gedicht von Kaschnitz zugleich zu einem existenziellen. H. Bienek (1994, S. 426) interpretiert das Metaphernpaar als einen Satz, mit dem „eine Person sich ihrer selbst vergewissere, das Leben bestehe und schließlich das Wort. So wichtig genommen wie das Leben selbst!" Mehr als für andere Menschen stellt die Sprache für den Dichter eine notwendige Lebensbedingung dar. In der dichterischen Arbeit mit dem Wort kann sich seine Existenz erfüllen oder auch scheitern, Paradies also oder Wüste sein.

Dichtung als existenzielle Selbstvergewisserung

Bienek: „Wörter"

Horst Bienek selbst hat den existenziellen Bedeutungsgehalt der Sprache für den Lyriker in seinem kleinen Gedicht „Wörter" eindrucksvoll zur Anschauung gebracht:

Wörter
meine Fallschirme
mit euch
springe
ich
ab

Ich fürchte nicht die Tiefe
wer euch richtig
öffnet

schwebt

Visuelle Textgestaltung

Schlicht und ohne jedes Pathos ist hier der tief greifende Zusammenhang von Leben, Tod und Sprache künstlerisch dargestellt. Zu den stilistischen Besonderheiten des kleinen Gedichts gehört insbesondere die visuelle Anordnung der Wörter, die das Abwärtsgleiten des Fallschirms bildhaft imitiert. Im sechszeiligen Anfangsteil erscheint der noch ungeöffnete Schirm beim Absprung in einer anderen graphischen Bildgestalt als in der dreizeiligen Mittelstrophe, die den geöffneten Schirm mit einer weitergespannten, aber flacheren Zeilensequenz optisch nachahmt. Die abgesetzte Einwortzeile am Schluss („schwebt") nimmt den Erfolg der Aktion vorweg, nämlich die Rettung vor dem Absturz und eine sichere Landung.

Sprachliche Dichte

Außerdem zeichnet sich der Text durch eine hohe Dichte und poetische Konzentration aus. Er benutzt einen einzigen Metaphernkomplex und entwirft mit seiner Hilfe bei sparsamstem Wortaufwand eine ganze poetologische Konzeption. Die reduzierte, fast lakonische Sprechweise verlangt hohes Kunstverständnis und sicheres Sprachgefühl. Kein Wort ist hier zuviel, und kein Wort darf fehlen. Das kleine Gebilde ist ebenso präzise konstruiert, wie das technische Gerät des Fallschirms. Mit den Worten angemessen umzugehen (sie richtig ‚zu öffnen', Vers 8/9), bildet das Thema des Gedichts und ist die Voraussetzung für seine künstlerische Form. Die Gestalt des Gedichts fügt nämlich seiner inhaltlichen Aussage etwas hinzu, das W. Hinck (1994, S. 321) in diesem Zusammenhang den ‚poetischen Mehrwert' nennt. Dass sich durch die kunstvolle graphische Anordnung die Überzeugungskraft der Argumente beträchtlich erhöht, ließe sich durch ein beliebiges Umschreiben des Textes leicht demonstrieren. Er würde durch die formale Veränderung weitgehend zerstört. Im übrigen kann man die Gedichtaussage auf zwei Bedeutungsebenen interpretieren. Einerseits versteht das lyrische Subjekt die Sprache im Sinne der Fallschirm-Metapher als Rettungsinstrument im Falle einer Katastrophe. Dichtung wird so zu einem Mittel der Existenzbewahrung. Zum anderen evoziert die Metapher auch Vorstellungen aus dem Bereich des Fallschirmspringens als einer Sportart mit lebensbedrohlichen Gefahren (so: Hinck, 1994. S. 322). Das lyrische Schaffen wäre dann zu verstehen als ein

Bedeutung der ‚Fallschirm'-Metapher

gewagtes ästhetisches Spiel, bei dem derjenige künstlerisch ‚abstürzt', der mit der Sprache nicht sachgemäß umzugehen weiß. So verbinden sich in dem kleinen poetologischen Gedicht gleichzeitig existenzielle und ästhetische Aspekte der Kunst zu einer unlösbaren Einheit.

Vertrauen in die Kraft der poetischen Sprache

Vor allem aber offenbart der Text eine große Zuversicht in die Kraft der poetischen Sprache, wie wir sie ähnlich bei Benn und Kaschnitz beobachten können. Ein solches Sprachvertrauen ist in der Lyrikauffassung der zweiten Hälfte des 20. Jahrhunderts nicht selbstverständlich. Einerseits haben die politische Korrumpierung der Literatursprache während der Naziherrschaft, ihre Anbiederung an Lüge und Verbrechen oder auch das angstvolle Verstummen die moralische Glaubwürdigkeit der Dichtung tief beschädigt. Als „Brachfelder von zerredeten Worten und Tümpel von stinkendem, feigem Schweigen" erscheint I. Bachmann ein Großteil der zurückliegenden Lyrik. Daher fordert sie in der Dichtung „ein neues Rechtsverhältnis zwischen der Sprache und dem Menschen", das auf Wahrhaftigkeit und Moral gegründet ist (Bachmann, 1959/60. S. 208 f.). Von dem Reinigungsprozess der Lyriksprache ist auch bei M. L. Kaschnitz („Ein Gedicht") andeutungsweise die Rede:

> Es nackt zu scheren,
> In Lauge zu waschen
> Mein Wort

‚Poetik der Wachsamkeit' – Sprachskepsis und Sprachvertrauen bei Bachmann und Kaschnitz

W. Hinck hat die potologischen Gedichte von Kaschnitz und Bachmann unter dem Stichwort ‚Poetik der Wachsamkeit' gemeinsam behandelt. Die Ausgangslage dieser Poetik ist bestimmt von einem tiefen Zweifel an der Integrität und dem Leistungsvermögen der dichterischen Sprache, die als Werkzeug des Guten wie des Bösen, der Wahrheitssuche wie der Täuschung in gleicher Weise dient. Auch in vollendet schöner Gestalt kann sie inhumane Züge tragen. Immer wieder kann die Dichtung scheitern, sei es an der Unzulänglichkeit des Menschen oder der Sprache. Andererseits gehört zur ‚Poetik der Wachsamkeit' die feste Überzeugung, dass der Lyrik die Möglichkeit des Gelingens innewohnt. Dass sie ästhetische Ansprüche einlöst und das kritische Bewusstsein für den Zusammenhang von Wirklichkeit, Sprache und Wahrheit fördert. In diesem Spannungsfeld von Sprachskepsis und Sprachvertrauen bewegen sich die poetologischen Gedichte der beiden Autorinnen. Während „Ein Gedicht" von Kaschnitz eine eher zuversichtliche Haltung bezeugt, können ihre Gedichte „Nicht gesagt" und „Müllabfuhr" als sprachskeptische Gegenbeispiele genannt werden. Ingeborg Bachmann versteht die Lyrik als einen kompromisslosen Kampf gegen die schlechte, abgebrauchte Sprache, der wir täglich ausgesetzt sind, als eine künstlerische Utopie: die nie erreichbare Verwirklichung eines ‚Ausdruckstraums'. Ihre Gedichte sind geprägt von hochartifiziellen

Moralischer Anspruch an die Lyriksprache

Wort- und Bildfindungen. Doch eine innere Rechtfertigung gewinnt die Sprachkunst nur dort, wo sich auch ein moralischer, erkenntnishafter Ruck im Erleben und Denken vollzieht. In ihrer Frankfurter Poetikvorlesung (1959/60, S. 206) zitiert sie einen Satz, den zu unterstreichen man nicht müde werden möchte: „Alle Vorzüge einer Sprache wurzeln in der Moral." Dabei geht es nicht um einen moralischen Verhaltenskodex, sondern darum, dass der Dichter sich verbindliche Maßstäbe für Wahrheit und Lüge setzt und diesen konsequent folgt. Einem rein ästhetischen Kunstverständnis erteilt sie hiermit eine Absage. Das Gedicht als bloß artifizielle Organisation der Worte erscheint Bachmann zunehmend suspekt (vgl. „Keine Delikatessen", 1963). Wie sehr ihr vormals positives Grundverhältnis zur lyrischen Sprache einer tiefgreifenden Sprachbezweiflung weicht, geht aus ihrer Poetikvorlesung hervor. Sie befasst sich dort mit der Sprachkrise Hofmannsthals, die dazu führte, dass der geniale Lyriker sich von der ‚zaubrischen' Gedichtproduktion gänzlich abwandte. „Das Vertrauensverhältnis zwischen Ich und Sprache und Ding ist schwer erschüttert", stellt sie für Hofmannsthals wie für ihr eigenes Schaffen fest. Daher sind ihr auch „die Stürze ins Schweigen", die viele Lyriker vollzogen haben, „und die Motive dafür von großer Wichtigkeit" (Werke, Bd. 4. S. 188). Sie selbst erklärt 1964, dass sie keine Gedichte mehr schreiben werde.

Sprachkrise und Verstummen in der modernen Lyrik

Es lassen sich vor allem zwei Grundprobleme für die Sprachskepsis von Bachmann und anderen modernen Autoren benennen:

1. Die Einsicht in die Unmöglichkeit, mit der Sprache wesentliche Erfahrungen, tiefes Erleben oder bleibende Wahrheit wiederzugeben. Im Gegenteil: Die geschriebenen und gesprochenen Worte verschleiern oder verzerren meist die wahren Seinsverhältnisse; sie sind voller Irrtum und Lüge. M. L. Kaschnitz hat sich in ihrem Gedicht „Nicht gesagt" zur Unzulänglichkeit der Dichtersprache bekannt. Sie nennt ihre Verse

   Versuche. Gesuche. Mißlungen.
   Ungenaue Beschreibung

   Viele sprachsensible Lyriker der Moderne haben unter diesen Selbstzweifeln gelitten.
2. Persönliche oder gesellschaftliche Ereignisse können ein moralisches Betroffensein auslösen, das den Dichter eigentlich zum Schweigen zwingt. Adornos oft zitiertes Wort, dass man nach Auschwitz keine Gedichte mehr schreiben könne oder Brechts Verse vom ‚Gespräch über Bäume', das ‚fast ein Verbrechen' sei, weil es ein ‚Schweigen über so viele Untaten einschließt', thematisieren die Fragwürdigkeit des dichterischen Sprechens unter unmenschlichen Lebensverhältnissen. Das Dichten wird in solchen Zeiten zu einem „Akt der Frivolität oder ganz

und gar unmöglich", schreibt George Steiner in seinem Essay „Sprache und Schweigen" (1969, S. 92).

Bachmann: „Wahrlich"

Ingeborg Bachmann hat ihr Verstummen als Lyrikerin in einem ihrer letzten Gedichte wie ein poetologisches Schlussbekenntnis formuliert. Es ist wohl eines der konsequentesten Gedichte zu dem komplexen Thema ‚Dichtung an der Grenze des Schweigens'.

Wahrlich
Für Anna Achmatova

Wem es ein Wort nie verschlagen hat,
und ich sage es euch,
wer bloß sich zu helfen weiß
und mit den Worten –
dem ist nicht zu helfen.
Über den kurzen Weg nicht
und nicht über den langen.

Einen einzigen Satz haltbar zu machen,
auszuhalten in dem Bimbam von Worten.

Es schreibt diesen Satz keiner,
der nicht unterschreibt.

(Anna Achmatova: russische Lyrikerin, 1889–1966, die jahrzehntelang in der ehemaligen Sowjetunion aus politischen Gründen nicht publizieren durfte.)

Schmuckloser Stil – karge Sprache

Dieser unaufwendige Text verzichtet bewusst auf stilistischen Schmuck (Reim, Rhythmus etc.) und faszinierende Metaphorik. Bachmann bedient sich eines kargen Wortmaterials, das auf unbeholfen anmutende Weise (Vers 1–5), aber in eindringlichem Duktus zusammengefügt ist. Die zahlreichen Wortwiederholungen und -variationen (*figura etymologica*) wirken kunstlos, erzeugen aber eine hohe Intensität: Wort – Worten/helfen/Satz/haltbar – auszuhalten/schreibt – unterschreibt. Es handelt sich um ‚bodenständige' Worte, die ohne Umschweife die Sache benennen, und nicht um „Worthappen erster Güte", mit denen uns der Dichter „Aug und Ohr verköstigt", wie Bachmann im Gedicht „Keine Delikatessen" ironisch bemerkt. Der Leser wird auf den unerbittlichen Ernst der thematischen Entfaltung schon durch den Titel vorbereitet. „Wahrlich" ist uns aus dem ‚Neuen Testament' als Beteuerungsformel bekannt, mit der Christus die Unanfechtbarkeit seiner Verkündigung bekräftigt. In der Ursprungsbedeutung des Adjektivs ‚wahrlich', nämlich: ‚der Wahrheit gemäß', ‚wahrhaftig', benutzt Bachmann das Wort. Durch die unterschwellige Korrespondenz mit Vers 2 („ich sage es euch") wird der Bibelbezug deutlich gemacht. Aber auch zu Vers 10 („Es schreibt diesen Satz keiner") mit seinem apodikti-

Übernahme biblischer Sprachformeln

schen Wahrheitsanspruch ließe sich ein ‚Wahrlich' als rhetorische Einleitung denken. So gibt das Titelwort zu verstehen, dass das lyrische Ich von der uneingeschränkten Gültigkeit der Gedichtaussagen überzeugt ist. Ihr Argumentationsgang lässt sich ohne Schwierigkeit nachvollziehen. Jeder moralisch sensible Mensch kennt Situationen, die ihm ‚die Sprache verschlagen'. Das Wort bleibt ihm dann – wie es anschaulich heißt – ‚im Halse stecken'. Wem dies angesichts des Unheils und täglichen Elends nie widerfährt, wer sich in jeder Lage mit erklärenden oder beschwichtigenden Worten aus der Betroffenheit herauszureden versteht, „dem ist nicht zu helfen", weil er nicht wirklich betroffen ist oder es nicht sein will. Die politische und journalistische Sprache liefert dafür unaufhörlich abstoßende Beispiele. Wieviel schlimmer, wenn der Dichter so handelt! Es fehlt ihm der humane Instinkt, den man, wenn man ihn nicht besitzt, auf keinerlei Weise erwerben kann (weder ‚auf kurzem oder langem Wege'). Das lyrische Subjekt bekräftigt die Wahrheit dieser Tatsache dadurch, dass es sich – ein einziges Mal nur im Gedicht – persönlich zu Wort meldet: „und ich sage es euch". Das heißt: Es steht mit seiner eigenen Existenz und Erfahrung dafür ein, und es zitiert nicht Bücherweisheiten. Als Figurenmaske der Dichterin spricht das lyrische Subjekt aus der Lebenswelt der Bachmann, die zur Genüge erlebt hat, wie es einem die Sprache verschlagen kann. Sie sieht sich dabei in einer ungewöhnlichen Lage, die sie keineswegs mit den anderen Menschen teilt. In dem kritisch-ironischen Gedicht „Keine Delikatessen" heißt es:

Sprechen ohne moralische Betroffenheit

Einstehen für das Gesagte mit seiner Existenz

> Die andern wissen sich
> weißgott
> mit den Worten zu helfen.
> Ich bin nicht mein Assistent.
> *(Werke, Bd. 1. S. 172).*

Das Gedicht „Wahrlich" formuliert diese Erfahrung in einer syntaktischen Struktur, die eine spürbare Hilflosigkeit widerspiegelt. Der erste Teil besteht aus einem Satzgefüge, dessen vorausgestellte Gliedsätze (Vers 1 u. 3) mit dem Hauptsatz (Vers 5) eine schlüssige Einheit bilden. Zwischen die Nebensätze ist in Zeile 2 die Beteuerungsformel eingeschoben, wodurch Sprachfluss und syntaktischer Zusammenhalt unterbrochen werden. Schon die ungewohnte Wortstellung der Anfangszeile – man erwartet eigentlich: ‚Wem es nie ein Wort verschlagen hat' – lässt den Leser ins Stocken geraten, und zwar ausgerechnet bei dem Wort ‚Wort'. Im Vers 4 kommt der sprachliche Bruch am stärksten zur Geltung. Die präpositionale Fügung ‚zu helfen weiß ... mit den Worten' wird durch das vorangestellte ‚und' in ihrer Einheit aufgebrochen; der semantische Zusammenhang zwischen Vers 3 und 4 zerfällt; die Zeile

Textaussage und syntaktische Struktur

und mit den Worten –

gerät syntaktisch in die Isolierung. Dadurch entsteht eine inhaltliche Ratlosigkeit für die Zuordnung des 4. Verses, die der Gedankenstrich zusätzlich hervorhebt. Einerseits gehört ‚mit den Worten' zum Verbkomplex ‚sich zu helfen wissen'. Andererseits verselbständigt es sich so weit, dass diese Verknüpfung (‚sich helfen' – ‚mit Worten') zerfällt. So bildet die formale Struktur genau den Vorgang ab, von dem die Verse inhaltlich sprechen. Ihr Resümee lautet: Der Mensch kann noch so viele Worte machen, wirklich helfen werden sie ihm nicht.

Sinnhafte Sprache und leeres Gerede

Der zweite Gedichtteil (Vers 8–11) fügt dieser Feststellung einen weiteren Gedankengang hinzu. Ein einziger wesentlicher Satz kann mehr Sinn enthalten als die Fülle allen Geredes. Aber seine Wahrheit muss ‚haltbar' gemacht werden. Der Sprechende muss ihn durch seine eigene Haltung beglaubigen. Er muss seinen Worten die Treue bewahren, indem er unbeirrt an ihnen festhält und sich nicht täuschen lässt von dem allseits ertönenden Wortgeklingel. Das verächtliche ‚Bimbam der Worte' kann als versteckte Anspielung auf das berühmte Paulus-Wort an die Korinther (Kor. 1, Kap.13, Vers 1) gelesen werden:

Wenn ich mit Menschen- und mit Engelzungen redete,
und hätte der Liebe nicht,
so wäre ich ein tönend Erz oder eine klingende Schelle.

Absage an den Ästhetizismus – Glaubwürdigkeit des Wortes

Im Gedichtkontext lässt sich der biblische Ausspruch als eine Absage an den Ästhetizismus interpretieren. Ohne die moralische Gesinnung des Dichters besitzen die schönsten Verse keine substanzielle Wahrhaftigkeit. Deshalb verlangt das Schreiben von Sätzen, die Gültigkeit beanspruchen, am Ende ein bestätigendes ‚Unterschreiben'. Nicht zufällig steht dieses Verb am Schluss des Gedichts. Es fordert zu einer Beglaubigung des Gesagten mit dem eigenen Namenszug auf (‚nach bestem Wissen und Gewissen'). Hierbei handelt es sich um einen Rechtsakt, durch den sich der Autor zu seiner Verantwortung bekennt.

3. Sprachkritisch-hermetische Lyrik am Rande des Verstummens

P. Celan: „WEGGEBEIZT" (1967)

Lyrik zwischen Sprache und Schweigen

Der Verzicht auf das lyrische Sprechen, wie I. Bachmann ihn vollzieht, erscheint als folgerichtige Konsequenz aus der Einsicht, dass man von den Dingen, ‚über die man nicht sprechen kann, schweigen muss' (Wittgenstein). Wo der Lyriker an die Grenze des Sagbaren gelangt, kann er äußerstenfalls – in paradoxer Weise – noch dieses Schweigen zur Sprache bringen. Hofmannsthal und Rimbaud haben großartige Gedichte geschrieben und sich dann von der Lyrik abgewandt; Hölderlin ist nach singulärem Werk unfreiwillig verstummt; bei Rilke gab es Jahre krisenhaften Schweigens. Die Lyriker der Moderne sind aufgrund ihrer Sprachmoral in ein besonders schwieriges Verhältnis zu ihrer Sprache und Gattung geraten. Für die deutschen Dichter der Nachkriegszeit verschärft sich die Lage durch die Erfahrung der unmenschlichen Geschehnisse während der Naziherrschaft und den fragwürdigen Umgang mit dem politischen Erbe nach 1945. Zwangsläufig stellt sich den Autoren die Frage, ob und wie man, ohne naiv oder empfindungslos zu sein, noch Gedichte schreiben könne. Paul Celan (1920–1970), der wohl bedeutendste deutschsprachige Lyriker der Nachkriegszeit, steht wie viele andere vor diesem Dilemma. Als Sohn jüdischer Eltern in Czernowitz (Rumänien) geboren, woher auch Rose Ausländer stammt, hat er das Ende aller Menschlichkeit im Dritten Reich selbst erlebt. Seine Eltern wurden in einem Vernichtungslager umgebracht. Vor allem den Tod seiner Mutter hat er nie verwunden. So erklärt es sich, dass alle seine Dichtungen untergründig vom Trauma des Holocaust geprägt sind. Celan hat nicht das Schweigen gewählt, sondern in der ‚Sprache der Henker', die auch seine eigene war, ein umfangreiches lyrisches Werk hinterlassen. Er hat dazu diese verkommene Sprache – wie Kaschnitz es formuliert – „in Lauge gewaschen"; er hat sie verfremdet und unter Rückbezug auf die großen Vorbilder (Hölderlin, Rilke, Trakl, Mallarmé u.a.) gleichsam neu erfunden.

Entstehungsbedingungen und Rezeptionsprobleme der Lyrik Celans

Eine dunkle Metaphorik mit extremer Verknappung des Wortmaterials, Verzicht auf die Syntax sowie nicht verknüpfende Setzung von Einzelwörtern, traditionsfremde, magische Formgebung und der Versuch, die Grenzen des Sagbaren zu durchbrechen – alle diese Stilmomente der hermetischen Kunst trifft man in Celans Lyrik an. Der Zugang zu ihr ist nicht einfach. Auch vergrößern sich die Schwierigkeiten durch die oft rätselhaft verdunkelte Beziehung der Texte zur historisch-sozialen Wirklichkeit. Reale Geschehnisse bieten kaum Erklärungshilfen für die Texte. Trotzdem sieht Celan seine Lyrik stets auch auf das wirkliche Leben bezogen und nicht als ‚Artistenkunst'.

Didaktischer Hinweis zur Erschließung von Celans Lyrik

Wegen ihres hohen innovativen Rangs kann man auf eine Annäherung an diese Lyrik nicht verzichten. Die vorgeschlagenen Textbeispiele lassen sich vor allem durch ihre poetologische Thematik mit den Gedichten von Benn, Kaschnitz und Bachmann verknüpfen. Sie führen deren sprachkritische Ansätze und die Fragestellung ‚Sprechen oder schweigen?' in verschärfter Form weiter. Insofern kann die Arbeit mit dem einen oder anderen Text aus Kapitel I, 2 die Hinführung zu dem folgenden Celan-Gedicht merklich erleichtern. Es stammt aus dem späten Zyklus „Atemwende" (1967), zuvor erschienen unter dem Titel „Atemkristall" (1965), und es gehört zu den wichtigsten lyriktheoretischen Gedichten Celans.

Celan: „Weggebeizt"

WEGGEBEIZT vom
Strahlenwind deiner Sprache
das bunte Gerede des An-
erlebten – das hundert-
züngige Mein-
gedicht, das Genicht.

Aus-
gewirbelt,
frei
der Weg durch den menschen-
gestaltigen Schnee,
den Büßerschnee, zu
den gastlichen
Gletscherstuben und -tischen.

Tief
in der Zeitenschrunde,
beim
Wabeneis
wartet, ein Atemkristall,
dein unumstößliches
Zeugnis.

Traditionelle (verständliche) Metaphorik und moderne (rätselhafte) Chiffrensprache

Die unmittelbare Textwirkung wird zunächst von der ungewöhnlichen Versfüllung und insbesondere von der befremdenden Metaphorik bestimmt: Strahlenwind – Genicht – Büßerschnee – Gletscherstuben – Zeitenschrunde – Wabeneis – Atemkristall, das sind meist neue Wortprägungen (Neologismen), deren semantische Unbestimmtheit das spontane Verständnis des Gedichts unmöglich macht. Es handelt sich um verschlüsselte Sprachzeichen (Chiffren), deren Entschlüsselung im gegebenen Gedichtkontext zu den Voraussetzungen der Interpretation gehört, weil in ihnen der Textsinn verborgen ist. Die Schwierigkeit besteht darin, dass sich für die moderne Chiffrensprache, im Unterschied zur traditionellen Metaphorik, ein festes Bedeutungsverhältnis zwischen den Sprachzeichen und von ihnen bezeichneten Wirklichkeitselementen kaum wahrnehmen lässt. Unterschiedliche Beispiele können das verdeutlichen. Wenn wir in dem Gedicht „Nacht“ von Eichendorff lesen:

Ich stehe in Waldesschatten
Wie an des Lebens Rand

dann ist der übertragene Sinn von ‚Waldesschatten‘ als Bildmetapher für den nahenden Tod leicht erkennbar. Auch bei einer verkürzten metaphorischen Sprechweise wie in Brechts Versen aus der „Dreigroschenoper“:

Denn die einen sind im Dunkeln
Und die andern sind im Licht,

versteht man die Dunkel-Hell-Metaphorik problemlos als sozialkritische Äußerung über den Gegensatz von Arm und Reich. Dagegen geben die folgen Zeilen von I. Bachmann dem Leser einige Rätsel auf:

Unter einem fremden Himmel
Schatten Rosen
Schatten

Bedeutungsvielfalt der Chiffre

Eine zuverlässige Bedeutung der Chiffre ‚Schatten' (von Metapher wird man hier nicht sprechen) lässt sich nun nicht mehr angeben. Vielmehr evoziert das Wort eine Sinnvielfalt (Polyvalenz), die im Gedichtkontext verschiedene sinnvolle Lesarten erlaubt. So entsteht eine Unbestimmtheit, die zum Kennzeichen der modernen Lyrik mit hermetischen Tendenzen geworden ist. Für Celans Gedicht „WEGGEBEIZT" ergeben sich konkrete Anhaltspunkte zur Texterschließung zunächst in der 1. Strophe, insofern dort ein bekanntes Motiv thematisiert wird. Sie setzt mit einer Kritik an der nicht authentischen, oberflächlichen Form des Redens ein, wie sie auch in Bachmanns Wendung vom ‚Bimbam von Worten' („Wahrlich"; vgl. S. 30) ausgedrückt wird. Celan charakterisiert den fragwürdigen Umgang mit der Sprache als

das bunte Gerede des An-
erlebten

Kritik des Ästhetizismus

In komprimierter Form sind darin mehrere grundsätzliche Aussagen miteinander verknüpft. Das „bunte Gerede" enthält eine Ablehnung der ästhetizistischen Lyrikauffassung, die man Celan oft unterstellt hat. In einem Brief an Hans Bender (Werke, Bd. 3, S. 177) äußert sich der Dichter über die Konzeption der Dichtung als kunstvolles handwerkliches Machen. „Das Handwerk", so schreibt Celan, sei eine „Sache der Hände" und weiter:

Nur wahre Hände schreiben wahre Gedichte. Ich sehe keinen prinzipiellen Unterschied zwischen Händedruck und Gedicht.

Wie Bachmann beurteilt Celan das dichterische Schaffen unter dem Aspekt der Wahrhaftigkeit und persönlichen Integrität. Das Schreiben als ein bloß ‚herumexperimentierendes', artistisches Machen wird nach seiner Beobachtung leicht zur „Mache" und dann allmählich zur „Machenschaft" (Werke, Bd. 3, S. 178). Das künstlerische Tun ist ohne moralisches Fundament höchst fragwürdig. Damit hängt zusammen, dass der Dichter allein vom Selbsterlebten ein glaubhaftes Zeugnis ablegen kann. Verse über das bloß ‚An-/erlebte', das nicht zu seiner Wesenssphäre gehört, können sehr

Unwahrhaftigkeit des lyrischen Sprechens

gelungen sein, sie bleiben trotzdem innerlich hohles, verlogenes Gerede. Wenn Celan dafür das Prädikat ‚hundert-/züngig' (Vers 4/5) einsetzt, dann bedient er sich einer verschärften Variante des geläufigen Begriffs ‚doppelzüngig' für unehrliches Sprechen. Allerdings enthält das ‚hundertzüngige Reden' gleichzeitig einen Hinweis auf überbordende Geschwätzigkeit, die Celan als „das Zuviel meiner Rede" in dem Gedicht „UNTEN" selbstkritisch verurteilt. Das Ergebnis eines solch beliebigen, fragwürdigen Dichtens nennt der Autor von „WEGGEBEIZT" das „Mein-/gedicht" (Vers 5/6). Die Vorsilbe ‚mein' erlaubt zwei verschiedene Auslegungen (vgl. Neumann, 1990. S. 81). Sie weist auf mhd. ‚mein' mit der Bedeutung ‚betrügerisch, falsch', wie sie das Wort ‚Meineid' bewahrt. Das ‚Meingedicht' ist demzufolge ein verlogenes Gedicht und also ein nichtswürdiges, nichtiges. Celan nennt es folglich durch Austausch eines einzigen Konsonanten (mit signifikantem Binnenreim!) „das Genicht". ‚Mein' ist aber gleichzeitig Possessivpronomen, so dass das Kompositum auch als ‚mein Gedicht' gelesen werden kann und mithin das lyrische Ich (stellvertretend für Celan) das eigene Werk einbezogen weiß. Ausgehend von der possessiven Bedeutung, ergibt sich ein semantischer Verweisungsbezug zwischen ‚mein Gedicht' – ‚Strahlenwind deiner Sprache' – ‚dein unumstößliches Zeugnis'. Hierbei bilden das verlogene ‚Mein-/gedicht' und das Wahrheit bekundende ‚dein Zeugnis' einen engen, kontrastiven Zusammenhang. Jenes steht negativ für das missratene Dichten, dieses ist Chiffre für ein anzustrebendes wahrhaftiges Dichten. „WEGGEBEIZT" spricht von diesem Bewegungsvorgang, in dem die unglaubwürdige Kunstproduktion durch eine existenziell glaubhafte ersetzt wird.

‚Meingedicht' als das verlogene Gedicht

Reinigung der Sprache als destruktiver Prozess

Der Gedichtanfang macht deutlich, dass es sich bei dem Prozess um einen aggressiven Destruktionsvorgang handelt. Mit dem Verb ‚wegbeizen' und der Metapher ‚Strahlenwind' verbinden sich Konnotationen des Reinigens und Zerstörens. Mit Hilfe von Laugen beizt der Maler unerwünschte Farben weg, mit Säuren kann man korrodierte Metallteile reinigen. Der Kontext von ‚Strahlenwind' lässt an die wegbeizende Reinigung mit dem Sandstrahlgebläse, an den Feuerstrahl eines Schweißbrenners oder an den Laserstrahl denken. Allerdings dient die Metapher ‚Strahlenwind' zur näheren Bestimmung des Objekts ‚deiner Sprache', und das heißt: Es gibt jemanden, der mit seiner Sprache das Gerede der Dichter zunichte machen kann. Dies wird strukturell und optisch augenfällig durch die eigentümliche Versgestaltung in den beiden ersten Strophen. Celan zerreißt die negativ besetzten Wörter „An-/erlebtes", „hundert-/züngig" und „Mein/gedicht" in der Weise, dass jeweils nur ein Bruchstück am Ende der Verse 3–5 stehen bleibt. Diese Zerlegung des Wortkörpers bewirkt hemmende Zeilensprünge (Enjambements), die den Gedanken- und Sprachfluss zum Stocken bringen. H. Burger (1974, S. 116 f.), der den Vorgang ausführlich analysiert, bemerkt dazu:

> Die Gedichte wirken zerhackt, beinahe hingestottert. [...] Dieser mit der Sprechweise des Stammlers vergleichbare Duktus ist nicht dazu geeignet, lyrische Stimmung aufkommen zu lassen. Der Leser wird vielmehr zur Reflexion über das zerstörte oder zumindest gefährdete Sprachmaterial gezwungen.

Segmentierung der Worte als Sprachkritik

So wird die Strukturierung der Verse zum Instrument der Sprachkritik, der Kritik an einzelnen Wörtern und natürlich ihrer Inhalte mit formalen Mitteln. Auch in der 2. Strophe ist die Wortsegmentierung als Reflex des inhaltlich gemeinten Durcheinanderwirbelns der Sprache zu verstehen. Aufgrund der Trennung von „Aus-/gewirbelt“ (Vers 7) und „menschen/gestaltigen“ (Vers 10) bekommen die Partikel ‚Aus‘- und ‚menschen‘- durch ihre auffällige Versposition eine markante Bedeutungsschwere. ‚Aus‘ hebt die vernichtenden Folgen des ‚Strahlenwindes‘ sichtbar hervor; durch die Stellung von ‚menschen-‘ am Versschluss zusammen mit dem Enjambement wird kurzfristig der Eindruck suggeriert, dass der ‚Weg‘ frei sei ‚durch den Menschen‘. In der 3. Strophe finden sich keine solchen Segmentierungen, und entsprechend besitzt auch der Rhythmus einen harmonischeren Verlauf. Dies stimmt mit dem Inhalt der Strophe zusammen, in der, wie sich noch zeigen wird, vom Ort der gelungenen Dichtersprache die Rede ist.

Unbekannte Herkunft der reinigenden Sprachgewalt

Zu erörtern bleibt die Frage, wer über die zerstörend-reinigende Sprachgewalt verfügen mag. Mit der Formulierung „Strahlenwind deiner Sprache“ kann unmöglich das lyrische Ich bzw. der Dichter selbst gemeint sein; die Formulierung „Mein-/gedicht“ schließt das aus. Man wird also an eine transzendente, sprachbefähigte Macht denken, die der Text nicht näher benennt. Möglicherweise ist, in Anknüpfung an das Pfingstwunder, die Sprache Gottes/des Heiligen Geistes gemeint, die dem Dichter zum Vorbild werden soll. Die biblische Beschreibung der Pfingstereignisse ließe eine solche religiöse Deutung zu. Es heißt in der Apostelgeschichte (Kap. 2, Vers 1–4):

Assoziative Verknüpfung mit dem Pfingstwunder

> Und als der Tag Pfingsten erfüllt war, waren sie alle einmütig beieinander.Und es geschah schnell ein Brausen vom Himmel als eines gewaltigen Windes und erfüllte das ganze Haus, da sie saßen.Und es erschienen ihnen Zungen, zerteilt, wie von Feuer; und er setzt sich auf einen jeglichen unter ihnen; und sie wurden alle voll des heiligen Geistes und fingen an, zu predigen mit andern Zungen, nach dem der Geist ihnen gab auszusprechen.

Die ‚Strahlenwind‘-Metapher kann assoziativ mit Bildvorstellungen vom ‚gewaltigen Wind‘ des heiligen Geistes und den strahlenförmig zerteilten feurigen Zungen verknüpft werden. In ihrem Grundwort ‚Wind‘ klingt auch das alttestamentarische ‚Pneuma‘ mit, das als Atem Gottes mit der Chiffre ‚Atemkristall‘ (Vers 19) in Beziehung stehen könnte. Für die Interpretation dieses Chiffrengefüges lässt sich ein aufschlussreiches Kurzgedicht Celans zu Rate ziehen, das ebenfalls in der „Atemwende" steht:

> EIN DRÖHNEN: es ist
> die Wahrheit selbst
> unter die Menschen
> getreten,
> mitten ins
> Metapherngestöber.
> *(Werke, Bd. 2. S. 89)*

Man kann auch das ‚Dröhnen' als eine Anspielung auf das ‚Brausen' des himmlischen Pfingstgeistes verstehen. Was mit diesem Vorgang im Gedicht umschrieben wird, ist das Erscheinen eines Absoluten, nämlich der „Wahrheit selbst". Da der Dichter sie nicht konkret veranschaulichen kann, wählt er das beängstigende Geräusch des Dröhnens. Ihrem Selbstverständnis gemäß richtet sich die Wahrheit gegen das Unwahre, das hier „Metapherngestöber" genannt ist. Damit meint Celan nichts anderes als das „bunte Gerede", die bilderreiche Metaphernsprache der herkömmlichen Lyrik, die den Blick für das Wahre trübt und den Menschen die Orientierung nimmt wie ein Schneegestöber.

Utopie der vollkommenen (absoluten) Sprache

Man kann bei der höheren Instanz, von der aus Celans Gedichte die Lyriksprache kritisieren, an Gott denken. Aber der Dichter spricht nicht von ihm, sondern vom ‚Strahlenwind der Sprache' oder von der ‚Wahrheit selbst'. Burger (1974, S. 138) deutet diese Macht daher nicht als ein Wesen, sondern als die Idee einer „vollkommenen Ursprache" oder als utopische Vorstellung Celans von einem „absoluten Gedicht", das voll Reinheit und Klarheit vom Absoluten kündet. Vor diesem unerreichbaren Ideal erscheint alles konkrete Dichten wie eine nichtswürdige Verfehlung (‚Genicht'). Trotzdem muss der wahre Dichter unbeirrt an der Richtung auf dieses Ideal festhalten. Das thematische Zentrum von „WEGGEBEIZT" liegt in der Bewegung hin zu dem Ort des vollkommenen Dichtens. Dabei handelt es sich im übertragenen Sinne um einen Läuterungsweg. Die Mittelstrophe spricht von den Mühen jener Wanderung, die Schlussstrophe von ihrem ersehnten Ziel.

Strophe 2: Wanderschaft zum Ort der reinen Sprache

Der Beginn der 2. Strophe verwendet dieselbe formale Struktur wie der Gedichtanfang: das vorangestellte Partizip Präsens eines äußerst dynamischen Bewegungsverbs. Das signalisiert eine enge Beziehung zwischen beiden Strophen. Die destruktiv-reinigende Wirkung, die von der wahren Macht der Sprache ausgeht, bahnt dem dichterischen Ich seinen Weg durch den „menschen-/gestaltigen Schnee". Gadamer (1973, S. 108) übersetzt das vieldeutige Bild der Wanderschaft konsequent in die „Sphäre des Sprachlichen". Der ‚Schnee' in Menschengestalt, das „sind die Menschen mit ihrem Gerede, das alles bedeckt" (‚verdeckt' und ‚gleichmacht').

Durch diese bedenkenlos Redenden und ihren Sprachmüll hindurch muss der Dichter seinen Weg nehmen.

Bedeutung der Chiffre ‚Schnee'

Die Chiffre ‚Schnee' lässt sich als häufig benutztes Zeichen in Celans Lyrik sehr unterschiedlich deuten. Oft wird sie als Chiffre für die Sprache verwendet. Dabei überwiegen im allgemeinen „Konnotationen des Reinen, Klaren, Unverstellten" (Menninghaus, 1980. S. 109). ‚Schnee' verweist damit auf utopische Formen idealen Sprechens, auf die absolute Dichtung, vor der das konkrete Wort verstummen sollte. Deshalb steht die ‚Schnee'-Chiffre oft auch für das Schweigen. Vom „Schnee des Verschwiegenen" hören wir im Gedicht „MIT WECHSELNDEM SCHLÜSSEL". Im Gegensatz dazu benennt der „menschen-/gestaltige Schnee" in „WEGGEBEIZT" die uneigentlichen Formen des „bunten Geredes", die es auszutilgen gilt.

Weg zur reinen Sprache als büßende Pilgerschaft

Die Wanderung des fiktiven Dichter-Ichs durch die Schneelandschaft hinauf in die Einsamkeit der Bergletscher spiegelt die Befreiung aus dem sozialen Bereich des belanglosen Sprechens. Dabei verwandelt sich die Farbigkeit der Welt (‚*buntes* Gerede') in ein einförmiges Weiß. Stille breitet sich aus, das Ich gerät in die Zone des Schweigens. Der Schnee, durch den der ‚Pilger' seinen Weg nimmt, wird mit der Apposition „Büßerschnee" (Vers 12) in einen religiösen Kontext gerückt. Gadamer (1973, S. 108) interpretiert den ganzen Vorgang als eine ‚büßende Pilgerschaft'. Damit verstünde sich das lyrische Subjekt als ein Ich, das selbst für seine Versündigung an der Sprache büßen solle, möglicherweise durch Schweigen. Andererseits gibt es für die Chiffre ‚Büßerschnee' in Menschengestalt eine fachsprachliche Herleitung, die Celan gekannt hat. In der Glazialwissenschaft bezeichnet man als ‚Büßerschnee' auf hochgelegenen Schneefeldern stehen gebliebene Schneefiguren, die durch Abschmelzung und Windeinwirkung zustande kommen. Sie erinnern an Pilgerfiguren und können mehrere Meter hoch sein. Der aus dem Spanischen kommende Terminus dafür lautet ‚Penitentes' = Büßer (vgl. Buhr, 1987. S. 37 f.; Das große Duden-Wörterbuch, Bd. 1). Versteht man die metaphorische Büßerschnee-Landschaft als eine Sprachlandschaft, dann lässt sich ihre Entstehung mit der Metapher „Strahlenwind deiner Sprache" sinnvoll verknüpfen. ‚Weggebeizt' und ‚weggeschmolzen' wird die unwahre Sprache. Was übrigbleibt, sind stumme ‚Sprachfiguren', die für die Verfehlungen an der Sprache büßen und den Dichter auf der eigenen Bußwanderung an einen reineren Umgang mit dem dichterischen Wort gemahnen. Dass diese Interpretation nicht alle Dunkelheiten der Strophe beseitigt, bedarf keiner besonderen Hervorhebung.

Als einen vorläufigen Zielort der Pilgerschaft sprechen die Schlussverse der 2. Strophe von

den gastlichen
Gletscherstuben und -tischen.

Gastliche ‚Gletscherstuben' als Wohnstätte der reinen Sprache

Der gleichnishafte Weg des Gedicht-Subjekts führt hinauf in die stumme, lebensfeindliche Welt des Eises. Celan kehrt die geläufigen Vorstellungen über diese Sphäre um und benennt sie mit Worten, von denen eine unerwartet freundliche Stimmung ausgeht. Weshalb aber kann sich der Wanderer in den ‚Stuben' und an den ‚Tischen' dieses Eishauses wohlfühlen wie ein Gast? Als Erklärungshilfe ist verschiedentlich auf das Einleitungsgedicht zum ‚Atemwende' – Zyklus hingewiesen worden.

DU DARFST mich getrost
mit Schnee bewirten:
sooft ich Schulter an Schulter
mit dem Maulbeerbaum schritt durch den Sommer,
schrie sein jüngstes
Blatt.
(Werke, Bd. 2. S. 11)

Celan kontrastiert in diesem Text das üppige Wachstum, das der Maulbeerbaum sinnbildhaft veranschaulicht und das dem lyrischen Ich eng vertraut war („Schulter an Schulter"), mit der winterlichen Schneespeise. Transponiert man diese Bilder auf die Ebene des Poetologischen, wie Gadamer es tut (1973, S. 15 ff.), dann könnte die Blätterfülle des Baumes für das lärmende Gerede der Dichter stehen (das ‚Blatt schrie'). Der Schnee hingegen weist auf willkommene Stille und Schweigen als Gegenpol zum ‚Schrei'. Im so entfalteten Kontext erscheinen die ‚gastlichen Gletscherstuben' als der Ort, an dem das belanglose Gerede ein Ende hat, wo man mit vielsagendem Schweigen empfangen wird, das allem wesentlichen Sprechen vorausliegt. Celan gibt an anderer Stelle einen noch deutlicheren Hinweis zur Lösung der Problemfrage. In dem metaphorisch-poetologischen Prosatext „Gespräch im Gebirg" unterhalten sich zwei wandernde Juden über die Gletscherlandschaft und das Wesen der Sprache. Es heißt dort unter anderem:

> [...] in der Mitte steht ein Wasser, und das Wasser ist grün, und das Grüne ist weiß von den sich spiegelnden Gipfeln, und das Weiße kommt von noch weiter oben, kommt von den Gletschern, man könnte [...] sagen, das ist die Sprache, die hier gilt, das Grüne mit dem Weißen drin, eine Sprache, nicht für dich und nicht für mich.
> *(Werke, Bd. 3. S. 170)*

Die beiden zu Hilfe genommenen Textpassagen bestätigen die für das Gedicht „WEGGEBEIZT" eingeschlagene Interpretationslinie. ‚Schnee – Eis – Gletscher' sind Chiffren für eine außergesellschaftliche, absolute (vielleicht göttliche) Ursprache. Die ‚Gletscherstuben' dienen im übertragenen Sinne als ferner Ursprungsort oder als Haus der Sprache, wo man nur mit reinen ‚Schnee'-Worten gespeist wird.

In der letzten Strophe entwirft Celan dann mit abstrakten Metaphern und Chiffren eine vage Vorstellung vom Wesen dieser Ursprache. Die raumsymbolische Aufwärtsbewegung (weg von den Menschen) kommt in der eisklaren Höhe der Einsamkeit zum Stillstand. Sie ist zum Einhalt gezwungen vor der ‚Zeitenschrunde' (Vers 16). Eine ‚Schrunde' bezeichnet einen Spalt oder Riss im Gestein bzw. in Gletschern, entstanden durch Verschiebung der Eismassen. Die Gletscher ihrerseits „verkörpern" als „gigantische Zeugen einer urzeitlichen Vergangenheit" einen „Teil der Erdgeschichte" (Burger, 1974. S. 125). So werden sie zu Symbolen der Ewigkeit. Mit der Formulierung

Zeitsymbolische Umdeutung des Raumes: die ‚Zeitenschrunde'

Tief
in der Zeitenschrunde

schafft Celan einen Wechselbezug zwischen Gletscher- und Zeitmetaphorik. Vom Schluss der 2. Strophe her erwartet der Leser eigentlich den geologischen Begriff ‚Gletscherschrunde'. Indem der Dichter hier den Begriff ‚Zeitenschrunde' einsetzt, gibt er den Gletscherräumen eine temporale Bedeutung. Der Weg hinauf ist, zeitlich betrachtet, ein Weg zurück in die Vergangenheit. Er führt letztlich in den dunklen Bereich einer Urvergangenheit, in einen tiefen Spalt, in dem die Zeit und alles Geschehen zum Stillstand gekommen sind. Der dort herrschende Zustand des Erstarrten und ewig Unveränderlichen kann in ambivalenter Bedeutung zugleich das Ende aller Bewegung oder aber ihren Uranfang symbolisieren. Indem Celan diese Zone als den Bereich des eigentlichen dichterischen Sprechens auffasst, macht er das Absterben (Schweigen) des bloßen Geredes zum möglichen Ausgangspunkt eines neuen Dichtens.

Der Weg hinauf als Weg zurück in die Vergangenheit und den Ur Anfang der Sprache

Die Qualität der dazu benötigten Sprache umschreibt das lyrische Ich vor allem mit Hilfe der Eis-Kristall-Metaphorik. ‚Was von den Gletschern kommt [...] ist die Sprache, die hier gilt', heißt es im „Gespräch im Gebirg".

Eiskristall als Chiffre für die Struktur der reinen Lyriksprache

Der Gletscher wiederum stellt „die gewaltigste aller Kristallisationen" dar; sein Inneres „ist keine amorphe Masse, sondern gitterförmig abgelagertes Material" (Burger, 1974. S. 126/128). Die kristalline Form als strukturelles Bauprinzip gehört zu den zentralen Chiffren für die Lyrik überhaupt in Celans späten Gedichten. Als herausragendes Beispiel kann auf den Titelbegriff des Zyklus „Sprachgitter" verwiesen werden. Es gibt in der Natur das Phänomen der Kristallbildung etwa bei Eis und Schnee und ebenso bei Erzen und Gesteinen. Celan überträgt in „WEGGEBEIZT" den Vorgang aus der anorganischen Sphäre auf organische und sprachliche Erscheinungen. Die Chiffre ‚Wabeneis' wird in der Interpretationsliteratur als eine solche Übertragung verstanden. Sie kombiniert das Bild der lebensspendenden Honigwaben der Bienen mit dem lebensfeindlichen Material des

Eises zu einer widersprüchlichen Einheit. Doch das Gedicht führt den Gegensatz zwischen den Bestandteilen der Chiffre auf zwei Ebenen zusammen. Einerseits besitzen Eiskristalle und Bienenwaben dieselbe geometrische Struktur: ein hexagonales Kristallgitter. Zum anderen entsteht ein assoziativer Bezug zu den ‚Gletscherstuben'. Sie sind aus wabenförmigen Eiselementen aufgebaut und werden vom Gedicht-Ich (analog zur Bienenwabe) als gastliche Herberge empfunden.

Interpretation der Chiffre ‚Atemkristall': authentischer Gehalt und reine Struktur des Gedichts

Die dort sich anbahnende neue Weise des Sprechens bzw. Schweigens wird vom Dichter mit der Chiffre ‚Atemkristall' benannt. Hier bildet ebenfalls der Naturvorgang der Kristallisation die Grundlage für die abstrakte Metapher. Der Atem als Träger der sprachlichen Artikulation gefriert zu einem winzigen Kristall, der strukturidentisch mit dem ‚Wabeneis' und den Gletschern ist. Seine Wesensmerkmale bestehen in Reinheit, Klarheit, vollendeter Proportion. Das Kompositum ‚Atemkristall' bildet grammatisch eine Apposition zu „dein unumstößliches Zeugnis", ist also eine Chiffre für das wahrhaft gültige, beglaubigte Wort. Durch den Bestandteil ‚Atem' und die Du-Anrede lässt sie sich mit der Eingangsformel vom „Strahlenwind deiner Sprache" in Beziehung setzen. Was zu Beginn von der geheimen Macht der Ursprache als Läuterungsprozess in Gang gesetzt wurde, soll nun am Schluss beim fiktiven Dichter-Ich selbst wirksam werden. Das gelingt nur, wenn es über die Phase des nachdenklichen Schweigens zum verantwortlichen Sprechen findet. Bereits in dem frühen Gedicht „UNTEN" (1959) bringt Celan diesen Gedanken in ähnlich dunkler Chiffrierung zur Sprache. Die Schlussstrophe des Gedichts lautet:

> Und das Zuviel meiner Rede:
> angelagert dem kleinen
> Kristall in der Tracht deines Schweigens.
> *(Werke, Bd. 1. S. 157)*

Kritisch kennzeichnet das Ich sein lyrisches Sprechen als übermäßiges Gerede. Ihm stellt es den ‚kleinen Kristall' gegenüber, der im Schweigen vorhanden ist, und zwar einem Schweigen, das Frucht bringt; denn das alte Wort ‚Tracht' verweist auf das Fruchttragen von Pflanzen (und auch der Honigbienen). Dieser Kristall wird, bildlich gesprochen, zum Keim eines Kristallisationsvorgangs: dem Entstehen des neuen, wesentlichen Gedichts, das karg ist und kein Zuviel der Worte kennt. Indem Celan den Keim als „Atemkristall" bezeichnet, weist er auf eine maßgebliche Eigenschaft des zu findenden Gedichts hin. Es besteht aus dem Lebenshauch des Ichs, dem ‚Atem' als einer Chiffre für die authentische Existenzweise des Subjekts. Denn der Atem, der das Ich am Leben erhält, ist sein je eigener und niemals ein fremder (‚anerlebter') Atem. Wenn er im Wortgebilde feste Gestalt annimmt, soll dies in reiner Kristallform geschehen. Das zu erreichende ,Atemkristall'-Gedicht bezeugt das wahrhaft erlebte, eigene Sein in einer Sprachstruktur, in der das Ich als sein gefrorener Atem vorhanden ist.

Das Gedicht als gültiges Zeugnis

Das auf Gestaltung wartende, ideale Gedicht wird in den Schlussversen

> dein unumstößliches
> Zeugnis

genannt. Die Formulierung erinnert von fern an den Gedanken der Beglaubigung des dichterischen Wortes durch das ,Unterschreiben', mit dem Ingeborg Bachmann ihr Gedicht „Wahrlich" abschließt (s. S. 30). Das Possessivpronomen ,dein' im Schluss von Celans „WEGGEBEIZT" signalisiert eine Selbstanrede des lyrischen Subjekts. Das fiktive Dichter-Ich der Anfangsstrophe distanziert sich innerlich von sich selbst und wendet sich an ein gewandeltes Ich, das es zu seinem dialogischen Du macht. Dieses spricht es mit der Formulierung „*dein* Zeugnis" an, obwohl der Leser eigentlich ,*mein* Zeugnis' erwarten würde. Doch das Pronomen ,mein' wäre nur zutreffend, wenn das Ich schon im Besitz des ,unumstößlichen Zeugnis' wäre. Davon kann aber nicht die Rede sein. Vielmehr lässt die irreale raumzeitliche Zuordnung „Tief/in der Zeitenschrunde" vermuten, dass es eigentlich unerreichbar bleibt. Das hat für die Bestimmung des absolut wahrhaftigen Sprechens und die Lyrikauffassung Celans erhebliche Konsequenzen. In „WEGGEBEIZT" erhebt das dichterische Ich letztlich die Forderung, eine glaubwürdige „Einheit von Gedicht und Existenz" herzustellen (Zürcher, 1977. S. 16). Der Ort, wo das verwirklicht werden soll, gleicht in seiner zeitenthobenen Einsamkeit und dem eisigen Schweigen eher einem Totenreich. Die „Zeitenschrunde" ruft, wie der Gletscherspalt, assoziativ Vorstellungen vom Grab hervor. Insofern geht von der Bildwelt der Schlussstrophe gleichzeitig der Eindruck von kristalliner Klarheit und von tödlicher Erstarrung aus. Doch unternimmt Celan den Versuch, beide Aspekte in positiver Weise zusammenzudenken. Aus dem Sicheinlassen (der ,Selbstbegegnung') auf die eigene Existenz in Einsamkeit und Todesnähe soll das ,eigentliche', letztgültige Sprechen hervorgehen können. Dieser Gedanke enthält wesentliche Elemente der Existenzialphilosophie Martin Heideggers, die Celan vertraut war. Andererseits muss man das Todesmotiv, das immer wieder in den Gedichten anklingt, aus dem persönlichen Erleben begreifen. Seine Verknüpfung mit dem dichterischen Selbstverständnis führt Celan am Ende in ein tragisches Dilemma. Das Miteinander von sprachkritischen und existenziellen Dimensionen, wie es sich hier in „WEGGEBEIZT" zu erkennen gibt, wirft möglicherweise auch ein Licht auf den Zusammenhang zwischen dem existenziellen Scheitern (Selbstmord im Jahre 1970) und der dichterischen Verzweiflung (Zürcher, S. 16 f.).

Existenzialistische Motive in Celans Gedicht: Einsamkeit und Tod

Unerreichbarkeit (Utopie) des absoluten Gedichts

Im Rahmen einer poetologischen Deutung der Schlussstrophe gibt es für die Ansiedlung des unerreichbaren Dichtungsortes in der „Zeitenschrunde" noch eine andere Erklärung. Sie beruft sich auf Celans Idee des absoluten Gedichts, die aus der Sicht des konkreten Dichtens zu einer reinen Utopie wird. In der Rede zur Verleihung des Büchner-Preises („Der Meridian", 1960), dem wichtigsten lyriktheoretischen Dokument Celans, finden sich einige zentrale Aussagen zum Wesen des Gedichts der Moderne, das „sich am Rande seiner selbst behauptet" mit der „starken Neigung zum Verstummen". Resümierend fasst Celan dort zusammen:

> Ich spreche ja von dem Gedicht, das es nicht gibt! Das absolute Gedicht – nein, das gibt es gewiß nicht, das kann es nicht geben! Aber es gibt wohl, mit jedem wirklichen Gedicht, es gibt, mit dem anspruchslosesten Gedicht, diese unabweisbare Frage, diesen unerhörten Anspruch.
> *(Werke, Bd. 3. S. 199)*

Der „unerhörte Anspruch" wird als Leitidee seines Dichtens von Celan als nie zu verwirklichendes Ziel beschrieben. Es besitzt den Charakter einer Utopie. Von hier aus lässt sich verstehen, warum der „Atemkristall", der Keim des idealen Dichtens, am unerreichbaren Ort wartet. Der Begriff ‚Utopie' bedeutet von seinem griechischen Ursprung (ou topos) her: der Nicht-Ort. Im unerbittlichen Richtunghalten auf dieses Ziel zu liegt aber für Celan ein unverzichtbarer poetischer und das bedeutet: existenzieller Auftrag.

Poetologische Lyrik
Motivgleiche oder motivverwandte Gedichte
G. Benn: Gedichte. In: Conrady, S. 684. – Ders.: Ein Wort. In: Conrady, S. 685. – Ders.: Gedicht. In: Sämtliche Werke, Bd. 1. S. 281. – Ders.: Eure Etüden. In: ebd. S. 292.

Poetologische und lyriktheoretische Texte
G. Benn: Probleme der Lyrik. In: Sämtliche Werke, Bd. 6. S. 9–44

Lyrik als Kunstwerk und existenzielle Selbsterfahrung.
Motivgleiche oder motivverwandte Gedichte
M.L.Kaschnitz: Nicht gesagt. In: Conrady, S. 772. – Dies.: Müllabfuhr. In M.L. K.: Gedichte (Bibliothek Suhrkamp 436). Frankfurt/M. 1993. S. 116. – I. Bachmann: Mein Vogel. – Rede und Nachrede. – Ihr Worte. – Keine Delikatessen. Alle in I.B.: Werke, Bd. 1. München/Zürich 1993. S. 96, 116, 162 u. 172. – R. Ausländer: Der Dichter. In: Gesammelte Werke, Bd. 7. (Und preise die kühlende Liebe der Luft). Frankfurt/M. 1987. S. 103.

Poetologische und lyriktheoretische Texte
I. Bachmann: Über Gedichte. Frankfurter Vorlesungen II. In: Werke, Bd. 4. München/Zürich 1993. S. 200–216.

Sekundärliteratur
W. Hinck: Magie und Tagtraum, S. 236–247 u. 277–286. – H. Rüdiger: Ungleiches gepaart. (Zu Kaschnitz: „Ein Gedicht"). In: 1000 Deutsche Gedichte, Bd. 7. S. 422 ff. – H. Bienek: Wüste und Paradies. (Zu Kaschnitz „Ein Gedicht"). In: 1000 Deutsche Gedichte, Bd. 7. S. 426 ff. – H. Bienek: Wem es das Wort verschlägt. (Zu Bachmann „Wahrlich"). In: 1000 Deutsche Gedichte, Bd. 9. S. 185 ff.

Sprachkritisch-hermetische Lyrik am Rande des Verstummens
Motivgleiche oder motivverwandte Gedichte
P. Celan: KEINE SANDKUNST MEHR. In P. C.: Gesammelte Werke, Bd. 2. (suhrkamp taschenbuch 1331). Frankfurt/M. 1986. S. 39. – FADENSONNEN. In: Conrady, S. 815. (Dazu P. Michelsen in: Gedichte und Interpretationen, Bd. 6. S. 123 ff.). – SPRACHGITTER. In: Conrady, S. 814. (Dazu G. Kaiser in: Augenblicke deutscher Lyrik, S. 373 ff.). – TÜBINGEN, JÄNNER: In: Conrady, S. 814. – E. Meister: REDEN UND SCHWEIGEN. In E. M.: Ausgewählte Gedichte. 1932–1979. (Sammlung Luchterhand 244). Frankfurt/M. 1989. S. 81.

Poetologische und lyriktheoretische Texte
P. Celan: Brief an Hans Bender (18.5.1960). In: Gesammelte Werke, Bd. 3. (suhrkamp taschenbuch 1331). Frankfurt/M. 1986. S. 177 f. – P. Celan: Der Meridian. Rede anläßlich der Verleihung des Georg-Büchner-Preises. Darmstadt, 22. Oktober 1960. In: ebd., S. 187–202.

Sekundärliteratur
G. Buhr: Über Paul Celans Gedicht ‚Weggebeizt'. In: Celan-Jahrbuch 1 (1987), S. 9–56. – H. Burger: Auf der Suche nach der verlorenen Sprache. Zürich/München 1974. S. 111–140. – H.-G. Gadamer: Wer bin ich und wer bist Du? Ein Kommentar zu Paul Celans Gedichtfolge ‚Atemkristall'. (Bibliothek Suhrkamp 352). Frankfurt/M. 1973. S. 106–109. – O. Pöggeler: Spur des Worts. Zur Lyrik Paul Celans. Freiburg/München 1986. S. 113–129. – H. Weinrich: Kontraktionen. Paul Celans Lyrik und ihre ‚Atemwende'. In: Neue Rundschau 79 (1968). S. 112–121. – G. Zürcher: Das Gedicht als Genicht. In: Text + Kritik. Paul Celan. Heft 53/54 (1977). S. 9–17.

II. Konkrete und experimentelle Poesie

1. Theoretische Grundpositionen

zeichen

zerbrochen sind die harmonischen krüge,
die teller mit dem griechengesicht,
die vergoldeten köpfe der klassiker –

aber der ton und das wasser drehen sich weiter
in den hütten der töpfer.
(Die schöne Kunst des Schreibens, S. 26)

Bruch mit der Tradition der klassischen Ästhetik

Diese programmatischen Verse von Ernst Jandl aus dem Jahre 1953 sprechen von einem Traditionsbruch und dem Ende einer Ästhetik, das in der deutschen Lyrik spätestens mit dem Expressionismus, also vierzig Jahre vor diesem Jandl-Gedicht, schon vollzogen war und das für die moderne europäische Dichtung noch früher anzusetzen ist. Die Kulturpolitik des Naziregimes hatte diese Entwicklung in Deutschland gewaltsam unterbrochen. Nach dem Krieg proklamieren manche Autoren eine Neuorientierung durch den Rückgriff auf ‚klassische' Traditionen, während andere an die progressive Ästhetik von Expressionismus und Dadaismus anknüpfen. Zu ihnen gehört auch der Österreicher Jandl.

Konkrete Poesie als Literaturrevolution

Die Bewegung der Experimentellen bzw. Konkreten Poesie, die während des Krieges in der Schweiz ihren Anfang nimmt und in der Bundesrepublik zwischen 1953 und 1970 ihre bedeutendsten Werke hervorbringt, versteht sich in radikaler Weise als ästhetische Literaturrevolution. Gegenstand ihrer provokativen Kritik sind, wie Jandls Gedicht verdeutlicht, die Normen der klassischen Kunstanschauung, vor allem die ‚Schönheit' im Sinne der harmonischen Gestaltung, wie sie als Idee von der griechischen Antike übernommen wurde. Die formvollendeten Gebilde der hellenistischen Keramik (Krug, Vase oder Teller mit edler Bemalung) und die idealisierende Plastik haben ihre Vorbildfunktion endgültig verloren. Die ‚Vergoldung der Köpfe', die mit ironischem Nebenton auf die Verehrung der Weimarer Klassiker anspielen mag, ist unmöglich geworden. Nach den Katastrophenerfahrungen in der ersten Hälfte des 20. Jahrhunderts kann ihr Kunstideal von der Einheit des Wahren, Guten und Schönen keine Geltung mehr beanspruchen.

Rückbesinnung der Kunst auf ihr Material

Aber Jandls Gedicht enthält auch eine positive Erfahrung. Der Wille und die Fähigkeit zum künstlerischen Schaffen haben unabhängig von der Geschichte überlebt, werden auf sich verändernde Weise wohl immer überleben. Zu ihrer Befreiung und Erneuerung benötigt die Kunst zuallererst die

Rückbesinnung auf ihr natürliches Material („ton und wasser"). Entsprechend muss sich der Dichter mit seinem Grundstoff, dem Sprachmaterial, neu auseinander setzen. In der Formulierung „zerbrochen sind" (Vers 1) ist einerseits eine „Feststellung" enthalten und gleichzeitig eine „Zurückweisung" der übermächtigen Vorbilder, die den Künstler daran hindern, zu etwas „Eigenem" zu gelangen.
Der Schluss des Gedichts drückt einen „Anspruch" aus, dem Jandl sich selbst unterwirft, nämlich das „Arbeiten in gründlicher Simplizität". Dabei handelt es sich um eine

> Einfachheit, die deshalb nicht oberflächlich, sondern gründlich zu nennen ist, weil sie die Vielschichtigkeit von allem nicht negiert, sondern einkalkuliert, so wie ‚der ton und das wasser', die einfachen Materialien, selbstverständlich die Verbindung zum Ton der Rede und Musik und zu allem ‚auch nur mit Wasser Gekochtem' offenhalten.
> *(Die schöne Kunst des Schreibens, S. 26 f.)*

Dichten als handwerkliches Machen

In der poetologischen Schlussmetapher bekundet sich das artistische Kunstverständnis, welches das Dichten als ein handwerkliches Machen begreift, von dem besonders Benn häufig spricht (vgl. S. 13). Die ‚Töpfer'-Metapher verweist zugleich auf den elementaren dichterischen Ausgangsstoff: die Worte, und auf die ‚Verflüssigung', mit der die Sprachelemente aus ihrem starren, festgelegten Zustand in spielerische Bewegung versetzt werden. Manches an diesem Gedankengang erinnert ironischerweise an das poetologische ‚Divan' – Gedicht „Lied und Gebilde", mit dem sich Goethe vom strengen Klassik – Begriff distanziert (vgl. dazu Binneberg, 1995. S. 13 ff.).

Sprache als Gegenstand der Reflexion

Indem Jandl das Material ‚Sprache' zum Hauptgegenstand seiner ästhetischen Reflexion macht, folgt er einem spezifischen Grundzug der Moderne. Dabei hat die neuere Sprachwissenschaft eine ausschlaggebende Rolle spielt. Max Bense, einer der wichtigsten Theoretiker der frühen experimentellen Poesie, formuliert deren Absicht in entsprechender Terminologie so: Die klassische Poesie befindet sich vorwiegend auf „objektsprachlicher Stufe", ist also primär am Zusammenhang zwischen Sprachzeichen und Wirklichkeit interessiert. Die nichtklassische Poesie bezieht sich dagegen sehr viel weniger „auf die außertextliche Objektwelt als vielmehr auf ihre sprachliche Eigenwelt" und ist daher „Poesie auf metasprachlicher Stufe" (vgl. Hartung, 1975. S. 15). Eine vergleichbare Einschätzung der modernen Lyrik als ‚Metapoesie' finden wir aus der Perspektive der Linguistik bei H. Weinrich (vgl. S. 12). Konsequenter als in allen anderen Formen der Nachkriegslyrik geht es der Konkreten Poesie ganz besonders darum, die verborgenen Möglichkeiten der Sprache selbst hervorzuholen und künstlerisch fruchtbar zu machen. Wird die Sprache als bloßes Informations- und Kommunikationsinstrument verwendet, bleiben viele ihrer

Moderne Poesie ist Metapoesie

Sprachspiel und Sprachkritik

ästhetischen Eigenschaften ungenutzt, weil sie nicht gebraucht werden. Im zweckfreien, systematischen Spiel mit Wörtern oder Lauten lässt sich jedoch eine Formensprache gewinnen, die zum Aufbau einer neuartigen Lyrik dienen kann. Was also die Konkrete Poesie mit der im vorigen Kapitel erörterten sprachkritisch-hermetischen Lyrik verbindet, ist vor allem die Überwindung der realitätsbezogenen Auffassung, die Sprache und Poesie vorwiegend nach ihrem praktischen Gebrauchswert beurteilt.

Die Textherstellung der Konkreten Lyrik beruht in erster Linie auf der spielerisch kalkulierten Kombination der phonetischen, syntaktischen und (seltener) der semantischen Beziehungen zwischen Wörtern bzw. Wortbruchstücken (Lauten). Insofern ist sie die „Richtung innerhalb der Moderne, die mit dem ‚Dichten von der Sprache her' am radikalsten Ernst gemacht hat". Sie versucht eine „Art Selbstbegegnung der Sprache zu stiften", womit zugleich „eine Regeneration menschlichen Sprechens" eingeleitet werden soll (Knörrich, 1978. S. 291).Daraus erklärt sich auch der Begriff des ‚Konkreten'. Die Sprache wird als verdinglichtes (konkretes) Material betrachtet, mit dem man so umgeht, dass in den poetischen Texten ihr Materialcharakter stets erkennbar bleibt. Folglich ist auch das Gedicht primär ein hergestelltes, konkretes Objekt und nicht eine sprachlich-symbolische Aussage über etwas anderes, wie etwa in der klassisch-romantischen Lyrik.

Was bedeutet ‚konkret'?

Visuelle Komposition der Texte

Ein wichtiges Kompositionselement der Konkreten Texte besteht in der Benutzung visueller, geometrischer Techniken. Die graphische Anordnung von Lauten oder Wörtern, ihre Verteilung auf der Papierfläche, entscheidet oft über die ästhetische Wirkung. Bei diesen ‚Piktogrammen' wird eine enge Beziehung zwischen Lyrik und Bildkunst hergestellt, die nicht ganz neu ist. Schon die Barockpoesie mit ihrer Vorliebe für virtuose Sprachspiele und Wortkombinatorik kennt das visuelle Figurengedicht. Andererseits hat die moderne Malerei mit ihren ‚konkreten' Gestaltungsprinzipien der Literatur als Vorbild gedient. Die Verselbständigung malerischer Strukturelemente wie Farbe, Linie, Fläche etc. und ihre Emanzipation zum eigentlichen Bildinhalt (Kandinsky) nimmt die Techniken der experimentellen Lyrik vorweg. Hand in Hand damit steht auch in der modernen Malerei das Material für sich und dient nicht der (symbolischen) Nachahmung von Wirklichkeit.

Bedeutung des Akustischen im Konkreten Gedicht: Laut- und Sprechgedicht

Neben dem visuellen Konstruktionsprinzip spielen bei vielen Autoren der Konkreten Dichtung auch die akustischen Phänomene eine zentrale Rolle. Vor allem Ernst Jandl hat viele Lautgedichte geschrieben (er nennt sie ‚Sprechgedichte'), bei denen Klangereignisse die Realisation des Textes bestimmen. Sein berühmtes Gedicht „schtzngrmm" (‚Schützengraben'), das aus einem bloßen Konsonantenskelett besteht, gilt als das eindrucksvollste Beispiel. Letztlich beruht das Herstellungsverfahren solcher Texte auf lautmalerischen Effekten, die in der Poesie schon immer bewusst eingesetzt wurden. Vor allem im Barock und in der Romantik findet man eine artifizielle Handhabung dieser Phänomene. Aber erst von den Dadaisten zwischen 1916 und 1924 (Schwitters, Arp, Ball) werden die Klangeigenschaften der Sprache zum zweckfreien, witzigen Spiel mit den Lauten entwickelt. Hier können die Vertreter der Konkreten Poesie der fünfziger Jahre wieder anknüpfen.

Ästhetische Autonomie der Konkreten Lyrik

Aus dem Blickwinkel ihrer theoretischen Konzeption muss man die Konkrete Poesie zur ästhetisch autonomen Kunst rechnen. Denn weder will sie Stimmungen ausdrücken oder erzeugen, noch will sie existenzielle Grundfragen thematisieren, historisch-soziale Wirklichkeit abbilden oder philosophisch-moralische Lehren erteilen. Zunächst stehen ihre Gedichte nur für sich als eine ‚Selbstdarstellung der Sprache'. Dass man diese autonomen Gebilde mit Adorno dann doch als Politikum betrachten und ihre sprachkritischen Intentionen als gesellschaftskritische interpretieren kann, bleibt unbestritten, aber sekundär.

Probleme der Rezeption und Vermittlung

Bei der Vermittlung der Texte, die sich als Wortfigurationen darbieten (Konstellationen, Artikulationen, Permutationen, Ideogramme etc.), soll der Rezipient zunächst die linguistischen oder mathematischen Herstellungsregeln erkennen, damit er die kunstvolle Organisation durchschaut. Dazu wird ihm ein beträchtliches Maß an schöpferischer Mitarbeit abverlangt. Gleichzeitig nimmt er an diesen Gedichten Eigenschaften der Sprache wahr, die er selbst zu produktivem Sprachhandeln nutzen kann. Es geht von der Konkreten Lyrik nämlich ein hoher Anreiz zur Selbstherstellung von Texten aus (auch mit dem Computer), den man im Literaturunterricht nutzen sollte. Wieweit die Gedichte – über die rein ästhetische Wirkung hinaus – auch unter außertextlichen Aspekten interpretiert werden können, muss sich an den ausgewählten Beispielen erweisen.

2. Eugen Gomringers Ideogramme und Konstellationen als artifizielle und meditative Texte

„schweigen" (1960) – „beweglich" (1963) – F. Achleitner: „ruh" (1970)

Als bedeutendster Repräsentant der Konkreten Poesie, und zwar in der theoretischen Grundlegung wie in der praktischen Entfaltung, gilt der Deutschschweizer Eugen Gomringer (geb. 1925). Durch seine Berufslaufbahn als Industrie-Designer, Werbeleiter und später als Mitglied der künstlerischen Direktion der Rosenthal AG ist sein Verhältnis zur Literatur von Einflüssen der darstellenden Kunst und Graphik geprägt.

Deren spezifische Eigenarten kehren auch in Gomringers lyrischem Umgang mit dem Sprachmaterial wieder: Einfachheit, Konzentration, äußerste Verknappung der Elemente und spannungsreiche räumliche Anordnung der Sprachzeichen. Aufgrund der kunstvollen Verteilung und Gruppierung

Typus der Konstellation

der Wörter nennt Gomringer seine Texte (in Anlehnung an Mallarmé): Konstellationen. Ihr graphisches Erscheinungsbild, das eine Abkehr von der gängigen strophischen Textdarbietung darstellt, gehört zu den augenfälligsten Unterscheidungsmerkmalen zwischen traditioneller und Konkreter Lyrik. In ihr wird die enge Beziehung zwischen der Sprach- und Bildkunst erkennbar, die viele ihrer Texte zu einer ‚gemischten' Kunstform macht. Gomringer hat die Formprinzipien dieser neuen Lyrik in der wichtigen theoretischen Abhandlung „vom vers zur konstellation" (1954) erläutert und darin die Konstellation definiert als

> die einfachste gestaltungsmöglichkeit der auf dem wort beruhenden dichtung. sie umfaßt eine gruppe von worten – wie sie eine gruppe von sternen umfaßt und zum sternbild wird. in ihr sind [= ist] zwei, drei oder mehr, neben- oder untereinandergesetzten worten – es werden nicht zu viele sein – eine gedanklich-stoffliche beziehung gegeben, und das ist alles!
> die konstellation ist eine ordnung und zugleich ein spielraum mit festen größen. sie erlaubt das spiel. sie erlaubt die reihenbildung der wortbegriffe a, b, c und deren mögliche variationen.
> *(Klett Editionen. Konkrete Poesie. S. 112.)*

Konkrete Poesie als Typus der ‚reinen' Kunst (l'art pour l'art)

Zum Teil formuliert Gomringer hier ein poetologisches Programm, das den Thesen Gottfried Benns vom artifiziellen Konstruktionsprinzip und der ästhetischen Autonomie des Gedichts sehr ähnlich ist: das Gebilde „aus Worten, die Sie faszinierend montieren" („Probleme der Lyrik"). Gomringer und die ‚Konkretisten' verschärfen die technisch-rationale Seite der Lyrikauffassung noch dadurch, dass sie Methoden der Linguistik, Kybernetik und Mathematik in das Poetische einbeziehen (Max Bense). Damit vertritt Gomringers Konkrete Lyrik einen Dichtungstypus der sich von historisch-sozialen oder politischen Fragen gänzlich fernhält. Der Vergleich der Konstellation mit dem „sternbild" deutet dies an.

Gomringer: „schweigen"

Einer der berühmtesten Texte Gomringers ist die Ein-Wort-Konstellation „schweigen". Sie hat zwiespältige und anhaltende Reaktionen ausgelöst und ist für eine Erörterung dieser Textsorte besonders geeignet.

```
schweigen schweigen schweigen
schweigen schweigen schweigen
schweigen           schweigen
schweigen schweigen schweigen
schweigen schweigen schweigen
```

Das Gedicht stammt aus dem Jahre 1960 und ist in Gomringers Sammlung „worte sind schatten" (1969) erschienen. Terminologisch wird man den Text besser als ‚Ideogramm' bezeichnen. Wie bei der Konstellation handelt es sich um ein systematisch strukturiertes Gebilde aus Sprachzeichen; aber der Textsinn entsteht beim Ideogramm in höherem Maße durch die gra-

‚Konstellation' oder ‚Ideogramm'

phische (visuelle) Anordnung. Es stellt als „einprägsamer sehgegenstand" ein abgeschlossenes Ganzes dar, während viele Konstellationen einen eher offenen Verlauf besitzen (vgl. Köpf, 1984. S. 185 f.). Da die Formgrenzen aber durchlässig sind, wird ‚Konstellation' auch als Oberbegriff für andere Konkrete Gedichtformen benutzt.

Die unvoreingenommene Rezeption von Texten wie „schweigen" wird Irritationen, Neugier oder Ablehnung hervorrufen. In jedem Fall fordert sie zur Auseinandersetzung heraus, wobei sich Fragen nach der Gattungszugehörigkeit und dem Sinn solcher Sprachgebilde stellen. Gomringer thematisiert in seinem Ideogramm das Problem von Sprache und Schweigen, das die Lyriker der Moderne tief beunruhigt. Die poetische Realisierung geschieht auf zwei Ebenen: einmal durch die geometrisch angeordnete Setzung des Begriffs ‚Schweigen', der das Phänomen mit Hilfe der Sprache herbeizitiert, und zum andern durch die einmalige Weglassung des Sprachzeichens, wobei das Schweigen mit der entstandenen Leerstelle typographisch verbildlicht wird. Die gattungsspezifische Zusammenführung der beiden Künste ist hier in idealer Weise durchgeführt. Auf den ersten Blick mag die ‚Setzkasten'–Konstruktion des Ideogramms trivial wirken, denn abgesehen von dem Reizeffekt der leeren Mittelposition erscheint der Informationsgehalt des Textes eher geringfügig.

Thema: Sprache und Schweigen

Hartung (1975, S. 41) kritisiert ihn als „überinstrumentalisiert", weil er ohne Not „dasselbe auf zweierlei Weise", nämlich visuell und wortsprachlich zum Ausdruck bringe. G. Kaiser (1987, S. 392) vermisst den Mitteilungssinn des Textes, weil in ihm keine Beziehungen zu „Ich, Du und Welt" hergestellt werden, sondern die Sprachelemente offenbar nur sich selbst darbieten. Indem so das Subjekt aus der Konstellation verschwindet, kommt auch kein kommunikatives Verhältnis des Textes zum Leser zustande. Während sich bei Bachmann, Celan, Meister u. a. das Schweigen als verzweifelte Reaktion auf das Ungenügen der Sprache einstellt, gibt es in Gomringers Gedicht keine emotionale Ursache für die Demonstration des Schweigens. Sein Ziel besteht eher darin, das Wesen des Schweigens überhaupt künstlerisch wahrnehmbar zu artikulieren.

Er benutzt dafür (was eigentlich ein Widerspruch ist) die Sprache: ein Wort, das er dreifach in horizontaler und fünffach in vertikaler Reihung anordnet, wobei er im Schnittpunkt der beiden Mittelreihen das Wort ausspart. Auch wenn das Sprachzeichen ‚schweigen' heißt, ist es ein Lautgebilde, mit dessen Hilfe, sprechend oder nur lesend, das Schweigen aktualisiert werden soll. Um vom Schweigen zu sprechen, muss paradoxerweise das Schweigen gebrochen werden (Hartung, 1975. S. 41). Das ‚wirkliche' Schweigen vollzieht sich aber in der Konstellation nur an der Textlücke im Zentrum des Gedichts. Ihre Mittelstellung entspricht der zentralen Bedeutung des Phänomens. Das Loch im Text, die Leere, „starrt uns gleichsam an als das unlösbare Rätsel, das es in Wahrheit ist, während das darum

Darstellung des Schweigens durch Sprechen (Paradoxie)

herum positionierte, so oft wiederholte Wort ‚schweigen' demgegenüber zum Geschwätz degradiert zu sein scheint" (Rey, 1978. S. 222).

Formale Variationsmöglichkeiten von Gomringers Ideogramm

Betrachtet man das Ideogramm thematisch als eine sprachbildliche Darstellung des dialektischen Wechselbezugs von Reden und Schweigen, dann könnte es auch folgendermaßen lauten:

reden reden reden
reden reden reden
reden reden
reden reden reden
reden reden reden

Hier käme der Gegensatz von sprachlichem Vollzug und der Sprachpause (Schweigen) in der Textlücke mitsamt der Tatsache, dass eines ohne das andere undenkbar ist, anschaulich zum Ausdruck. Gäbe es nicht die komplementäre Wechselbeziehung zwischen Wort und Wortlosigkeit, so könnte man das Schweigen einfach mit Hilfe eines ganz unbeschriebenen Blattes demonstrieren. Tatsächlich würde dies aber nicht Schweigen, sondern einfach nur Leere oder das Nichts symbolisieren. Die spielerische Variante zum Gomringer-Ideogramm „schweigen" durch das Wort ‚reden' trägt dazu bei, den Problemgehalt des Textes zu verdeutlichen. Das Schweigen besitzt offenbar tiefgründigere Eigenschaften als nur die einer bloßen Sprechpause. Durch lesend-meditierende Versenkung in das Wortgebilde „schweigen" wird das Phänomen ‚Schweigen' selbst gedanklich, vielleicht auch emotional beschworen. Dabei geht für Rey (1978, S. 223) von der „monotonen Wiederholung" des Wortes eine fast magische Wirkung aus. Letztlich konzentriert sich der Lesevorgang, der bei dem Ideogramm in allen Richtungen erfolgen kann, idealerweise aber kreisförmig verläuft, auf das Geheimnis des wortlosen Textzentrums. Dort verlässt der Rezipient die Ebene der sprachlichen Evokation des Schweigens. Was im Schweigen verschwiegen wird, muss folgerichtig ein weißer Fleck bleiben, von dem der Betrachter wie von einem Sog angezogen wird. So ‚zeigt' Gomringers Text etwas vom Wesen des Schweigens, das mehr ist als die bloße Abwesenheit der Worte und immer auch Züge des Unheimlichen und Bedrohlichen trägt. Diese Interpretation ist nicht unproblematisch, denn das Gedicht gibt den vorgeschlagenen Textsinn von sich aus nicht frei. Er muss weitgehend vom Leser hergestellt werden, indem er sich mitspielend auf das Ideogramm einlässt.

Einwände gegen das Gedicht sind auch unter ästhetisch-strukturellen Gesichtspunkten formuliert worden. So kritisiert Wagenknecht (1970, S. 14), dass die Zahl der Wortwiederholungen bzw. die Fünfzeiligkeit nicht zwingend notwendig sei. Er schlägt selbst eine verkürzte Version vor:

schweigen schweigen schweigen
schweigen schweigen
schweigen schweigen schweigen

Als weitere Variante bietet er einen Text, bei dem die entscheidende Leerstelle ans Ende der Konstellation gesetzt ist:

schweigen schweigen schweigen
schweigen schweigen schweigen
schweigen schweigen

Leicht könnte man sich noch andere Textgestaltungen von Gomringers Original vorstellen und dann prüfen, ob sie eine vergleichbare Qualität besitzen. Der Autor selbst spricht von dem „Spielraum" der Konstellationen und der Möglichkeit, die Gebilde spielerisch zu verändern. Nach herkömmlichem Lyrikverständnis ist es aber höchst bedenklich, wenn man ein abgeschlossenes Gedicht beliebig variieren kann, ohne es in seinen Wesensmerkmalen zu zerstören. Kein Wort zuviel, kein Wort zu wenig, jedes Wort an der richtigen Stelle – so könnte vereinfacht die Grundformel der traditionellen Ästhetik lauten. Dies aber wird von der Konkreten Poesie, zumindest theoretisch, in Frage gestellt. Umfang und Anordnung des Wortmaterials wären demzufolge entweder willkürlich oder, bei Mehr-Wort-Konstellationen, von der Zahl der möglichen Kombinationen abhängig. Wagenknechts Textvarianten sind dann entweder als geänderte Fassungen von Gomringers Ideogramm oder – nach traditioneller Auffassung – als eigenständige Gedichte mit identischem Grundwortmaterial und demselben Thema aufzufassen.

Wirkungsästhetischer Vergleich der Textvariation

Wie immer man das Verhältnis zwischen den Texten gattungstheoretisch beurteilt, sie können in jedem Fall, auch unter qualitativen Gesichtspunkten, miteinander verglichen werden. Dabei ergibt sich folgender Befund: Wagenknechts dreizeilige Version beruht auf einer Verkleinerung der Zeichenmenge und damit auch der typographischen Bildgröße. Das hat zugleich eine Reduktion der Wahrnehmungszeit zur Folge. Die quantitative Veränderung der Raum- und Zeiteinheiten muss sich auf die Qualität und Wirkungsintensität des ‚Sehgedichts' auswirken. Andernfalls wäre seine strukturelle Beschaffenheit ästhetisch belanglos. Rezeptionspsychologisch wird eine längere Verweildauer beim Text die Einstellung des Wahrnehmenden zum Thema ‚Schweigen' beeinflussen. Wer sich auf das Schweigen einlässt, muss auch bereit sein, sich Zeit zu nehmen. Die pragmatische Textverkürzung kann unter informationellen Gesichtspunkten gut begründet werden, denn sie verringert Redundanzen (überflüssige Elemente). Aber wirkungsästhetisch hat sie an Kraft verloren. Auch erzeugt die größere Menge der umgebenden Sprachzeichen in Gomringers

Original den Eindruck, dass der eingeschlossene ‚Schweigeraum' dichter und undurchlässiger für Außeneinwirkungen ist, was mit der thematischen Textintention gut übereinstimmt. Aufgrund dieses Arguments könnte man sogar an eine Vergrößerung des Ideogramms denken.

Verhältnis von Zeichenmenge und Textwirkung

Von einer bestimmten Zeichenmenge an wird man nun auf unterschiedlich große Rezeptionswiderstände beim Leser stoßen, so wie das Zeitintervall des Schweigens in jeder Kommunikation innerhalb erträglicher Grenzen bleiben muss. Nach dem subjektiven Rezeptionseindruck des Interpreten lässt sich Gomringers Text wahrscheinlich als eine graphisch ausgewogene und ästhetisch gelungene Fassung beurteilen. Wirkungsschwächer und weniger überzeugend in der Struktur erscheint die Variante, in der Wagenknecht die dritte Position der Schlusszeile nicht besetzt. Diese Lesart gibt zu verstehen, was für jede Rede und jeden Text gilt, dass nämlich nach ihren Ende das Schweigen eintritt. Natürlich soll die Fassung mit ihrem unvollendeten Formschema signalisieren, dass aus bestimmten Gründen das Schweigen zu früh einsetzt. Damit wird sie zum textbildlichen Gleichnis für einen vorzeitigen Redeabbruch, dem eine andere Qualität von Schweigen innewohnt als der von Gomringer angesprochenen Dimension des Unheimlichen.

Eine noch weiter reduzierte Variante von Wagenknecht (1970, S. 14), die uns die zahlreichen Spielmöglichkeiten des Ideogramms vor Augen führt, endet mit einer reizvollen phonetischen Pointe:

schweigen schweigen
schweigen schweigen
schw

Den Zischlaut ‚sch' am Ende kann man als gängige imperativische Aufforderung zum Stillwerden verstehen, was vom Ideogramm selbst dann auch erfüllt wird. Mit Absicht lässt Wagenknecht dem ‚sch' noch den labiodentalen Reibelaut ‚w' folgen. Er bewirkt beim Sprechen des Textes einen artikulatorischen Abschluss der Zeile, während das ‚sch' zum Weiterströmen des Klangs tendiert. Dass der Leser mit solchen Konstellationen frei spielen kann, verleiht ihnen einen besonderen Reiz. Es aktiviert die Rezeptionsphantasie und fordert zur Mitarbeit heraus. Die lose Struktur erleichtert improvisatorische Umstellungen, Ergänzungen, Reduktionen, visuelle Veränderungen etc. Ob man den Resultaten solcher ‚Spielereien' einen tieferen Sinn zubilligen soll, mag umstritten bleiben. Sprach- und literaturdidaktisch ist an ihnen durch den interpretatorischen Vergleich der Varianten manches zu lernen.

Konkrete Poesie und außerliterarische Wirklichkeit

Es gibt neben den rein artifiziellen Formtendenzen zwangsläufig auch in der Konkreten Poesie „gedanklich-stoffliche beziehungen" zwischen den Worten (Gomringer). Das bedeutet aber nicht (hier ist Gomringer mit

Benn einig), dass die ‚Dichtung das Leben bessern soll'. Konkrete Poesie, schreibt Gomringer, wird „keine Rezepte" liefern. „Sie nennt die ‚allzumenschlichen', sozialen und erotischen probleme nicht. Wenn die probleme nicht weitgehend im leben gelöst werden können, gehören sie vielleicht in die fachliteratur." (Klett Editionen, S. 113). Damit zieht Gomringer eine scharfe Grenze zwischen der Lyrik und der außerliterarischen Wirklichkeit. Andererseits kann auch die Konkrete Dichtung nicht die realen Sinnvoraussetzungen ignorieren, die mit der Sprache vorgegeben sind. So schwankt diese Kunst zwischen beziehungslosem Ästhetizismus und sprachlich–sozialen Problemstellungen. Entschiedene Widersprüche gegen die Konkrete Poesie – wie auch gegen die Lyrik Celans – ergeben sich aus dem Verschwinden des lyrischen Subjekts (Enthumanisierung). Gomringers „schweigen" handelt bestenfalls von den ontologischen Phänomen Sprache und Schweigen, nicht aber von erlebtem Schweigen oder der Sehnsucht nach Stille. R. Döhl (1981, S. 274) oder G. Kaiser (1987, S. 394) verweisen im Kontext mit Gomringer Ideogramm auf die Gegenhaltung, die von einem Gedicht wie Goethes „Über allen Gipfeln ist Ruh" zum Ausdruck kommt. Das ‚Nachtlied des Wandrers' bietet sich zu einem kontrastiven Textvergleich an. Im ‚Schweigen der Vögelein' spricht sich Erlebbares aus, das den Menschen unmittelbar angeht, das ihn eng mit der Natur verbindet. So ist Stille hier begriffen als ein Zustand in der realen Welt und nicht als willkürliches Produkt des sprachkünstlerischen Handelns. In Gomringers ‚schweigen' thematisiert und reflektiert der Text nichts außer dem Sprachmaterial selbst (Kaiser, 1987. S. 397). Anders als bei der klassisch-romantischen Lyrik, so lautet der Einwand, setzt das Ideogramm beim Rezipienten keine Gefühls- oder Erkenntnisprozesse in Gang. Mit dieser Kritik verbindet sich der Vorwurf des Mechanistischen in der Konkreten Poesie. Die maschinelle Reproduzierbarkeit beliebiger Textmengen führt dann letztlich zur Belanglosigkeit der Einzelwerke und zur Ermüdung des Rezipienten (vgl. M. Hamburger, 1995. S. 314). Doch hat die ausführliche Erörterung von Gomringers Ideogramm gezeigt, dass den gelungenen Textbeispielen ein beträchtliches Maß an innerer Spannung innewohnt.

‚Enthumanisierung' der Lyrik: das verschwundene Ich

Wegen ihrer thematischen und strukturellen Ähnlichkeiten eignet sich die folgende Konstellation „ruh" (s. Seite 56) von F. Achleitner (geb. 1930) in besonderer Weise zu einer vergleichenden Interpretation mit Gomringers „schweigen". Es handelt sich hier um einen ‚sehgegenstand', der eine „sprachliche Demonstration der Unruhe" (Döhl, 1981. S. 274) mit Hilfe des semantisch komplementären Wortes ‚Ruhe' leistet. Durch die quantitative und geometrische Verteilung gelingt es dem Autor, die antithetische Dialektik zwischen den Phänomenen ‚Ruhe' und ‚Unruhe' einleuchtend darzustellen, wobei das letzte ‚und' in der horizontalen Linie mit seiner Unabgeschlossenheit eine wesentliche Rolle spielt.

Achleitner: „ruh"

ruh
und
ruh
und
ruh
und
ruh
und ruh und ruh und ruh und
ruh
und
ruh
und
ruh
und
ruh

Durch eine Verschiebeprobe lässt sich die optimale Wirkung der von Achleitner gewählten Komposition nachprüfen. Rückt man die Zeile 8 (mit einer kleinen Veränderung der Wortabfolge) nach links bis zum Erreichen einer symmetrischen Kreuzform, so erhält man das folgende Sprachbild:

ruh
ruh und ruh und ruh und ruh
ruh

Dieser strukturell veränderte Text drückt mit seiner harmonisch ausgewogenen Anordnung inhaltlich eher das Gegenteil der ursprünglichen Fassung aus, nämlich Ruhe. Es zeigt sich an diesem Beispiel, dass Wortmenge, Reihenfolge und graphische Ordnung keineswegs folgenlos verändert werden können. Zwar kann der Leser mit Texten der Konkreten Poesie frei schaltend spielen, aber er muss dabei ästhetische und semantische Bedeutungsverschiebungen in Kauf nehmen.

3. Laut- und Sprechgedichte von Ernst Jandl

„lenin im winter" (1970) – „schtzngrmm" (1957)

Mit großen Teilen seiner Lyrik lässt sich Ernst Jandl (1925–2000) als bedeutendster und experimentierfreudigster Autor der Konkreten Poesie zurechnen. Wenngleich er literarhistorische Etikettierungen zurückweist („Ich schreibe viele Arten von Gedichten"), so knüpft er mit seinen poetischen Verfahrensweisen doch an grundsätzliche Prinzipien der Konkretisten an. Sehr ausgeprägt ist bei ihm das Dichten vom Sprachmaterial her, das sich als spielerische Destruktion von morphologischen, syntaktischen und semantischen Normen des Sprachgebrauchs vollzieht, um durch Neuprägungen, ungewohnte Kombinationen von Laut- und Wortelementen und mit Hilfe visueller oder akustischer Strategien neuartige Gedichtformen zu erzeugen. Die absolute Freiheit der Sprachphantasie dient ihm als Waffe gegen die verschlissenen Gewohnheiten des Sprachgebrauchs. Dabei gilt seine besondere Vorliebe dem Sprachspiel, für das die österreichischen Dichter von Nestroy bis Artmann eine besondere Begabung besitzen. „Das Spiel mit der Sprache" – so Jandl – „ist eine Voraussetzung für Poesie überhaupt, jede Art Poesie und zu jeder Zeit", wobei jedoch das Spielen als zielgerichtete Tätigkeit, nämlich Gedichte hervorzubringen, sich von bloßer „Spielerei" gründlich unterscheidet (Jandl, 1983. S. 115). Andererseits ist die so geschaffene Dichtung, weil sie nicht unter der Herrschaft gewichtiger Sinnfragen, sondern eher in der Nähe des Nonsense steht, mit großer geistig-sinnlicher ‚Lust' verknüpft. Jandl beruft sich hierfür auf Morgenstern, Arp, Schwitters, den Dadaismus, Gertrude Stein u.a. als Anreger. Auf Seiten des Rezipienten setzt dies ein primäres Interesse an der Sprache und Freude an solchen Sprachspielen voraus. Anders als bei Gomringer weisen die Texte des Akrobaten Jandl meist eine ironisch-humoristische Tonlage auf, die bis zum Skurrilen, in späteren Jahren, zum verzweifelten Sarkasmus reicht.

Dichten als Spiel mit der Sprache

Ein weiteres Merkmal seiner Lyrik, typisch für die Konkretisten, besteht in der relativen Offenheit der Texte für Variationsmöglichkeiten. Zwar ist für Jandl einerseits unumstritten, dass ein durchgearbeitetes Gedicht ein abgeschlossenes Ganzes darstellt. Andererseits konzediert er aber dem Rezipienten einen freien Umgang auch mit den fertigen Texten. Zu seinem Gedicht „etüde in f" (‚eile mit feile') bemerkt er:

Offenheit der Texte für Variationsformen (Produktive Rezeption)

> Es besitzt einen Titel, einen Anfang, und ein deutlich markiertes Ende; nichts dazwischen geht mir ab, wem doch, der mag es hinzufügen für den eigenen Gebrauch.
> *(Die schöne Kunst des Schreibens, S. 78).*

So orientiert sich Jandls poetologisches Selbstverständnis nicht am Begriff des ‚statischen, hinterlassungsfähigen Gebilde' (Benn), sondern es belässt den Werken eine spielerische Veränderbarkeit. Ebenso wichtig ist für den Rezeptionsprozess die Absicht des Autors, den Leser/Hörer zu eigenem sprachschöpferischen Handeln zu motivieren. Wir haben dies bei den Konstellationen von Gomringer ebenfalls beobachtet. Jandls Texte bekommen damit auch eine didaktische Funktion. Indem er an seinen Gedichten vor allem ihr Herstellungsverfahren durchschaubar macht, gibt er dem Rezipienten methodische Hinweise, wie er eigene Texte nach ähnlichen Mustern verfertigen kann.

Sprachspielerische, ironisch-witzige und hintergründige Aspekte vereinen sich in dem Gedicht „lenin im winter". Laut- und Wortspiel gehen inein-

Jandl: „lenin im winter"

ander über und vermitteln einen Eindruck von Jandls poetischer Vorgehensweise.

lenin im winter

die revolution
die schneevolution
die teevolution
der schnee
der tee
die rehe

Historisches Ereignis als Gegenstand des Sprachspiels

Der Titel des im Jahre 1970 entstandenen Kurzgedichts kündigt einen Text an, der auf den historischen Komplex der russischen Oktoberrevolution von 1917 und ihren geistigen Urheber Bezug nimmt. Das Thema, das zur Entstehungszeit (Studentenbewegung) hohe Aktualität besaß, stellt die Lesererwartung auf ein politisches Gedicht ein. Ausgiebig wurde ja in den späten 60er und frühen 70er Jahren die Frage erörtert, ob und wie sich in Westdeutschland eine revolutionäre Situation im marxistisch-leninistischen Sinne herstellen lasse. Und da schreibt Jandl, indem er anscheinend auf das Thema eingeht, diesen witzigen Sechszeiler. Er verfremdet und parodiert den Zentralbegriff der gesellschaftlichen Diskussion durch ein Wortspiel, indem er ‚Revolution' in ein falsches etymologisches Herleitungsschema stellt und dadurch den Begriff der Lächerlichkeit preisgibt. Es handelt sich dabei vor allem um ein Sprachspielgedicht im Sinne der Konkreten Poesie, aber man kann es natürlich auch als politisches Gedicht lesen.

Sprachanalyse und Wortkombinatorik als dichterische Methode

Jandl geht methodisch so vor, dass er das von lat. revolvere (zurückwenden, zurückwälzen etc.) abgeleitete Wort in die Vorsilbe ‚re-' und den Bestandteil ‚-volution' zerlegt, die beide für sich genommen keinen Sinn ergeben. Er behandelt sie aber wie zwei autonome Substantive, die zum Kompositum ‚Revolution' zusammengefügt sind. Mit den beiden Nomina ‚schnee' und ‚tee' bildet er dann in einer scheinanalogen Verknüpfung zwei neue, formal korrekte, aber semantisch unsinnige Komposita. Da das Grundwort ‚volution' (von ‚volvere' = wälzen, rollen) keine Bedeutung aufweist, können auch Zusammensetzungen mit ihm nicht sinnhaltig sein. Aber ‚schnee' und ‚tee' erfüllen zwei wichtige morphologische Voraussetzungen: Sie sind einsilbig und vokalidentisch mit ‚ – re' und reimen sich sozusagen auf ‚revolution'. Hierfür gäbe es natürlich noch viele andere Varianten (Seevolution, Kleevolution, Drehvolution usw.). Doch die beiden Beispiele reichen aus, um das Prinzip des Wortspiels zu veranschaulichen, und die gewählten Substantive sind semantisch besonders geeignet, weil der Leser sie leicht auf das russische Leben beziehen kann. Ein Gedicht, das die französische Revolution von 1789 thematisiert, würde gewiss aus anderem Wortmaterial gebildet. Andererseits sollte man die Bedeutungsebene der Wörter auch nicht überschätzen, denn ihre Verwendbarkeit im Gedicht beruht primär auf Klangeigenschaften.

Im zweiten Schritt segmentiert Jandl nun die neugebildeten Zusammensetzungen in ihre Bestandteile und bildet aus den Anfangsgliedern eine Substantivreihe („der schnee" – „der tee"), die für die Vorsilbe ‚re-' auf suggestive Weise nach einem vollwertigen Substantiv verlangt, um das Wortbildungsschema zu erfüllen. Die deutsche Sprache liefert dies mit dem Wort ‚Reh', das phonetisch mit dem Morphem ‚re' identisch ist. ‚Revolution' müsste dann in Analogie zu den beiden anderen Fällen zu ‚rehvolution' zurückübersetzt werden. Damit geriete es, wie die beiden anderen Zusammensetzungen auch, in den Kreis der Nonsense-Wörter und wäre der Lächerlichkeit preisgegeben. Derartige Verballhornungen der Sprache gehören zu Jandls Lieblingsverfahren auch in der Poesie. Aber der Autor setzt in der Schlusszeile gerade nicht die Formulierung ‚das reh', auf die der Leser eingestellt ist, sondern: „die rehe". Damit enttäuscht er auf witzige Weise unsere Erwartung, die er durch sein Bauprinzip selbst erzeugt hat. Denn die angedeutete Möglichkeit einer Montage der beiden Wortbausteine ist ausgeschlossen. Eine Zusammensetzung zu ‚rehevolution' verstieße gegen die klanglichen Bedingungen, auf denen das Wortspiel beruht. Der Autor entwickelt ein Wortbildungssystem, mit dessen Hilfe er problemlos ein klanglich abgerundetes Gedicht verfertigen könnte (‚der schnee – der tee – das reh') und hält sich dann selbst nicht daran. Er schließt das Gedicht absichtlich mit einer dissonantischen (nicht reimenden) Klangfigur ab.

Erzeugung von sprachlichem Nonsense

‚Revolution' ist nun ihrem Geiste nach ein Zerbrechen der bestehenden Ordnung und der Harmonie zwischen den einzelnen Gliedern einer Ganzheit. Diesen politisch–historischen Bruch imitiert der Text auf der Ebene der Sprache durch einen formalen Bruch innerhalb der Wortreihe. Mit dem Plural ‚rehe' zerstört Jandl die selbstgeschaffene Ordnung seines poetischen Sprachspiels. Allerdings würde dieses Sprachspiel nur auf der Basis einer etymologisch falschen Wortbildungsregel und aufgrund äußerlicher Klangparallelen funktionieren. Es wäre eine erschlichene Harmonie, die der Autor nicht zulässt, auch wenn er den Gedichtschluss (‚rehe') mit dem Beginn kreisförmig zu einer Einheit zusammenführt.

Klangdissonanz als Ausdrucksmittel für revolutionäre Disharmonie

Insgesamt lebt das Gedicht von einer doppelten Ironie: zum einen von der unkorrekten Sprachanalyse des Begriffs ‚Revolution', der durch witzige Analogiewörter ironisiert wird. Und zum andern durch die Ironisierung des Herstellungsverfahrens solcher Wörter, das Jandl am Ende selbst ad absurdum führt. Was dies alles mit der russischen Revolution zu tun hat, mag jeder Leser selbst erwägen. Der Text spricht jedenfalls nicht von der Sache ‚Revolution', sondern vom Wort ‚Revolution'. Der Rezipient soll aufgrund der Verrücktheit des Gedichts über das Wort stolpern und nicht

Ironie, provokative Textwirkung und politischer Gehalt

über das historische Ereignis. Denn das Gedicht ist ein Spiel allein mit der Sprache. Vielleicht wird er aber durch die poetische Verfremdung des Begriffs am Ende auch über die Sache ‚Revolution' und ihre Aktualisierung in Westdeutschland um 1970 ins Stolpern geraten. Ob Jandls Text Reflexionsanstöße in dieser Richtung geben soll, lässt sich vom Gedicht her nicht entscheiden. Aber der Freiraum im Umgang mit Werken der Konkreten Poesie ist auch dafür weit gesteckt. Der Autor selbst hat seine Lyrik nie als hermetische Kunst betrachtet. Ohne aktivierende oder provozierende Rezeption kann man die Texte, so witzig sie sein mögen, auf sich beruhen lassen. Oft genug zeigen die Gedichte Jandls einen plötzlichen Umschlag aus dem Bereich des reinen Laut- und Wortspiels hin zur Sichtbarmachung sozialer oder politischer Fragwürdigkeiten, ohne mit einem Wort *darüber* zu reden.

Lautgedicht und Sprechgedicht

Wenn man „lenin im winter" dem Typus des Lautgedichts zuordnet, dann lässt sich dies dadurch rechtfertigen, dass hier in erster Linie mit den phonetischen Eigenschaften des Wortmaterials gearbeitet und mit der bedeutungsverändernden Wirkung des Phonemwechsels gespielt wird. Von solchen Lautgedichten führt nur ein kleiner Schritt zu den so genannten Sprechgedichten, denn eigentlich müssen alle Lautgedichte auch gesprochen werden. Jandl hat selbst im Jahre 1966 eine Rezitationsschallplatte mit eigenen Texten veröffentlicht, die den Wechselbezug zwischen beiden Medien demonstriert. Zu den berühmtesten von Jandls Sprechgedichten gehört das 1957 entstandene „schtzngrmm", ein Antikriegsgedicht, das nur aus Konsonanten besteht und insofern auch ein Lautgedicht ist.

Jandl: „schtzngrmm"

Zwar handelt es sich bei dem vorliegenden Text um eine „Mischform aus Laut- und Sprechgedicht" (Jandl), doch wenn man es voraussetzungslos durch die Schallplattenwiedergabe oder bei einen Rezitationsauftritt des Dichters kennen lernen würde, bliebe es völlig unverständlich. Der Zuhörer könnte der sinnlosen Folge von Zisch-, Reibe- und Verschlusslauten keine assoziativen Bedeutungen beilegen, worauf es aber ankäme. Das Lauterlebnis für sich genommen wird wegen der fehlenden Vokale und Klangbindungen kein Wohlgefallen auslösen, sondern mit seiner Fülle von Misstönen eher Unbehagen erzeugen. Das ist vom Autor gewiss so beabsichtigt. Doch der Rezipient muss die Gründe dafür kennen, wenn er mit dem Text kommunizieren soll. Er muss also wissen, dass dem Konsonantengefüge das Wort ‚Schützengraben' zugrunde liegt und dass das Gedicht mit Hilfe der Klangstrukturen die Geräusche eines Grabenkrieges nachahmen will. Wie Kinder beim Spielen mit Eisenbahnen oder Autos typische Geräuschvorgänge der Wirklichkeit imitieren, so tut dies auch Jandls Gedicht mit den akustischen Phänomenen von Maschinengewehrfeuer, Leuchtspurmunition, Granateinschlägen usw. Dass die dafür aufgebaute, fiktionale Klangkulisse nur aus harten, abschreckenden Tonfolgen bestehen kann, wird dem Leser unmittelbar einleuchten. Die konsonantischen

Voraussetzungen für das Textverständnis

Bestandteile, die auf geniale Weise nur diesem einen Grundwort entnommen sind, „sollen demonstrieren, was Krieg ist“ (Kaiser, 1991. S. 501). Und, wie Jandl es selbst formuliert: „Der Krieg singt nicht“. Er hat ihn als Achtzehnjähriger, unmittelbar nach dem Abitur, von 1943 bis 1945 aktiv erlebt und weiß, wovon er spricht.

schtzngrmm
schtzngrmm
t-t-t-t
t-t-t-t
grrrmmmmm
t-t-t-t
s----c----h
tzngrmm
tzngrmm
tzngrmm
grrrmmmmm
schtzn
schtzn
t-t-t-t
t-t-t-t
schtzngrmm
schtzngrmm
tsssssssssssss
grrt
grrrrrt
grrrrrrrrrt

scht
scht
t-t-t-t-t-t-t-t-t-t
scht
tzngrmm
tzngrmm
t-t-t-t-t-t-t-t-t-t
scht
scht
scht
scht
scht
grrrrrrrrrrrrrrrrrrrrrrrrrrr
t-tt

Assoziatives Verstehen der Lautgedichte

Das aus Lauten organisierte Sprachgebilde arbeitet im Grunde nicht mit Bedeutungen, wie das bei der Montage von Wörtern der Fall ist, denn Phoneme sind keine eigenständigen Bedeutungsträger. Aber Jandl (1984, S. 234) geht davon aus, dass „die arbeit mit lauten zugleich eine arbeit mit assoziationsmöglichkeiten sein kann". Die Assoziationen, die der Leser/Hörer an ein Gedicht wie „schtzngrmm" knüpfen kann, sind eingegrenzt durch das Basiswort ‚Schützengraben'. Der Dichter bemerkt zur Rezeptionsweise seiner Lautgedichte, dass oftmals ein vorangestellter Titel „die assoziationen zusätzlich steuern" könnte (ebd. S. 234). Hier fehlt dieser Titel, aber erst durch ihn lässt sich mit der gelesenen oder gehörten Konsonantenfolge, die wie sinnloses Gestotter wirkt, assoziativ eine semantische Bedeutung verbinden. Hat man dies durchschaut, dann erzählt das Gedicht eine kleine, grausame Geschichte. ‚Ort der Handlung' ist das Wort „schtzgrmm". Entstanden aus dem Vollwort, bleibt nach der Eliminierung der Vokale (was dem Gedicht alle Klangfarbe nimmt) und nach dem Verschleifen der Endsilbe ‚-ben', wie es in nachlässiger Umgangssprache üblich ist (aus ‚Leben' kann so ‚Lehm' werden) nur eine rudimentäre Reduktionsform übrig. Aus ihr gewinnt Jandl das Konsonantenmaterial, mit dem er gleichsam eine Sprachschlacht entfesselt: die t-Sequenz steht für das Knattern der Gewehre, die r-Sequenz für ein Schnellfeuer, das ‚sch' für das Zischen von Raketen oder Geschossen, komplexere Lautfolgen wie 'tzngrmm' vielleicht für Knall, Nachhall und Einschlag. Man kann dies sicher noch differenzierter analysieren und wahrscheinlich auch einen Rhythmus und die Steigerung von Angriffs- und Verteidigungswellen herausarbeiten. So vollzieht sich mit der Wiederholung der beiden lautgleichen Eingangszeilen „schtzgrmm" etwa in der Mitte des Gedichts (Vers 16/17) ein sprachlicher Neueinsatz, der eine Gliederung des fiktiven Geschehens bewirkt. Die Schlusszeile signalisiert – nach dem gewaltigen Materialeinsatz in der vorletzten und längsten Zeile (20 Lautzeichen) – durch das abrupte „t-tt" den Tod und das zwangsläufige Ende des Gedichts. Jandl liest den finalen, doppelten Verschlusslaut mit extremer Kürze. Im übrigen ist es im Zuge dieser assoziativen Interpretation durchaus plausibel, das Druckbild der zahlreichen t-Laute mit den Holzkreuzen der Soldatenfriedhöfe in Verbindung zu bringen.

‚Übersetzung' der Lautfolgen in inhaltliche Vorgänge

Die geniale Idee des Autors besteht darin, eine Konsonantenpartitur herzustellen, die auf der Reduktion und gewaltsamen Zerfetzung des Grundwortes beruht. Der Sprachkörper „schtzngrmm" wird gleichsam selbst in Stücke geschossen und erfährt am eigenen ‚Leib', was er als Text artikuliert. Die Sprache kann nicht authentischer vom Krieg sprechen als dadurch, dass mit und in ihr selbst Krieg geführt wird. Gedichte *über* den Krieg zu schreiben, bedeutet immer schon, ihn reflektierend zu verarbeiten und dadurch zu entschärfen. Jandls „schtzngrmm" präsentiert das Geschehen als Folge von Sprachbruchstücken, die selbst keine Sinnträger sind, so wenig, wie der Krieg einen vernünftigen Sinn in sich trägt. Darüber hinaus demonstriert der Text den Krieg in seiner modernen, unmenschlichen Form der Materialschlacht. Handelnde oder leidende Menschen, das soldatische Subjekt, Täter oder Opfer kommen im Gedicht nicht vor. Der Leser kann

Zerstörung der Sprache: Zerstörung der Menschlichkeit

Enthumanisierung des Lebens und der Poesie

sie zwar hinzudenken, aber sie sind in dieser automatisierten, maschinellen Geräuschszenerie nicht vorgesehen. Das verleiht dem Text, bei aller akustischen Dynamik, schon vom Anblick her eine bedrohlich kalte, emotionslose Wirkung. Man hat die Enthumanisierung (das Verschwinden des lyrischen Ichs) und die Vorherrschaft des Sprachmaterials in der Konkreten Poesie oft kritisiert. Hier findet sie auf erschreckende Weise statt, aber dem inhumanen Gegenstand des Gedichts ist sie völlig angemessen.
Jandl hat auch andere, gegenständliche Antikriegsgedichte geschrieben (z. B. „vater komm erzähl vom krieg"). Doch in keinem erreicht die Sprache eine solche Nähe zum imaginierten Geschehen wie in „schtzngrmm". Allerdings lässt sich die beeindruckende Wirkung nicht durch bloßes Hören herstellen. Man muss das Gedicht aufmerksam lesen und seine Gestaltungsweise studieren, um die Korrespondenzen zwischen Klang- und Bedeutungsebene wahrzunehmen. Die Reduktion des Sprachmaterials, die zum Grundprinzip der hermetischen wie auch der Konkreten Lyrik gehört, ist hier von Jandl bis zu einer extremen Schwundstufe getrieben. Man begegnet ihr auch in Gedichten Celans (u. a. „Keine Sandkunst", „Tübingen, Jänner"), wo sie zum Ausdruck der Sprachverzweiflung geworden ist. Bei Jandl stellt sich das Verhältnis zur Sprache völlig anders dar. Mit großem Zutrauen in ihr Leistungsvermögen gewinnt er auch ihren deformierten und rudimentären Erscheinungsformen noch unerhörte Ausdrucksmöglichkeiten ab. Wo das poetische Stottern bei Celan Verstummen und Rückzug ins Unsagbare ankündigt, gelingen Jandl mit bloßen Lautsequenzen, ‚verrückten' Wortmontagen und Sprachentstellungen ästhetisch reizvolle, wirkungsstarke Texte, die oft irritierend und provozierend, aber meist sehr nah an der Realität sind. Das bemerkt man allerdings nicht auf den ersten Blick, sondern nur bei näherem Hinsehen. Die dazu notwendige Neugier und Rezeptionsbereitschaft gehört zu den wichtigsten Voraussetzungen für den Umgang mit Konkreter Poesie.

Trotzdem entstehen wirkungsstarke Texte

Eugen Gomringers Ideogramme und Konstellationen

Motivgleiche oder motivverwandte Gedichte

K. Riha: gomringers schweigen (komplett). In: Conrady, S. 864. – E. Gomringer: das schwarze geheimnis. In: Conrady, S. 862. – E. Gomringer: beweglich weil weglos. In E. G.: vom rand nach innen. Bd. I. S. 96.

Poetologische und lyriktheoretische Texte

E. Gomringer: vom vers zur konstellation. In: Klett Editionen. Konkrete Poesie, S. 110–113. – der dichter und das schweigen. In: ebd. S. 113 f.

Sekundärliteratur

H. Hartung: Experimentelle Literatur und Konkrete Poesie. Göttingen 1975. – M. Zeller: Gedichte haben Zeit. (v. a. S. 47–93). – G. Kaiser: Eugen Gomringer: „Schweigen". In: Kaiser, 1987. S. 392–397. – R. Wagner: Entdeckung der

Konkreten Poesie. In: Deine Träume – Mein Gedicht. Eugen Gomringer und die Konkrete Poesie. Hg. v. Ch. Schnauber. Nördlingen 1989. S. 236–249.

Laut- und Sprechgedichte von Ernst Jandl

Motivgleiche oder motivverwandte Gedichte

E. Jandl: wien: heldenplatz. – falamaleikum. Beide in: Klett Editionen. Konkrete Poesie, S. 69. – ottos mops. – vater komm erzähl vom krieg. – bibliothek. Alle in: Conrady, S. 871, 872 u. 873.

Poetologische und lyriktheoretische Texte

E. Jandl: Mitteilungen aus der literarischen Praxis. In E. J.: Die schöne Kunst des Schreibens, S. 25–31. – H. Heißenbüttel: Anmerkungen zur Konkreten Poesie. In: Konkrete Poesie I. Text + Kritik 25 (1970). S. 19–21. (Auch in: Klett Editionen. Konkrete Poesie, S. 114–116).

Sekundärliteratur

G. Kaiser: Geschichte der deutschen Lyrik von Heine bis zur Gegenwart, Bd. 2. S. 501 f. (zu „schtzngrmm“) – R. Schneider: Materialschlacht. In: 1000 Deutsche Gedichte, Bd. 9. S. 125–129. – H. Korte: Lyrik von 1945 bis zur Gegenwart, S. 71 ff. (zu „schtzngrmm“).

III. Moderne Naturlyrik

1. Das Verhältnis des Menschen zur Natur

Harmoniegedanke in der traditionellen Naturlyrik

In der traditionellen Naturlyrik von der Aufklärung bis zum Ende des 19. Jahrhunderts nimmt der Mensch eine zentrale Stellung ein, weil er selbst als Naturwesen begriffen wird. Zwar übersteigt er durch sein Erkenntnisvermögen – religiös gesprochen: durch seine Gottähnlichkeit – im Rang alle anderen Lebewesen, aber er ist aufgrund seines Ursprungs fest in den Schöpfungsraum Natur eingebunden. Dieser nach göttlichen Gesetzen geschaffene Kosmos, in vielen Gedichten bewundernd gepriesen, bildet eine universale Einheit, in der alles mit allem zusammenhängt. Durch die naturhaft bestimmte Existenzweise kann der Mensch sich in den Erscheinungen seiner Natursphäre wiederfinden, sein Leben von ihnen her deuten und so sich selbst verstehen. Naturlyrik im traditionellen Sinne ist daher im Grunde immer auch Dichtung vom Menschen. Naturvorgänge werden zu Gleichnissen für menschliches Erleben. Entsprechend stellt die klassisch-romantische Naturlyrik meist ein empfindendes Subjekt in den Mittelpunkt (‚Erlebnislyrik'). In Goethes Natur- und Liebesgedichten (Mailied, Willkommen und Abschied, Ganymed) bildet der innige Daseinszusammenhang zwischen Mensch und Natur die eigentliche Grundlage für eine glückhafte Lebensbejahung. Andererseits bleibt trotz des Gedankens der universalen Harmonie im Naturganzen das Bewusstsein einer bestimmten Differenz bestehen, die mit der Vorzugsstellung des Menschen seit der Schöpfungsgeschichte gegeben ist. In der Romantik, besonders bei Hölderlin, tritt die Klage über den Verlust der ungebrochenen Natureinheit in den Vordergrund. Es häufen sich die Naturgedichte, in denen das schmerzliche Verlangen nach Wiederherstellung der Allharmonie zu Wort kommt. Der Naturraum wird zum Sehnsuchtsraum. In zunehmendem Maße hebt die Naturlyrik gerade das Anderssein des Menschen aufgrund seiner zivilisatorischen Entwicklung gegenüber der unschuldigen Naturexistenz hervor. Nicht zu überschätzenden Einfluss gewinnt hierbei die Philosophie Rousseaus. So wird die Natur für den Menschen zur Zufluchtstätte vor der pervertierten, gesellschaftlichen Wirklichkeit. In idealisierender Überhöhung gestaltet die Dichtung ein idyllisches Naturrefugium, das dem Individuum ein einfaches, beglückendes Leben gewährt. Harmonie stellt sich hier aber nur deshalb ein, weil die realen Naturverhältnisse ausgeblendet werden.

Gefühl der Dissonanz zwischen Menschen und Natur

Natur als idyllischer Sehnsuchtstraum

Bruch zwischen Natur und Zivilisation

In der kritisch-reflexiven Naturlyrik des 20. Jahrhunderts nimmt das Motiv des unheilbaren Bruchs zwischen Natur und technischer Zivilisation einen immer größeren Raum ein. Das moderne Ich erlebt sich als zerrissenes Doppelwesen, das sich in keinem der beiden Daseinsbereiche heimisch fühlt. Gottfried Benn hat dieses dissonantische Grundgefühl in seinen Naturgedichten oft ausgesprochen, beispielhaft etwa in „Wenn etwas leicht und rauschend um dich ist“. Die Erfahrung der Differenz zwischen naturhafter und menschlicher Existenz erzeugt ein Gefühl von Trauer. Vor allem das Geschenk der Vernunft, das den Menschen auszeichnet, erscheint in Benns Gedichten als Fluch gegenüber der glücklichen Naivität der anderen Naturwesen. In diesem Sinne zu deuten ist auch die Bildsymbolik von der Rückkehr in die Sphäre der primitiven Daseinsformen, etwa im Gedicht „Gesänge“ („O daß wir unsere Ururahnen wären/Ein Klümpchen Schleim in einem warmem Moor“).

Naturentfremdung

Hinzu tritt eine weitere Erfahrung: Die von uns ganz unabhängige Natur bedarf des Menschen überhaupt nicht. Im Gegenteil. Ihre Ereignisse vollziehen sich in völliger Gleichgültigkeit gegenüber dem wahrnehmenden Subjekt. Seine Anteilnahme daran ist für die Natur selbst im Grunde belanglos. Einer derart pessimistischen Sichtweise muss die Vorstellung von einer gütigen ‚Mutter Natur‘ (Goethe) völlig fremd werden. Naturidyllische Scheinharmonie hat im Werk der modernen Naturlyriker wie Huchel, Bobrowski, Eich, Bachmann, Krolow etc. keinen Platz, wenngleich der Traum von einer umfassenden Einheit insgeheim lebendig bleibt. Bei Benn, aber auch bei anderen, tritt dieses Motiv als romantischer Restbestand unversehens immer wieder auf. Das mag widersprüchlich erscheinen, zumal die moderne Gesellschaft mit ihrem wissenschaftlich-technischen Verfügungsanspruch über die Natur den Gedanken einer harmonischen Wechselbeziehung längst zerstört hat. Doch wenn man die Naturlyrik der zweiten Jahrhunderthälfte unter dem Aspekt des Verhältnisses zwischen Mensch und Natur betrachtet, stößt man auf zahlreiche Widersprüche. Der Wunsch nach innigster Naturnähe (Identifikation) und das Gefühl von unüberbrückbarer Ferne (Entfremdung), die Erfahrung des hilflosen Ausgeliefertseins und der Wille zur überlegenen Unabhängigkeit von der Natur – das sind einige der Extrempositionen in der modernen Dichtung.

Widerspruch in der Naturbeziehung: Distanz und Sehnsucht nach Einheit

Ebenso wichtig wie die inhaltlichen Konzeptionen sind die neuartigen Formelemente und die Bildersprache der modernen Naturlyrik, in der die Gebrochenheit der Erfahrungen ihren Ausdruck finden. Sie steht in der Nachkriegsdichtung unter dem Einfluß des Expressionismus, des Surrealismus, der europäischen Moderne und vor allem der Naturpoesie von Oskar Loerke (1884–1941) und Wilhelm Lehmann (1882–1968). Die beiden Letztgenannten setzen mit ihrem Naturbegriff eine romantische Traditionslinie fort, in der Natur nicht als realhistorische Wirklichkeit, sondern als zeitlose Ordnung und metaphysische Ganzheit begriffen wird. Im beschwörenden Benennen der Naturdinge (‚Naturmagie‘) versucht Dichtung einen Seinszusammenhang herzustellen, der in der erfahrenen Realität keine Grundlage findet. Während die wissenschaftliche Erfassung der Natur auf ‚atomisierenden‘ Beschreibungsmodellen beruht, wie

Rückgriff auf romantische Traditionen

sie die moderne Physik, Biologie etc. entwickeln, geht die naturmagische Lyrik von einer mystischen Ganzheitsbeziehung zwischen Sprachzeichen, bezeichneter Erscheinung und Weltganzem aus. Dichtung „verhilft der Natur damit erst zu ihrem vollen und wahren Daseinssinn" (vgl. Knörrich, 1978. S. 167 ff.). Es ist leicht verständlich, dass eine so ausgerichtete Lyrik im Chaos der Nachkriegszeit zur Wiedergewinnung neuen Sinns und zur Trostsuche in der ‚unschuldigen Natur' dienen konnte. Autoren wie Hagelstange, F. G. Jünger, Britting, Langgässer, Bergengruen, O. Schäfer, Goes u.a. sind als Vertreter dieser rückwärts gewandten, romantisch-mystischen Tradition zu nennen. Sie haben aufschlussreiche und ästhetisch gelungene Gedichte geschrieben, doch fehlt ihnen die situationsbezogene, erneuernde Kraft, die aus einer kritischen Auseinandersetzung mit dem Geschehen und einer Neubestimmung der Literatur hervorgehen sollte. Das Problematische an diesen Werken besteht darin, dass sie den Naturraum erneut als heilbringende Sphäre von der unheilvollen politisch-sozialen Wirklichkeit abtrennen; dass sie die Natur zum Refugium intakter Ordnung erklären, in dem man die Gräuel der Geschichte vergessen kann. So tritt neben die restaurativen Stiltendenzen dieser Lyrik auch ein Zug von Eskapismus. Bergengruens Zyklus ‚Die heile Welt' (1950) enthält dafür manche Beispiele. Ob der Vorwurf des Apolitischen gegen diese Lyrik immer berechtigt ist, erscheint zweifelhaft.

Restaurative und utopische Züge in der naturmagischen Poesie

Naturlyrik muss nicht zwangsläufig politische oder gesellschaftskritische Lyrik sein. Wenn Wilhelm Lehmann, in Anspielung auf Brecht, feststellt, dass „ein Gespräch über Bäume nicht das Wissen um böse Zustände ausschließt", so wird man ihm fraglos zustimmen (vgl. Korte, 1989. S. 34). Wenn er aber fortfährt, dass das Naturgedicht helfe, „den verloren gegangenen Menschen wieder zu holen", so stellen sich Bedenken ein. Eine humane Sinnstiftung, die immer auch ein Politikum darstellt, kann durch die Beschwörung einer Natur, aus der der Mensch unwiederbringlich herausgefallen ist, nicht mehr ins Werk gesetzt werden. Die Wiederherstellung der Harmonie bleibt ein schöner Traum. Und es ist von der modernen Dichtung zu erwarten, dass sie den utopischen Charakter dieses Traums nicht unterschlägt.

Moderne Gegentendenzen

Es entwickelt sich daneben, von der naturmagischen Richtung Lehmanns und Loerkes ausgehend, nach 1945 eine Naturlyrik, die mit ihren modernen Stiltendenzen und ihrer Kritik an einer harmonisierenden Mensch-Natur-Beziehung größere innovative und provokative Kräfte entfaltet. Texte dieses Typus von Dichtern wie Benn, Krolow, Eich, Bachmann, Huchel u. a. repräsentieren in vorausweisendem Sinne den literarischen Neuanfang nach dem Zweiten Weltkrieg. Auf sie beschränkt sich die für das vorliegende Kapitel getroffene Auswahl von Naturgedichten.

2. Naturlyrik als Selbst- und Wirklichkeitsorientierung

G. Eich: „Ende eines Sommers" (1955) – I. Bachmann: „Schatten Rosen Schatten" (1956)

In der Naturlyrik der Nachkriegszeit findet sich eine gewisse Vorliebe für spielerisch-artifizielle Gedichte, vor allem bei Karl Krolow, die in ihrem Umgang mit der Bildsprache und der Verfremdung der Natur vom Surrealismus beeinflusst sind. Krolows „Drei Orangen, zwei Zitronen", „Pappellaub" oder „Orte der Geometrie" gehören zu dieser Kategorie. Sie besitzen einen großen ästhetischen Reiz und können dem Leser Anstöße geben, über die Beziehung zwischen Dichtung und Wirklichkeit neu nachzudenken. Dieses Verhältnis von Poesie (Fiktion) und Realität wie überhaupt die Frage, ob es eine zuverlässig geordnete, fassbare Wirklichkeit noch gebe, die man sprachlich abbilden kann, ist für die Lyriker des 20. Jahrhunderts äußerst problematisch geworden. Eindringlicher auf den Menschen ausgerichtet als in den genannten Krolow-Gedichten gehen etwa Benn, Celan, Bachmann in ihren Texten der Brüchigkeit der gegebenen Lebensrealität nach.

Verhältnis zwischen Lyrik und Realität

Auch bei Günter Eich, der zu den bedeutendsten Naturlyrikern der Nachkriegszeit zählt, steht die Frage nach dem tieferen Sinn der Wirklichkeit zusammen mit dem Sprachproblem im Zentrum der poetologischen Überlegungen. Als Eich von Hilde Domin für ihr Buch „Doppelinterpretationen" um Erläuterungen zu seinem Gedicht „Ende eines Sommers" gebeten wurde, schickte er ihr stattdessen einen Auszug aus einer 1956 gehaltenen Rede mit dem Titel „Der Schriftsteller vor der Realität". Darin heißt es unter anderem:

Frage nach dem Sinn der Wirklichkeit bei Eich

> Ich schreibe Gedichte, um mich in der Wirklichkeit zu orientieren. Ich betrachte sie als trigonometrische Punkte oder als Bojen, die in einer unbekannten Fläche den Kurs markieren. Erst durch das Schreiben erlangen für mich die Dinge Wirklichkeit. Sie ist nicht meine Voraussetzung, sondern mein Ziel. Ich muß sie erst herstellen.
> Ich bin Schriftsteller, das ist nicht nur ein Beruf, sondern die Entscheidung, die Welt als Sprache zu sehen. Als die eigentliche Sprache erscheint mir die, in der das Wort und das Ding zusammenfallen.
> *(Domin: Doppelinterpretationen, S. 47)*

Offenbar gibt es für Eich verschiedene Dimensionen der Wirklichkeit:

1. Eine sinnlich fassbare, alltägliche Dimension, mit der man sich aus lebenspraktischen Gründen arrangieren muss – sie zeigt nur die Oberflächenstruktur des Wirklichen;
2 Eine verborgene Dimension von Wirklichkeit, die durch Sprache annäherungsweise erreicht werden kann – sie wird von Eich in romantischer Metaphorik als sprachlich strukturierte Wirklichkeitsdimension

Romantische Wirklichkeitsauffassung in Eichs Poetik

aufgefasst. Wie in der Poetik der Romantiker, der Eich zeitweilig nahe steht, betrachtet er die Welt als ein Buch, geschrieben in geheimnisvollen Zeichen (‚Ursprache der Welt'), die der Dichter in seine lyrische Sprache zu übersetzen versucht. Erst wenn diese ‚Übersetzung' (= Dichtung), die wie alle Übersetzungen aus fremder Sprache Mängel aufweist, halbwegs stimmig geworden ist, hat sich das Gedicht der wahren Wirklichkeit genähert. Insofern Eich diesen Vorgang als Wirklichkeits- und Selbstorientierung begreift, kann man seine Naturlyrik nicht im Sinne der ästhetisch autonomen Kunst interpretieren. Auch wenn die Gedichte oft hochartifiziell strukturiert und in einer dunklen Chiffrensprache geschrieben sind, bleibt in ihnen eine Erkenntnisabsicht wirksam.

Eich: „Ende eines Sommers"

Das im folgenden erörterte Gedicht „Ende eines Sommers" gehört zu diesem Typus von Naturdichtung, in dem stets auch eine existenzielle Selbsterfahrung anvisiert ist. Es steht als Anfangsgedicht in der Sammlung „Botschaften des Regens" (1955). Der Titel dieser Sammlung verweist auf die beschriebene poetologische Grundkonzeption: Die Naturerscheinungen sind Texte mit geheimen Botschaften, die es zu entschlüsseln gilt.

Ende eines Sommers

Wer möchte leben ohne den Trost der Bäume!

Wie gut, dass sie am Sterben teilhaben!
Die Pfirsiche sind geerntet, die Pflaumen färben sich,
während unter dem Brückenbogen die Zeit rauscht.

Dem Vogelzug vertraue ich meine Verzweiflung an.
Er misst seinen Teil von Ewigkeit gelassen ab.
Seine Strecken
werden sichtbar im Blattwerk als dunkler Zwang,
die Bewegung der Flügel färbt die Früchte.

Es heißt Geduld haben.
Bald wird die Vogelschrift entsiegelt,
unter der Zunge ist der Pfennig zu schmecken.

Herbstsymbolik und das Phänomen der Vergänglichkeit

Der Gedichttitel kündigt ein Jahreszeitengedicht an, das thematisch und zeitlich auf den Herbst hindeutet. Die Erwartung des Lesers, der die traditionelle Herbstsymbolik kennt, wird auf das Reifen und langsame Absterben in der Natur eingestellt. Entsprechend gewichtig tritt das Phänomen der Zeit in den Vordergrund. Es gibt kaum einen Vorgang in der fiktionalen Gedichtwelt, der nicht von ihrem machtvollen Wirken berührt ist. Die Bedeutung des Zeit-Phänomens in Eichs Gedichten aus dieser Periode ist kein Zufall. Martin Heideggers Hauptwerk „Sein und Zeit", das der Dichter und viele seiner Zeitgenossen zur Kenntnis nahmen, erklärt die Zeitlichkeit zum entscheidenden Wesensmerkmal aller Erscheinungen und der menschlichen Existenz. Eich selbst äußert „die Vermutung", dass „das Unbehagen an der Wirklichkeit in dem liegt, was man Zeit nennt" (Domin, 1969. S. 47). Worauf es in dem Jahreszeiten-Motiv also eigentlich ankommt, ist nicht das Sommerende oder der Herbstanfang, sondern das in ihren Naturbildern aufscheinende Phänomen der Zeit selbst.

Provozierender Eingangsvers: Behauptung oder Frage?

Der emphatische Ausruf der Eingangszeile, der den Nebensinn eines Fragesatzes enthält, zieht den Leser unmittelbar in das Gedicht hinein. Denn das Fragepronomen ‚Wer' richtet sich ja auch an ihn. Mit der isolierten Einzelstellung des Verses verbindet sich der Eindruck besonderer Gewichtigkeit; zugleich bewirkt sie eine längere Pausierung, gewissermaßen eine ‚Denkpause', die beim Rezipienten nach der Lektüre dieser rätselhaften, provozierenden Behauptung entstehen muss. Weshalb bedarf der Mensch des Trostes? Und wieso können gerade Bäume solchen Trost spenden? (Vgl. dazu: Hartung, 1969. S. 49). Trostbedürftigkeit setzt Trauer voraus. Von ihr ist die Rede in Vers 5, wo der Leser von einer unbestimmten „Verzweiflung" des lyrischen Ichs erfährt, das sich mit seiner bedrückten Lebensstimmung ausdrücklich zu Wort meldet. Vers 5 stellt insofern eine Schlüsselzeile dar, als er den eigentlichen Ausgangspunkt für das Gedicht benennt. Nicht äußere Naturerscheinungen, sondern die existenzielle ‚Grundbefindlichkeit' des fiktionalen Subjekts wird zum Anlass des Sprechens. Doch lässt Eich das Ich nicht über seine innere Lage räsonnieren, sondern er transponiert sie auf die Naturvorgänge und macht sie mit ihrer Hilfe anschaulich. Aufklärung über den wichtigsten Grund der subjektiven „Verzweiflung" gibt auf indirekte Weise der 2. Vers:

> Wie gut, dass sie am Sterben teilhaben!

Gesetz der Vergänglichkeit

Das Schicksal der Menschen und der Bäume wird unversehens unter ein gemeinsames Gesetz gestellt: die Vergänglichkeit. Dabei dürfte die tröstliche Teilhabe der Bäume am Sterben auf den heutigen Leser angesichts der ökologischen Katastrophen befremdlich wirken. Aber Eich konnte solche Sätze im Jahre 1950 noch unbefangen aussprechen, da man das Waldsterben nicht einmal ahnte. Dass das Sterben der Bäume im Sinne des Trostes „gut" sei, hat dann einen positiven Sinn, wenn man es in der symbolischen Bedeutung des jahreszeitlichen Naturzyklus versteht. Am Grünen und Blühen, dem Reifen der Früchte, dem Welken und Absterben der Blätter im Verlaufe des Jahres wird dem Menschen das Naturgesetz von Werden, Vergehen und Wiederkehr bewusst. Sinnbezüge zu Goethes berühmter Formel des ‚Stirb und Werde' („Selige Sehnsucht") lassen sich hier assoziativ herstellen. Unterstützt wird die Deutung von der Titelzeile „Ende eines Sommers". Das Zeitnomen ‚Ende' korrespondiert semantisch

Lebensrhythmus von Vergehen und Wiederkehr

mit ‚Sterben'. Aber die unbestimmte Angabe ‚*eines* Sommers' eröffnet die Möglichkeit, an viele weitere Sommer zu denken. So ist also im herbstlichen Absterben der Bäume und Pflanzen, das der Mensch Jahr für Jahr anschauen kann, die Gewissheit der Lebenserneuerung im Frühjahr schon angelegt. Ähnlich steht es mit den Zugvögeln (Vers 5), deren Fortziehen immanent auf ihr Zurückkommen verweist.

Neben dieser beruhigenden Wahrnehmung des Lebenszyklus in der Natur, lässt sich jedoch ein pessimistischer Grundton nicht überhören. Das ‚Leben' der Bäume, der Menschen, aller Naturwesen bedeutet immer auch ein allmähliches Sterben, dem irgendwann keine Wiederkehr mehr folgt und das im Tode enden wird. In welchem Sinne kann aber dennoch von dem endgültigen Sterbenmüssen der Bäume ein Trost ausgehen? Für den Menschen selbst gibt es keinen zyklischen Lebensablauf, sondern nur Werden und Vergehen. Eigentlich muss er voller Neid auf die alljährliche ‚Wiedergeburt' der Bäume schauen, die sich anscheinend unbegrenzt fortsetzt und in der eine naturhafte Überlegenheit zum Ausdruck kommt. Damit einher geht die vage Vorstellung, dass Bäume offenbar ewig leben. Nicht zufällig gilt der Baum als das mythische Lebenssymbol schlechthin. Dem Menschen aber ist eine nur kurze Lebensspanne beschieden. Es mag ihm ein Trost sein zu wissen, dass das vegetabilische Dasein der Bäume letzten Endes auch dem Tod anheim gegeben ist.

Trost aus dem Sterben der Bäume

Diese Gemeinsamkeit kann ihm als Garant dienen für einen umfassenden Naturzusammenhang, in dem alle Wesen nur ein begrenztes Dasein besitzen. Die letzte Ursache für die endliche Beschaffenheit des Lebens liegt im unaufhörlichen Vergehen der Zeit. Es wird von Eich in Strophe 2 durch die parallel geschalteten Bilder der Verse 4 und 5 (Reifen der Früchte: Strömen des Wassers, verknüpft mit der temporalen Konjunktion ‚während') in traditioneller Metaphorik veranschaulicht.

Symbolik des Vogelzugs

In der umfangreichen Zentralstrophe des Eich-Gedichts unternimmt das lyrische Subjekt eine weitere Trostsuche. Das Naturereignis des Vogelzugs, bei Eich ein häufiges Motiv, übernimmt die Rolle der Bäume. Das Ich tritt zu ihm in eine vertraute Beziehung und teilt ihm, wie einem menschlichen Gesprächspartner, seine ‚Verzweiflung' mit. In ihrem Verhalten spiegelt sich ebenfalls das naturrhythmische Gesetz des Kommens und Gehens. Zugleich spricht Vers 6 aber von der Begrenzung ihres Daseins, denn der „Teil von Ewigkeit", der dem Vogelzug gewährt ist, weist auf die endliche Spanne zwischen Leben und Tod. Entscheidend für den Trost ist jedoch, dass die Zugvögel ihre Lebensstrecke (in räumlich-zeitlicher Doppelbedeutung) „gelassen" hinter sich bringen. Sie lassen geschehen, was „als dunkler Zwang" (Vers 8) nach dem Gesetz der Natur geschehen muss. Diese ‚Gelassenheit' als Einverständnis (ein wichtiger Begriff auch in Heideggers Existenzphilosophie!) steht in direktem Gegensatz zur Verzweiflung. Ihre antithetische Zusammengehörigkeit kommt formal auch in den

Gelassenheit statt Verzweiflung

analogen Textpositionen (Vers 5/6) zum Ausdruck. Eich verknüpft die gelassene Haltung der Zugvögel, in der sie ihre Zeit verbrauchen und erfüllen, mit der naturgesetzlichen Verfärbung der Blätter und dem Reifen der Früchte. Die Identität dieser Vorgänge ist durch eine sprachbildliche Verschmelzung der Phänomene genial veranschaulicht. In derselben Raum-Zeit-Spanne des Vogelflugs welkt das Laub und reift das Obst, wobei die „Bewegung der Flügel", die doch nur gleichzeitig stattfindet, zur Ursache des Reifens umgedeutet wird, und die sich ‚dunkel' färbenden Blätter als Abbildungen der Flugstrecke erscheinen. Alle Geschehnisse stehen unter demselben „dunklen Zwang": der rätselhaften Macht der Zeitlichkeit.
Unfassbar ‚dunkel' ist die Zeit, weil sie selbst nirgends greifbar existiert, sondern nur mittelbar an ihren Wirkungen in der Natur sichtbar wird. Pflanzen und Tiere sind ihr blind unterworfen. Da sie nichts vom Vergehen wissen, können sie es ‚gelassen' ertragen. Das reflektierende Subjekt, das ein Bewusstsein von der Zeitlichkeit besitzt, wird beherrscht von der Angst (‚Verzweiflung') und dem Verlangen, das Wirken der Zeit zu begreifen. Benns Gedanke von der Differenz zwischen dem naiv-glücklichen Naturdasein und der quälend reflexiven Seinsweise des Menschen, beispielhaft formuliert in dem ‚Glyzinien'-Gedicht (vgl. S. 66), klingt hier unterschwellig an.

Geduld und Erdulden

In der Schlussstrophe bezieht das lyrische Ich dann die vorbildhaft gelassene Haltung auf seine eigene Existenz. Es mahnt sich zur Geduld (Vers 10). In diesem Begriff liegt ein doppelter Sinn: In temporaler Bedeutung verlangt er die Tugend des Wartenkönnens. Hartung (1969, S. 50) macht auf eine kunstvolle formale Entsprechung aufmerksam, durch die Vers 10 selbst zeitgestaltende Funktion erhält. Ihm geht eine lange Pause voraus, und eine etwas kürzere folgt ihm nach. So zwingt die Zeile den Rezipienten zu dem, wovon sie spricht: sich Zeit zu nehmen, um den Textsinn mit seinen verschiedenen Konnotationen zu verstehen. In existenzieller Bedeutung erinnert Geduld gleichzeitig auch an den ursprünglichen Wortsinn von ‚Erdulden' (Erleiden), so dass hier die Verzweiflung noch nachklingt, die das Ich mit der Geduld zu bestehen versucht. Die zeitliche Dimension von Geduld bekommt durch das Adverb ‚bald' und den Tempuswechsel ins Futur (Vers 11) eine auf das künftige Ende hindeutende Richtung:

> Bald wird die Vogelschrift entsiegelt

Enträtselung der Botschaften der Natur

Die Rätsel des Lebens und der Zeit liegen tief verschlüsselt als geheime Schriftzeichen (‚Hieroglyphen' nennen es die Romantiker) in den Naturerscheinungen – hier im „Vogelzug" – verborgen. Eich spielt auf antike Vorstellungen an, die den Zugvögeln eine enge Beziehung zu den göttlichen Mächten zusprach. Entsprechend glaubte man aus dem Vogelflug den Verlauf wichtiger persönlicher oder historischer Ereignisse vorhersagen zu können. Befähigt waren dazu nur Priester. Dem „Vogelzug" hatte das lyrische Ich seine „Verzweiflung" anvertraut. Indem es sich von ihm am Ende eine aufklärende Antwort erhofft, treten die Verse 5 und 11 in ein unmittelbares Korrespondenzverhältnis.

Geheimnislösende Macht des Todes

Ebenfalls aus der griechischen Mythologie stammt der fragmentarisch angedeutete Sinn der Schlusszeile, der mit der Enträtselung der geheimnisvollen Botschaft der Vögel eng zusammenhängt. Den Verstorbenen wurde für die Überfahrt ins Totenreich ein Geldstück unter die Zunge gelegt, damit sie den Fährmann Charon entlohnen konnten. Was also der Geschmack „unter der Zunge" ankündigt, ist der bevorstehende Tod, der bereits „in die Gegenwart hineinragt" (Hartung, 1969. S. 51). Das einleitende ‚Bald' in Vers 11 fordert auf suggestive Weise ein ‚schon' in Vers 12:

> unter der Zunge ist [schon] der Pfennig zu schmecken.

Schon im Leben sind wir, wie die christliche Überzeugung lautet, vom Tod umfangen. Von seinem Eintreten erwartet sich das lyrische Subjekt die Entschlüsselung aller Lebensrätsel. Doch muss dafür zugleich die Grenze des Lebens überschritten sein. Es spricht sich hier die vage Hoffnung aus, dass der Mensch im Tod den Sinn seines Schicksals, den ‚dunklen Zwang' und die Macht der Zeit begreifen werde. Vor dieser Grenze endet verständlicherweise das Gedicht, weil es von dem, was hinter ihr vielleicht zu erkennen sein wird, nichts wissen kann.

Eichs „Ende eines Sommers" ist ein Naturgedicht, das mit Hilfe einer suggestiven Bildersprache und durch kunstvolle Klangbindungen eine magische Überzeugungskraft entfaltet (Hartung, 1969. S. 51). Davon und von dem durchgehend melancholischen Stimmungsgehalt bezieht das Gedicht seine unmittelbare Wirkung. Es steht thematisch im Dienste der Ich- und Weltorientierung, indem es ein fundamentales Existenzproblem zur Sprache bringt: das Leben mit dem Bewusstsein des Sterbenmüssens. Dieses ursprünglich religiöse Problem bekommt in der Literatur der fünfziger Jahre, die geistesgeschichtlich stark vom Existenzialismus (Heidegger, Camus, Sartre) geprägt sind, ein besonderes Gewicht. Phänomene wie Zeitlichkeit, Tod, Absurdität, Gelassenheit stehen im Zentrum dieser Philosophie, und sie gehören zu den gedanklichen Motiven in der Lyrik Eichs, Celans, Bachmanns und vieler anderer.

Existenzproblematik als Thema der modernen Lyrik

Trotz seiner thematischen Gewichtigkeit ist Eichs „Ende eines Sommers" kein philosophisches Gedicht, sondern es gehört zur Naturlyrik. Es besteht nicht aus Begriffen, Reflexionen und argumentativen Verknüpfungen, sondern Eich bedient sich einer Naturmetaphorik, deren Bedeutung oft irrational, dunkel und unscharf ist. Das entspricht ganz der inneren Verfassung des lyrischen Subjekts. Beherrscht von seinem Lebensgefühl, versucht es sich Klarheit zu verschaffen durch magische Kommunikation mit der Na-

Irrationalismus und magische Kommunikation mit der Natur

tur und nicht durch rationale Analyse. Es entspricht auch der Problemtiefe der Fragen selbst. Denn der eigentliche Sinn der menschlichen Existenz und der Wirklichkeit bleibt dunkel und lässt sich durch keine Philosophie klären. Dass Eichs naturlyrische Antwortsuche romantisch-utopische Züge trägt, ist offensichtlich. Sie beruht auf der Voraussetzung, auch in „Ende eines Sommers", dass es einen umfassenden Seinszusammenhang gibt, in dem für alle Wesen ein gemeinsames Gesetz gilt. Nur so können ja die ‚Botschaften' der Natur für den Menschen einen Sinn haben. Es ist gegen diese Sichtweise Eichs und sein Gedicht der Einwand erhoben worden, dass der Autor die historischen Voraussetzungen der Naturwirklichkeit und die sozialen Verhältnisse ignoriere. Der Mensch trete uns als geschichts- und gesellschaftsloses Wesen entgegen. Damit aber könne Eich die realen Gründe für das Leiden des Menschen an der Welt und die Möglichkeiten zur Veränderung der Lage nicht erkennen. Dieser Kritik wäre entgegenzuhalten, dass nicht alle Phänomene (Vergänglichkeit, Tod, Liebe etc.) auf sozialhistorischen Verhältnissen beruhen und aus ihnen zu erklären sind.

Sozialhistorische Kritik an dem Gedicht

Das lyrische Werk Ingeborg Bachmanns ist durchgehend vom Gefühl der existenziellen Bedrohtheit des Menschen geprägt. Angst und Verstörtheit des Subjekts werden mit unerbittlicher Klarheit formuliert. Oft geschieht dies in poetisch reicher Bildersprache („Dunkles zu sagen", „Fall ab, Herz"), die, wie Joachim Kaiser anmerkt, „zwischen Katastrophe und Melos zu versöhnen" sucht (Knörrich, 1978. S. 242). Gelegentlich zeigen die Gedichte einen härteren Duktus und eine radikale Verknappung des Wortmaterials („Im Gewitter der Rosen"). Beispielhaft für diesen Typus von Naturlyrik, in der die äußerste Reduktion von Naturwirklichkeit mit dem Problem der existenziellen Selbstorientierung zusammenfällt, ist das folgende Gedicht. Es stammt aus der Sammlung „Anrufung des Großen Bären", die etwa zeitgleich mit Eichs „Botschaften des Regens" im Jahre 1956 entstanden ist.

Existenzielle Selbstorientierung in Bachmanns Lyrik

Bachmann: „Schatten Rosen Schatten"

Schatten Rosen Schatten

Unter einem fremden Himmel
Schatten Rosen
Schatten
auf einer fremden Erde
zwischen Schatten und Rosen
in einem fremden Wasser
mein Schatten.

Lebensgefühl der Fremdheit

Die Grundstimmung des Gedichts ist geprägt durch die elementare Erfahrung des Fremdseins in der Welt. Das setzt ein erlebendes lyrisches Subjekt voraus; denn ‚fremd' können Himmel, Erde und Wasser nicht an sich, sondern nur für ein menschliches Gegenüber sein. Doch der Text spricht vom Menschen und seinen Gefühlen mit keinem Wort. Lediglich in der Schlusszeile wird durch „mein Schatten" die Anwesenheit eines wahrnehmenden Ichs evident. Bachmann macht in ihrem Gedicht das Bewusstsein der existenziellen Fremdheit durch die sprachliche Verknüpfung des Attributs ‚fremd' mit den Bereichen des Lebensraumes zu objektiven Eigenschaften der Welt selbst. Das hat weitreichende Folgen, weil es in einer solchen Welt überhaupt keinen heimatlichen Ort mehr geben kann.

Ferne – Fremde – Einsamkeit

Der Himmel, mit dem religiöses Denken einen Bezug zu Gott und Vorstellungen von der ewigen Heimat verbindet, ist dem Ich innerlich ferngerückt und damit fremd geworden. ‚Ferne' und ‚Fremde' gehören im allgemeinen Wortverständnis semantisch eng zusammen. Die Himmelsfremdheit, die dem Leser als bedrohlicher Verlust erscheinen dürfte, wird im Gedicht ohne Klage als ein selbstverständliches Faktum ausgesprochen. Auch auf der Erde als dem diesseitigen Lebensbereich des Menschen, der ihm zum gemeinsamen Wirken zugemessen ist, herrscht Fremdheit. Sie entsteht dort, wo es kein Zugehörigkeitsgefühl und keine Anteilnahme am Schicksal des anderen gibt. Fremd-Sein heißt daher immer auch Einsam-Sein. Das Dasein auf ‚einer fremden Erde' als das Sich-nirgends-heimisch-Fühlen unter den Menschen stellt im Grunde eine unerträgliche Belastung dar. In dem Gedicht „Exil" hat Bachmann dieses Schicksal mit der Situation des lebend Toten verglichen:

> Ein Toter bin ich der wandelt
> gemeldet nirgends mehr
> unbekannt im Reich des Präfekten
> *(Werke, Bd. 1. S. 153)*

Auf einer anderen Sinnebene meint ‚Fremde' die unbekannte, daher unheimliche und gefährliche Gegend. Sie erzeugt Existenzängste, gegen die man sich nicht wehren kann, weil ihre Ursache nicht fassbar ist. Indem Bachmanns Gedicht die Erde in ihrer Ganzheit ‚fremd' nennt, wird der Wunsch nach einem heimatlich vertrauten Dasein, vor allem im Sinne des seelischen Einklangs, zur unerfüllbaren Utopie. Das Wasser als das dritte Lebenselement in dem Gedicht wird ebenfalls mit dem Stigma der Fremdheit versehen. Dadurch erhält sie eine wahrhaft kosmische Dimension, denn alle urelementaren Daseinsbereiche sind ohne Ausnahme von ihr infiziert. Zwar gibt es schon vorher in der Dichtung die Formel des fundamentalen Fremdheitsgefühls, z. B. bei Franz Werfel: „Fremde sind wir auf der Erde alle" (Conrady, S. 604). Aber dem steht meist die Hoffnung auf eine jenseitige Heimat verheißungsvoll gegenüber. Zu den christlich-romantischen Topoi gehört das Bild des Menschen als Fremdling und Wanderer, der zu Gast auf Erden weilt, bis er in die wahre Heimat zurückkehrt.

Kosmische Dimension der Fremdheit

In Bachmanns Gedicht ist diese Trostmöglichkeit ausgeschlossen. Auch zur Natur, die in Eichs „Ende eines Sommers" noch Trost zu spenden vermag, lässt sich kein intimes Verhältnis mehr herstellen. Vielmehr hat sie sich im Bewusstsein des Ichs zu einem konturlosen, abstrakten Raum verflüchtigt, in dem es keine ‚Bäume' und keine ‚Vögel' mehr gibt, denen man ‚seine Verzweiflung anvertrauen' könnte.

Entschlüsselungsversuch der Chiffren ‚Schatten' und ‚Rosen'

Was sich in diesem verödeten Naturkosmos als Leben vollzieht, wird von Bachmann mit den Chiffren ‚Schatten' und ‚Rosen' umschrieben. Es ist kaum möglich, den beiden Sprachzeichen vom Gedicht her eine präzise semantische Bedeutung zuzuordnen, weil sie durch den Kontext nicht näher determiniert sind. So lässt sich ‚Schatten' grundsätzlich mit positiven wie auch mit negativen Vorstellungen verknüpfen. Man bezeichnet diese Wortfiguren vorzugsweise nicht als Metaphern, sondern als Chiffren. Aber die Grenze zwischen beiden ist fließend. Zunächst bleibt dem Leser des Gedichts ein relativ weiter Spielraum für assoziative Auslegungen. Möglicherweise evozieren die beiden Chiffren aufgrund der konnotativen Farbvorstellungen gegensätzliche Gedanken- oder Gefühlsinhalte. Dem Tiefdunklen des Schattenphänomens steht das Leuchtende der Rosen kontrastiv gegenüber. Spontan wird die Blumenfarbe ‚Rot' heraufbeschworen und in ein umgebendes ‚Schwarz' eingefügt. Damit erhält der graue Daseinsraum zwischen Himmel und Erde eine dissonantische Farbigkeit. Aber man kann den Text nicht einfach farbsymbolisch aufschlüsseln, denn Farben werden gar nicht genannt, und sie kommen nur als sekundäre Eigenschaften ins Spiel. Ausschlaggebend sind die semantischen Bedeutungen von ‚Schatten' und ‚Rosen'. Bei ihrer Entschlüsselung hilft der Gebrauch der Chiffren in anderen Bachmann-Gedichten weiter.

‚Rosen': Schönheit und Liebe

Das ‚Rosen'-Motiv kommt relativ selten vor. In zentraler Bedeutung steht es in dem berühmten Gedicht „Im Gewitter der Rosen", in dem es nach Knörrich (1978, S. 240) als Metapher des Schönen (der schönen Sprache) zu verstehen ist. Aber auch der traditionelle Gebrauch der Rose als Blumensymbol der Liebe findet sich bei Bachmann („Die blaue Stunde"). Beide Bedeutungen der Chiffre ergeben für das Gedicht zunächst einen plausiblen Sinn, zumal ‚Liebe' und ‚Schönheit' unmittelbar zuammenhängen. Allerdings erscheint die Liebe in Bachmanns Dichtung stets als bedrohte, zerbrechliche Lebensmöglichkeit. In diesem problematischen Verständnis ließe sich die ‚Rosen'-Chiffre mit dem Begriff der Liebe übersetzen, wobei das Verblühen der Blume als Nebenbedeutung unterschwellig mit hineinspielt.

‚Schatten': Zerstörung und Tod

Von hier aus ergibt sich für die Interpretation der ‚Schatten'-Chiffre eine semantische Eingrenzung. Sie benennt als Gegenphänomen die negativen, der Liebe und Schönheit feindlichen Momente. ‚Schatten' ist als Metapher in Bachmanns Lyrik häufig anzutreffen.

Meist steht sie in Zusammenhängen mit Bedrohlichem, Zerstörerischem, Leblosem. Der allgemeinen Symbolbedeutung entsprechend, lässt sich eine semantische Nähe zur Dunkelheit- bzw. Nacht-Metaphorik beobachten, in der Verweisungen auf den Tod enthalten sind. Ein aufschlussreiches Beispiel findet sich bei Bachmann im „Monolog des Fürsten Myschkin“, wo es unter anderem heißt:

Ins Geäst unseres Herzens
fiel das einsamere
Licht der Liebe.
Wie kalt die Welt ist
und wie rasch die Schatten
sich auf unsre Wurzeln niederlegen!
(Werke, Bd. 1. S. 75)

Mit „Wurzeln“ sind die ‚Wurzeln des Lebens‘ gemeint, also das Leben selbst und damit auch die Liebe, die im Schattendunkel so bald absterben müssen. Die Todesdrohung klingt verschlüsselt, aber deutlich erkennbar an. Im Gegensatz dazu wird der Liebe selbst die ‚Licht‘-Metapher zugeordnet. Das ist ein ziemlich konstanter Bildgebrauch in Bachmanns Lyrik. Zur negativen Semantik der ‚Schatten‘-Metapher gehört das Todesmotiv von jeher. In der antiken Mythologie leben die körperlosen Seelen der Abgeschiedenen als Schatten im Reich des Hades, das als dunkles Schattenreich gilt. Nicht zwar vom Reich des Todes, aber von der Vorahnung des Sterbenmüssens spricht Eichendorffs Gedicht „Nachts“ mit dem Bild des Schattens:

Ich stehe in Waldesschatten
Wie an des Lebens Rand.

In den Kontext solchen Bildgebrauchs gehört die Chiffre des Bachmann-Gedichts. Doch sie erhält durch die Verknüpfung mit dem Liebesmotiv erst ihre volle Bedeutung. Dies lässt sich beispielhaft konkretisieren an dem Gedicht „Dunkles zu sagen“. Dessen 1. Strophe lautet:

Wie Orpheus spiel ich
auf den Saiten des Lebens den Tod
und in die Schönheit der Erde
und deiner Augen, die den Himmel verwalten,
weiß ich nur Dunkles zu sagen.
(Werke, Bd. 1. S. 32)

Leben und Tod werden in diesem Gedicht auf kunstvolle Weise ineinander gefügt. Die ‚Schönheit‘ steht auf der Seite des Lebens ebenso wie die ‚Liebe‘, die in der ‚Augen-Himmel‘-Metaphorik verschlüsselt ist. ‚Himmel‘ meint hier die Fülle des Glücksempfindens durch das Geliebtwerden. Das lyrische Ich kann aber wegen seiner inneren Nähe zum Tod (wie Eurydike)

Dasein zwischen Liebe und Tod

darauf nur mit ‚Dunklem' antworten, das heißt: mit der Klage über den immer bevorstehenden Verlust.

Es gibt zwar im Dasein das Schöne und auch die Liebe, aber nur um den schmerzlichen Preis ihres Vergehens. Ähnliches wird auch von der Chiffrenfolge „Schatten Rosen Schatten" signalisiert. Liebe und Schönheit (‚Rosen') sind förmlich umstellt vom Todesbewusstsein (‚Schatten'). Schon die quantitative Verteilung der Chiffren und ihre Anordnung im Text geben Auskunft über die Stimmung des Gedichts. Der ‚Schatten' legt sich mit der doppelten Zeichenmenge übermächtig auf die positiven Glücksmöglichkeiten. Indem sich in der triadischen Wortfolge (Vers 2/3) die ‚Schatten'-Chiffre verselbständigt und eine eigene Zeile erhält, bekommt das Bedrohliche ein zusätzliches Eigengewicht. In seiner isolierten Position wird der ‚Schatten' nun nicht mehr durch die ‚Rosen' ausbalanciert. Das scheint in Vers 5 der Fall zu sein, in dem die Todes- und Liebes-Chiffre gleichrangig nebeneinander stehen. Aber der Schlussvers hebt dies unmittelbar wieder auf. Durch die imaginierte Wahrnehmung des eigenen Schattens ‚im fremden Wasser' nimmt das lyrische Ich den Tod gedanklich vorweg. Im Begriff des Wassers könnte eine Anspielung auf den mythischen Todesfluss Acheron mitenthalten sein, der auch in „Dunkles zu sagen" (Vers 10) zitiert wird („den dunklen Fluß"). Mit der ungleichen Gewichtung der Chiffren bekommen Verlustangst und Todesbewusstsein einen daseinsbestimmenden Einfluss. Die Gesamtatmosphäre des Gedichts ist dadurch melancholisch eingefärbt.

Schatten-Motiv und die melancholische Gedichtstimmung

Methodenproblem der Entschlüsselung hermetischer Texte

An dieser Stelle ist ein methodischer Hinweis notwendig. Die üblichen Interpretationsverfahren mit dem Ziel einer möglichst präzisen Textentschlüsselung gelangen bei diesem und ähnlichen Gedichten an eine Grenze. Sie sind deshalb bestenfalls als Vorschläge zum Textverständnis aufzufassen. Zwischen den Zeilen des Textes steht so viel Ungesagtes, das den Leser unwillkürlich zum meditativen Weiterdenken herausfordert. Es gibt moderne Gedichte, die – wie G. Eich (Werke, Bd. 4. S. 521) im Gespräch mit Schülern einmal behauptet – „interpretationsmäßig" nicht mehr hinreichend „zugänglich sind" und bei denen es sinnvoll erscheint, sie „zu meditieren". Wobei er allerdings eine dringende Warnung anfügt: „Bleib beim Text, bleib bei dem, was dasteht". Nur so kann die Textmeditation, wenn sie als literaturdidaktisches Erschließungsverfahren benutzt wird, zu Resultaten gelangen, über die man sich mit anderen Rezipienten verständigen kann. Das hier vorgelegte Interpretationsergebnis stützt sich vor allem auf den Vergleich mit motivverwandten Gedichten der Autorin. Zu ihnen zählen vor allem auch die drei folgenden Verse aus „Lieder auf der Flucht" (1956), in denen Liebe und Tod als die daseins- und dichtungsbestimmenden Phänomene zusammengefügt sind. Sie könnten wie ein Leitwort über Bachmanns Gesamtwerk stehen, also auch über „Schatten Rosen Schatten":

Die Liebe hat einen Triumph und der Tod hat einen,
die Zeit und die Zeit danach.
Wir haben keinen.
(Werke, Bd. 1. S. 147)

Maskierung der Gefühle durch distanzierenden Stil

Das Bedrückende, das im Wortlaut des ‚Schatten'–Gedichts nur sehr verhalten zur Sprache gebracht wird, gelangt zur vollen Klarheit besonders auf der strukturellen Ebene. In den drei anspruchslosen, mechanisch gleichlaufenden Versen (1, 4 u. 6) wird mit unbeteiligter Sachlichkeit vom heillosen Bruch zwischen Mensch und Welt gesprochen. Die leidvolle Verstörung des Ichs, die dem zugrunde liegt, versteckt sich ganz offenbar hinter der Maske eines gefühllos wirkenden Stils. Mit unpathetischen Worten, die jede emotionale Bekundung vermeiden – in einer sprachlichen *minimal art* – schafft die Autorin eine kühle Distanz zum verschwiegenen Leidbewusstsein des lyrischen Ichs, in das ihr eigenes Leiden am Zustand der Welt eingegangen ist.

Zusammenhang zwischen Thematik und Gedichtstruktur

Auch der gleichförmig nüchterne, zerhackte Rhythmus lässt die Absicht erkennen, Verletzbarkeiten durch formale Kraftanstrengung zu bannen, ohne sie zu harmonisieren. Das „Verlangen nach Sicherung durch die Form", das H. Friedrich (1956, S. 40) für Baudelaires Lyrik behauptet, gilt ebenso für Bachmanns „Schatten Rosen Schatten". Es führt nicht ergreifende Klage über die Zerbrechlichkeit des menschlichen Daseins und die Fremdheit der Welt, sondern der Schmerz wird in eine sachliche Form gegossen, die aus den Chiffren der Existenznot eine kunstvolle Variationenreihe herstellt. Auf diese Weise wird das Gedicht, wie Mallarmé es ausgedrückt hat, zum „Rettungsring der Form" (Friedrich, ebd.). Von der ästhetischen Maskierung des Empfindens durch eine gespielte Teilnahmslosigkeit gehen befremdende Wirkungen aus, weil der Leser, der eine Weltschmerzklage erwartet, mit unbeteiligter Sachlichkeit bedient wird. Damit gelingt es der Autorin, das Fremdheitsgefühl des Subjekts in die Gedichtstruktur einzulagern, so dass auch bei der Rezeption eine emotionale Distanz zum Leser erhalten bleibt. Sowohl in der Stilhaltung als auch in der Thematik lässt sich diesem Gedicht ein Roman zur Seite zu stellen, der nicht zufällig in den fünfziger Jahren eine breite Resonanz gefunden hat: der 1948 ins Deutsche übersetzte „Der Fremde" von Albert Camus.

3. Rückzug aus der Natur in die Innerlichkeit

G. Benn: „Reisen" (1950)

Benn: „Reisen"

Das gebrochene Verhältnis des Menschen zur Natur bildet ein Zentralmotiv innerhalb der naturlyrischen Dichtung. Verknüpft wird das Motiv (schon im 18. Jhdt.) mit dem Thema der Wanderschaft als einer spezifischen Verhaltensweise gegenüber der Umwelt. Goethe, Hölderlin, Eichendorff, Heine – um die wichtigsten zu nennen – haben bedeutende ‚Wandergedichte' geschrieben. Diese literarische Tradition hat sich ins 20. Jahrhundert hinein fortgesetzt, wobei das Wandern sich hier eher als Reisen vollzieht und der Begriff der Natur eine erhebliche geographische Ausweitung erfährt. Dass bei solchen Gedichten immer auch die Frage nach dem Selbstverständnis des Menschen hineinspielt, lässt sich an dem ausgewählten Benn-Gedicht exemplarisch darlegen.

Reisen

Meinen Sie Zürich zum Beispiel
sei eine tiefere Stadt,
wo man Wunder und Weihen
immer als Inhalt hat?

Meinen Sie aus Habana
weiß und hibiskusrot,
bräche ein ewiges Manna
für Ihre Wüstennot?

Bahnhofstraßen und Ruen,
Boulevards, Lidos, Laan –
selbst auf den Fifth Avenuen
fällt Sie die Leere an –

ach, vergeblich das Fahren!
Spät erst erfahren Sie sich:
bleiben und stille bewahren
das sich umgrenzende Ich.

(Vers 10 „Laan" = niederländisch: Alleen)

Polemisch-rhetorischer Stil

Der besondere Reiz dieses Gedichts liegt in seiner polemisch-rhetorischen Sprechweise. Mit der genialen Sie-Anrede, die an die Stelle des gewohnten ‚Du' tritt, schafft Benn eine unmittelbare, jedoch distanzierende Kommunikationssituation. Nicht ein isoliertes Ich oder ein exklusiver Leserkreis, sondern jedermann wird zum Adressaten. Die provokative, rhetorisch gemeinte Anfrage der ersten beiden Strophen zwingt zu Reflexion und Meinungsbildung. Dabei muss es unerheblich bleiben, dass im Jahre 1950 wohl nicht sehr viele deutsche Leser sich ein eigenes Urteil über Zürich oder Kuba bilden konnten. Um dies Faktische geht es in dem Gedicht natürlich gar nicht. Nimmt man es wörtlich als eine Absage an den Sinn des welterschließenden Reisens, als eine „Warnung vor Tourismus" (wie Dieter E. Zimmer seine Kurzinterpretation ironisch überschreibt), geht man in die Irre. Benn widerlegt eine solche äußerliche Textrezeption durch eigenes Verhalten. Im Entstehungsjahr 1950 unternimmt er eine Reise nach Dänemark zu seiner Tochter und schreibt von dort an Wilhelm Oelze:

Benn und das Reisen

> [...] es ist zwar Herbst, aber das Meer ist schön wie je, vor 16 Jahren war ich das letzte Mal in Kopenhagen u. sah es das letzte Mal, nun be- und verzaubert es mich von Neuem u. macht mir klar, wie verstockt und ranzig man in dem belagerten Berlin lebt.
> *(Briefe, Bd. 2,2. S. 64)*

Also die glücklich belebende Wirkung von Reiseerlebnissen wird durch Benn keineswegs in Zweifel gezogen. Das Gedicht „Reisen" zielt auf etwas anderes ab, das in den Strophen 1 und 2 mit den religiösen Signalbegriffen ‚Wunder und Weihen', ‚Manna' und ‚Wüstennot' anklingt. Benn verknüpft die Verlockungen der Ferne und Fremde mit der Idee von Heilserwartungen und Lebenssinngebung, die von keiner Reise je erfüllt werden können. Dabei setzt das Gedicht wie selbstverständlich voraus, dass dem angesprochenen Leser die quälenden Gefühle der Einsamkeit (‚Wüstennot') und Sinnleere vertraut sind. Nur so wird ihm der Gedanke an ein vom Himmel fallendes ‚Manna' begreiflich, das ihn, wie die Israeliten in der Wüste, vor dem seelischen Verhungern retten soll (vgl. 2. Mos. 16, Vers 11 ff.). Am Ende der beiden Fragestrophen in der Textmitte wird dem Leser bewusst, dass das Gedicht nicht nach ‚Zürich' oder ‚Habana' fragt sondern nach ihm selbst. Und wie immer er den Sinn des Reisens für sein eigenes Leben beurteilen mag, er kann die Scheinfragen des Gedichtsprechers nur mit Nein beantworten. Eine sinnstiftende, existenzielle Selbstverwirklichung geht vom Reisen in der Tat nicht aus.

Metaphorisch-religiöse Bedeutung von Reisen

In der 3. Strophe wechselt die Sprechhaltung von der Frage zur behauptenden und begründenden Aussage. Benn addiert eine Reihe großstädtischer Straßen- bzw. Strandbenennungen, Orte an denen turbulente Betriebsamkeit herrscht, um dieser äußeren Fülle kontrastiv und negierend die innere „Leere" gegenüberzustellen (Vers 12), die gerade dort spürbar werden kann. Dieser Gegensatz bildet den polemischen Kerngedanken der Strophe. Mit der bunten Mischung der vielsprachigen, teils exotischen Namen bringt Benn die Überzeugung zum Ausdruck, dass allerorts dieselbe Enttäuschung wartet. Durch eine gewaltsam eindeutschende Pluralbildung der Wörter ‚rue' und ‚avenue', wogegen sich die Aussprache von ‚Fifth Avenue' besonders sträubt, gelangt Benn zu einer optischen Reim-

Gegensatz von äußerer Betriebsamkeit und innerer Leere

bildung. Sie zwingt Amerikanisches und Französisches, das weit auseinander liegt, formal so zusammen, dass der Leser es als Zusammengehöriges wahrnimmt. Hier wie dort, so signalisiert es die Struktur, geschieht unterschiedslos dasselbe. Polemisch ist der Gedankengang der Strophen deshalb, weil Benn nicht sachlich argumentiert, sondern zwei Ebenen miteinander verbindet, die nicht ohne weiteres kohärent sind: Auf-Reisen-Gehen und existenzielle Sinnsuche. Natürlich ist es nicht zwingend, wie Zimmer (1994, S. 237) zutreffend bemerkt, „eine simple Fahrt nach Zürich zu einer Alles-oder-Nichts-Angelegenheit zu machen". Benn unterstellt jedoch den angesprochenen Lesern, dass sie die Reisebetriebsamkeit als Form der Lebenserfüllung betrachten. Solches konnte wohl Eichendorffs Taugenichts noch tun, wenn er in seinem bekannten Lied eine sinnorientierte Schöpfung besingt, zu der er fraglos hinzugehört:

‚Reisen' als Metapher für existenzielle Sinnsuche

Wem Gott will rechte Gunst erweisen,
Den schickt er in die weite Welt;
Dem will er seine Wunder weisen
In Berg und Wald und Strom und Feld.
(Werke. Hrsg. W. D. Rasch. Hanser Verlag München 1966, S. 10)

Für den romantischen Wanderer gilt es als gesichert, dass sein irdisches Dasein durch die göttliche Güte zum ewigen Heil geführt wird. Mit der inneren Glaubensgewissheit und dem festen Reiseziel vor Augen, bedeutet ihm Wanderschaft zugleich Erfüllung. Für den modernen Menschen, dessen „Sach" von keinem Gott „aufs best bestellt" ist, gilt dies nicht mehr. Indem er fortwährend seinen Stand- und Zielort wechselt, gewinnt er nirgendwo einen gesicherten ‚Standpunkt', von dem aus er die Welt und sich selbst sicher beurteilen kann; denn er betrachtet aus stets sich änderndem Blickwinkel eine permanent veränderte Wirklichkeit. Aus existenzialistischer Perspektive, die auch Benns eigene ist, stellt das betriebsame Reisen, das für zahllose Menschen den alljährlichen Lebenshöhepunkt bildet, eine Merkwürdigkeit dar. Benn interpretiert es als Suche nach Lebenssinn, den das Ich draußen umsonst zu finden hofft, wenn er in ihm selbst nicht vorhanden ist. In Vers 12 spricht Benn anscheinend von einer außerhalb existierenden Leere, die das Ich ‚anfällt'. Doch handelt es sich dabei nur um das Korrelat einer inneren Leere. Die Fülle der Welteindrücke, die in den Strophen 1 bis 3 zitiert wird, kann einen fehlenden Daseinssinn weder herbeischaffen noch ersetzen. Sie kann die Einsamkeit des Ichs („Wüstennot") nicht aufheben Mit einer solchen Erwartungshaltung ist „das Fahren" in der Tat „vergeblich" (Vers 13). Wichtiger wäre es hingegen, sich selbst zu ‚erfahren'. Benn übernimmt die anschauliche Reisemetapher, um mit ihrer Hilfe den Vorgang der Selbstbegegnung zu umschreiben, der allein sinnstiftende Bedeutung besitzt. „Die ganze Menschheit zehrt von einigen Selbstbegegnungen, aber wer begegnet sich selbst? Nur wenige und

Sinnloses Fahren – Sinn stiftende Selbstbegegnung

dann allein". So heißt es in „Probleme der Lyrik" (S. 40). Der Reise in die ferne Welt wird dementsprechend in Strophe 4 die Reise nach innen entgegengesetzt. Dem korrespondiert folgerichtig die ‚statische' Daseinsform des Bleibens. In ihr vollzieht sich die Konzentration auf das Wesentliche: die Selbstverwirklichung.

Das Ich als Sinnzentrum des Daseins

Das Zentrum, aus dem der Mensch heraus lebt, ist für Benn das Ich, die je eigene Sicht der Welt. In der äußeren Betriebsamkeit geht diese zentrale Perspektive verloren. Mehr noch! Es hat den Anschein, als wolle das Subjekt im Reisen vor sich selbst entfliehen, um der Selbstbegegnung, die möglicherweise ins Leere führt, auszuweichen. Benn vertritt mit dem Gedicht „Reisen" eine radikal subjektivistische Position, die auch seiner monologischen Kunstauffassung entspricht. Das „Ich" bekommt in dem Gedicht nicht zufällig die gewichtige Stellung am Textende, und zwar als ein sich bewusst gegen die Welt abgrenzendes Ich. Für das subjektzentrierte Denken führt die Suche nach dem Daseinssinn zwangsläufig zum Ich, das seine je eigene Bestimmung nur in sich selbst und nicht in der Welt finden kann. Dies aber will nach Benns Meinung erst ‚erfahren' sein. Vers 14 deutet dem Leser an, dass in „Reisen" die Lebenshaltung des gealterten, vierundsechzigjährigen Dichters formuliert ist. Es handelt sich um ein Spätgedicht. „Bleiben und stille bewahren" oder – wie es im verwandten Gedicht „Aprèsludes" heißt – „Halten, Harren, sich gewähren", das kann nicht den Ausgangspunkt, sondern nur die Schlussphase einer Lebensreise bilden.

Naturlyrik als Selbst- und Wirklichkeitsorientierung

Motivgleiche oder motivverwandte Gedichte

Es lassen sich für Eichs „Ende eines Sommers" drei thematische Hauptaspekte benennen, die häufiger in motivverwandten Gedichten des Autors vereinzelt oder gemeinsam auftreten: 1. die Rolle der Natur als Kommunikationspartner des Subjekts; 2. die naturlyrischen Herbstmotive; 3. die Verweisungsfunktion dieser Motive auf Vergänglichkeit und Tod.

G. Eich: Botschaften des Regens (1955). In G. E.: Werke., Bd. 1. S. 85. Gemeint ist das Titelgedicht der gleichnamigen Sammlung. An ihm lässt sich Eichs magische Deutung der Natur als Vermittlerin geheimer ‚Botschaften' besonders gut veranschaulichen. – G. Eich: Der große Lübbe-See (1949). In G. E.: Ges. Werke., Bd. 1. S. 84. (Auch in: 1000 Deutsche Gedichte, Bd. 8. S. 105). Dieses berühmte Naturgedicht enthält zwei wichtige Motive: Mit den „trigonometrischen Punkten" spricht es einen poetologischen Gedanken an; sie dienen Eich im übertragenen Sinne als Hilfsmittel zur Wirklichkeitsorientierung (vgl. „Der Dichter vor der Realität"). Mit den „Vogelzügen" benutzt er dasselbe Herbstbild wie in „Ende eines Sommers". Auch das Lebensgefühl des lyrischen Ichs, das von Einsamkeit und Verzweiflung bestimmt ist, rückt beide Gedichte nahe aneinander. Das positive Moment der Tröstung durch die Natur findet sich im „Großen Lübbe-See" nicht mehr. Von daher wirkt das Gedicht deutlich resignativer. (Interpretationshinweise bei: Knörrich, 1978. S. 191 ff. – J. Bartsch in: 1000 Deutsche Gedichte, Bd. 8. S. 106 ff. – Petruschke, S. 83 ff.).

P. Huchel: Sibylle des Sommers (1963) In P. H.: Chausseen Chausseen. Gedichte. (Fischer Taschenbuch 5120). Frankfurt/M. 1982. S. 23. Bei Huchels Gedicht handelt es sich um ein Herbstgedicht im Stile der magischen Naturlyrik, verwandt den Texten von Krolow und Eich. Es wirkt in der Form relativ traditionell (vierhebige Verse mit wechselnden Füllungen und Endreim). Mit expressiver Metaphorik und mythologischen Anspielungen erschafft der Dichter eine bildsprachlich befremdende Herbstlandschaft, die den Leser zu einer ungewohnten Sehweise zwingt, weil die Bildfügungen innerhalb der Gedichtwirklichkeit mit den realen Naturphänomenen nur auf Umwegen verbunden werden können.
E. Meister: Vogelwolke (1960). In E. M.: Ausgewählte Gedichte 1932–1979. (Sammlung Luchterhand 244). Frankfurt/M. 1989. S. 51. Dieses Natur-(Herbst)-Gedicht, das mit negativen Bedeutungsnuancen die Motive von Baum und Vogelzug aufgreift, unterscheidet sich von den anderen Texten durch die sprachspielerische Ironie-Distanz. Schon die Eingangsverse schaffen Irritationen. Natürlich liegt in der Verbindung von ‚starren' und ‚Staren' ein Wortspiel vor. Indem der Autor dies eigens diskutiert, gibt er dem Leser zu verstehen, dass sein Text eine sprachlich autonome Setzung ist, die mit der Gedichtrealität nach Belieben verfahren kann. Das zeigt sich auch im Gedichtschluss auf ironische Weise.
R. Ausländer: Herbstlich (1978). In R. A.: Mutterland. Einverständnis. Gedichte. (Fischer Taschenbuch). Frankfurt/M. 1982. S. 125. Auch in: Arbeitstexte für den Unterricht. Gedichte seit 1945. S. 23. – J. Bobrowski: Ebene. In: Conrady, S. 802.

Poetologische und lyriktheoretische Texte
G. Eich: Der Schriftsteller vor der Realität. In G. E.: Werke, Bd. 4. Frankfurt/M. 1991. S. 613–615. – P. Huchel: Der Preisträger dankt. (Rede zur Verleihung des Literaturpreises der Deutschen Freimaurer, 1974). In: Peter Huchel. Materialien. Hg. v. A. Vieregg. (suhrkamp taschenbuch 2048). Frankfurt/M. 1986. S. 15–19.

Sekundärliteratur
O. Knörrich: Die deutsche Lyrik seit 1945, S. 186–210 (Viele Hinweise zur Naturlyrik des behandelten Zeitraums) – W. Freund: Deutsche Lyrik, S. 163–168 (Zu Eich „Ende eines Sommers"). – R. Hartung (Zu Eich „Ende eines Sommers") in: H. Domin: Doppelinterpretationen, S. 49–53. – E. Kleßmann: Fährgeld für die Endzeit. (Zu Eich „Ende eines Sommers"). In: 1000 Deutsche Gedichte, Bd. 8. S. 105–108.

Rückzug aus der Natur in die Innerlichkeit
Motivgleiche oder motivverwandte Gedichte
G. Benn: Statische Gedichte. In: Conrady, S. 686 – Aprèsludes. In: Sämtl. Werke, Bd. 1. S. 306. – G. Eich: Reise. In G. E.: Werke, Bd. 1. S. 95. – Briefstelle. In: Dass., S. 102.

Sekundärliteratur
D. E. Zimmer: Warnung vor Tourismus. (Zu Benn „Reisen"). In: 1000 Deutsche Gedichte, Bd. 6. S. 235–238. – H. Krüger: Vergeblich das Fahren? (Zu Benn „Reisen"). In: 1000 Deutsche Gedichte, Bd. 6. S. 240–242.

IV. Historisch-politische Lyrik

1. Poetik des Engagements als Gegenmodell zur ästhetischen Autonomie – Brecht im Widerstreit mit Benn

Obwohl die literarhistorisch übliche Konstruktion eines Gegensatzes zwischen historisch-politischer und ästhetisch-autonomer Dichtung fragwürdig erscheint – Enzensberger (1960, S. 783 f.) hält sie für ebenso falsch wie die Alternative zwischen *poésie pure* und *poésie engagée* – so erweist sie sich aus didaktischen Gründen als hilfreich, um die Lyrik nach 1945 in ihren gegenläufigen Tendenzen zu verstehen. Nur als hinführendes Prinzip, nicht als eigentliche Interpretationskategorie, kann die Unterscheidung dazu dienen, den Begriff der politischen Lyrik vorläufig einzugrenzen.

Benn und Brecht als Vertreter einer gegensätzlichen Lyrikauffassung

Die beiden gegensätzlichen Dichtungstypen finden ihre Begründung und poetische Realisierung am überzeugendsten in den Werken der beiden Antipoden Gottfried Benn und Bertolt Brecht. Beide kommen, worauf Knörrich (1978, S. 328 f.) aufmerksam macht, als Lyriker von denselben expressionistischen Voraussetzungen her. Aber während Benns Kunstauffassung sich zu einer ‚Artistenmetaphysik' entwickelt, geht Brecht mit seiner wirklichkeitsbezogenen, politisch engagierten Lyrik in eine entgegengesetzte Richtung. Ist Benns philosophische Ästhetik vor allem der Gedankenwelt Nietzsches verpflichtet, so orientiert sich Brecht an der Lehre des Marxismus, die er ab 1926 studiert. Im Gegensatz zu Benn stellt er schon sehr früh an die Kunst die Forderung, „daß sie nützlich sein soll" (Knörrich, 1978. S. 329). Dieser Gedanke vom praktischen ‚Gebrauchswert' der Lyrik ist für ihn immer eine fundamentale Kategorie geblieben. Zugleich damit erscheint es für Brecht absolut unmöglich, wie er in einem Brief an Hindemith (1934) bekräftigt, seine dichterische Arbeit „von jenen sozialistischen Tendenzen zu trennen", die sein politisches Denken und Handeln bestimmen (Werke, Bd. 18. S. 220).

‚Gebrauchswert' der Lyrik

Benn dagegen vollzieht genau diese Trennung, wenn er über Brechts Kunst bemerkt:

> Nur verstehe ich nicht ganz, daß man überhaupt seinen weltanschaulichen Dogmen soviel Ernst entgegenbringt. Seiner Lyrik – ja. Aber seiner theoretischen Fundierung – nein.
> *(An S. Kracauer, April 1932)*

Benns Abneigung gegen das Politische in der Poesie

In ähnlichem Sinne reduziert Benn auch die Romankunst Heinrich Manns, die er sehr bewundert, auf ihre geistig-ästhetischen Qualitäten; ihre politischen Intentionen nimmt er nicht zur Kenntnis. Möglicherweise ist die Einengung der Lyrik Brechts auf das rein Ästhetische von Benns Abneigung gegen den Sozialismus beeinflusst. Aber aus einer anderen Reflexion lässt sich erkennen, dass es sich um einen grundsätzlichen Unterschied im Kunstverständnis handelt, der Benn von Brecht trennt:

> Ich kann mir einen sozialistischen Realismus als Kunstform nicht vorstellen. Wenn etwas Kunstform geworden ist, ist es nicht mehr sozialistisch und auch nicht mehr realistisch, dann ist es eben Kunst, d.h. etwas mit eigenem Inhalt und aufgelöstem Material, sonst wäre es ja weiter Ansichtsäußerung und politischer Journalismus.
> *(An H. Lamprecht, März 1952)*

Im Begriff des ‚Sozialistischen Realismus' sind vor allem zwei Momente bestimmend:

Literaturbegriff des ‚Sozialistischen Realismus'

1. Die Forderung nach wahrheitsgetreuer Abbildung einer außerhalb der Dichtung existierenden Wirklichkeit im Kunstwerk. Dabei ist die objektive Realität keine bloße Tatsache, sondern ein gesetzmäßig verlaufender Entwicklungsprozess, an dessen Ende die klassenlose Gesellschaft stehen soll. Literatur dient also der Reproduktion und Veränderung von Wirklichkeit. Sie ist nicht fiktional, sondern Literatur „im gleichen Sinne" wie „philosophisches oder wissenschaftliches Schrifttum". Ihre Bedeutung bestimmt sich allein aus ihren Inhalten und nicht durch ästhetische Gestaltung. Formfragen gelten dieser Theorie als zweitrangig (vgl. Fügen, S. 95–104). Künstler, die den Formproblemen einen Vorrang einräumen, werden als Formalisten verurteilt.
2. Die wirkungsästhetische Komponente der Literatur, die den Menschen im Sinne des Sozialismus erziehen soll (Fügen, S. 66). Gefordert wird von der Dichtung eine politische Tendenz (Parteilichkeit) mit dem Ziel, die Arbeiterklasse in ihrem Klassenkampf zu unterstützen.

Verhältnis der Lyrik zur Realität

Insofern trifft es wohl zu, dass Texte, die das Postulat des sozialistischen Realismus getreulich erfüllen, ihre Wirkung nicht als ‚Kunstformen', sondern durch ihre Meinungen über politische Zustände erzielen. Benn lässt im Gegensatz zu Brecht eine unmittelbare Abhängigkeit der Literatur von der historisch-sozialen Wirklichkeit nicht gelten. Das Gedicht ist primär geformte Sprache, mit der natürlich auch Gefühle und Gedanken transportiert werden. Es schafft sich aber eine eigene Wirklichkeitssphäre, in der die Gesetze der Außenwelt nicht mehr gelten sollen, und politische Probleme sind mit Hilfe der Poesie gerade nicht zu lösen. Brechts Dichtungen lassen sich mit der Theorie des sozialistischen Realismus allerdings keineswegs hinreichend beschreiben. Indem sie sich häufig den dogmatischen Forderungen der Lehre entziehen, gewinnen sie an ästhetischer und gedanklicher Komplexität. Aber zweifellos stehen sie der realistischen und auch der marxistischen Literaturauffassung sehr nahe, so dass sich Benn vor allem wegen der „theoretischen Fundierung" von Brecht getrennt sieht. Brecht hingegen hat als praxisbezogener Aufklärer den von Benn

Brechts Ablehnung des Ästhetizismus bei Benn

vertretenen Ästhetizismus scharf abgelehnt, was er in einem Gedicht (um 1953) polemisch zum Ausdruck bringt:

> Beim Anhören von Versen
> Des todessüchtigen Benn
> Habe ich auf Arbeitergesichtern einen Ausdruck gesehen
> Der nicht dem Versbau galt und kostbarer war
> Als das Lächeln der Mona Lisa.
> *(Werke, Bd. 10. S. 1018)*

Brecht bedient sich bei seiner Kritik an Benns Poesie vor allem zweier Argumente: Er benutzt mit den Begriffen ‚Ausdruck' und ‚Versbau' zwei zentrale Kategorien von Benns Lyriktheorie, und er schafft zweitens eine fiktive Rezeptionssituation, in der er bewusst Arbeiter als Zuhörer wählt, denen man ein Verständnis für Benns Lyrik nicht zutraut. Indem er ihnen die Rolle der urteilenden Instanz zuweist, bringt er beiläufig den Klassenstandpunkt des Sozialismus ins Spiel. Die ironisch abwertend benutzte Terminologie Benns erinnert unmittelbar an dessen poetologisches Gedicht „Satzbau", das hier zum Vergleich herangezogen werden kann (vgl. Kap. I, 1). In der 1. Strophe des Benn-Gedichts findet sich eine programmatische Formulierung, auf die Brechts Kritik bezogen werden kann:

> Was aber neu ist, ist die Frage nach dem Satzbau
> und die ist dringend:
> Warum drücken wir etwas aus?

Einbezug der Lebenswelt der Leser

Benn erklärt die formale, die kunstvoll kombinierte Anordnung der Wörter zum entscheidenden Faktor des lyrischen Schaffens. Entsprechend soll die von der Form ausgehende Faszination auch den Leser ergreifen. Das Wahrnehmungsinteresse von Brechts Arbeitern richtet sich aber gerade nicht auf den „Versbau", den Benn für das „Primäre" hält. Er erscheint ihnen ziemlich gleichgültig. Im Sinn der Forderung nach Wirklichkeitstreue der Inhalte werden die Arbeiterleser vor allem den Bezug zu ihrer Lebenswelt in Benns Gedichten vermissen. Mit den irrealen Bildfügungen, den exotischen Formulierungen und subjektivistischen Gefühlsäußerungen können sie wenig anfangen. Daher besitzt diese Lyrik für sie keinerlei Nutzen. Brecht drückt mit dem Gedicht gleichzeitig seine tiefe Abneigung gegen die Lyrik als reine Formkunst aus. In seinen Bemerkungen zu einem ‚Lyrik-Wettbewerb' (1927) stellt er fest:

> Und gerade Lyrik muß zweifellos etwas sein, was man ohne weiteres auf den Gebrauchswert untersuchen können muß. Nun weiß ich, daß ein ganzer Haufen sehr gerühmter Lyrik keine Rücksicht darauf nimmt, ob man ihn brauchen kann. Die letzte Epoche des Im- und Expressionismus [...] stellte Gedichte her, deren Inhalt aus hübschen Bildern und aromatischen Wörtern bestand. Es gibt darunter gewisse Glückstreffer, Dinge, die man

> weder singen noch jemand zur Stärkung überreichen kann und die doch etwas sind. Aber von einigen solcher Ausnahmen abgesehen, werden solche „rein" lyrischen Produkte überschätzt.
> *(Werke, Bd. 18. S. 55).*

Es wird von hier aus leicht verständlich, dass Brecht, im Gegensatz zu Benn, den Gedichten Rilkes, Georges und Werfels keine Sympathie entgegenbringt. Auch gegen Baudelaire, einen der großen Verfechter der *poésie pure*, zieht er zu Felde, weil er während der Revolution von 1848 reine Lyrik schreibt, statt die französischen Arbeiter literarisch zu unterstützen (vgl. Rey, 1978. S. 149). Ganz in diesem Sinne äußert sich Brecht in den dreißiger Jahren ironisch und abfällig über Benn:

> Er war ebenfalls sehr geachtet, teils weil seine Verse nur von wenigen gelesen werden konnten, was man ihm als Reinheit anrechnete [...], teils weil er eine schöne Sprache hatte und im Zusammenstellen von Wörtern aparter Art sehr gewandt war.
> *(Werke, Bd. 19. S. 433)*

Polemik gegen reine Formkunst

Mit seiner Polemik gegen die Formkunst wendet sich Brecht nicht gegen ein künstlerisch notwendiges ‚Formen und Formulieren', das er bejaht, sondern gegen den leeren Formalismus. Er lehnt die „Entstellung der Wirklichkeit im Namen der Form" ausdrücklich ab. Und er verlangt vom Kunstwerk konkrete „Impulse auf gesellschaftliche Wünschbarkeit hin" (Werke, Bd. 19. S. 527). Alles dies kann er in Benns Lyrik nicht finden. Überdies charakterisiert er sie in seinem Anti-Benn-Gedicht (Vers 2) ironisch mit dem Epitheton „todessüchtig". Man kann dies auf den philosophischen Nihilismus und die melancholische Lebensstimmung beziehen, die bei Benn häufig anzutreffen sind. Brecht erscheint eine solche Haltung eher verächtlich (Werke, Bd. 18. S. 62). Nimmt man die lyrischen Todesmetaphern in manchen Benn-Gedichten wörtlich, wie es die fiktiven Arbeiterleser in Brechts Gedicht offenbar tun, so kann man darüber wohl lächeln. Ihre vom realistischen Lebensbezug geprägten Gedanken beim „Anhören der Verse" spiegeln sich als spöttischer Ausdruck auf ihren Gesichtern.

Historische Bedingtheit der Kunst

Es gehört zu Brechts poetologischer Überzeugung, dass die Erscheinungsformen der Lyrik (Themen und Motive, Sprache, Rhythmus etc.) unmittelbar von ihren historischen Entstehungsbedingungen, d. h. von den jeweiligen gesellschaftlichen Zuständen abhängen. Während Benn zeitlos gültige, metaphysische Begründungen für das lyrische Sprechen zu formulieren sucht, ist Brecht von der zeitbedingten Veränderlichkeit des Dichtens überzeugt (vgl. Rey, 1987. S. 150). Deshalb stellen die politischen Verhältnisse Forderungen an die dichterische Praxis, denen der Autor nachkommen muss, wenn er seine politisch-soziale Aufgabe nicht verfehlen will. Brecht hat dies programmatisch in dem Gedicht „Schlechte Zeit für Lyrik" (1939) zur Sprache gebracht. Dessen letzte, oft zitierte Strophe lautet:

> In mir streiten sich
> Die Begeisterung über den blühenden Apfelbaum
> Und das Entsetzen über die Reden des Anstreichers.
> Aber nur das zweite
> Drängt mich zum Schreibtisch.
> *(Werke, Bd. 9. S. 743 f.)*

Die beiden Schlusszeilen erinnern unmittelbar an Benns Formel vom ‚Ausdruckszwang'. Dieser hat seinen Ursprung aber nicht in der Psyche des Dichters, sondern vielmehr in den Zeitumständen. Im Jahre des Kriegsausbruchs – so will die Strophe uns mitteilen – wäre ein harmloses Naturgedicht, wie verlockend das Motiv des blühenden Apfelbaums auch sein mag, ein Missgriff, fast ein ‚Verbrechen'. Vielmehr kommt es darauf an, seine Stimme gegen die entsetzliche Politik des Hitler-Regimes zu erheben. Andernfalls werden die Nachkommen fragen, davon ist Brecht überzeugt (vgl. das Gedicht „In finsteren Zeiten"):

Politische Aufgabe des Dichters

> Warum haben ihre Dichter geschwiegen?

Die Frage fordert die Dichter auf, mit der Kunst politischen Widerstand zu leisten. Literarischer Ästhetizismus käme unter solchen Umständen einer Flucht vor der Verantwortung oder dem Einverständnis mit der Naziherrschaft gleich. Eine anhaltend heftige Diskussion innerhalb der Lyrik nach 1945 hat Brecht mit einer gedanklich vergleichbaren Formulierung in dem Gedicht „An die Nachgeborenen" (1934/38) ausgelöst. Es heißt dort:

Das ‚Gespräch über Bäume' als Metapher für unpolitische Lyrik

> Was sind das für Zeiten, wo
> Ein Gespräch über Bäume fast ein Verbrechen ist
> Weil es ein Schweigen über so viele Untaten einschließt!
> *(Werke, Bd. 9. S. 722 f.).*

Diese berühmten Verse sind zum provozierenden Motto *für* die historisch-politische und *gegen* die ästhetisch-autonome Lyrik geworden. Zwar sollen sie keine grundsätzliche Ablehnung des harmlosen Naturgedichts ausdrücken, sondern „Brecht spricht ihm lediglich in diesen finsteren Zeiten seine Berechtigung, seine Wahrheit ab" (Gnüg, 1977. S. 92). Die Kritik richtet sich also eigentlich gegen soziale und politische Verhältnisse, die eine rein ästhetische Poesie unmöglich machen. Trotzdem hat man die Verse oft als grundsätzlichen Einwand gegen die Tendenzen der absoluten Poesie überhaupt aufgefasst. Und es stellt sich ja die nahe liegende Frage, wann es je in der Geschichte Zeiten gegeben hätte oder geben könnte, in denen das 'reine', unpolitische Gedicht legitim wäre. Solange die Idee einer humanen und gerechten Gesellschaftsordnung nicht verwirklicht ist, wird man dieser Dichtung vorwerfen, dass sie gesellschaftlich nicht relevant und damit überflüssig oder herrschaftsstabilisierend und schädlich sei. Eine Theorie, die von der Dichtung konkretes politisches Engagement verlangt, setzt voraus, dass Literatur zur Humanisierung der sozialen Verhältnisse beitragen könne und solle. Brecht hat diese optimistische Einschätzung, auch in den Jahren der kommunistischen Herrschaft in der DDR, die er trotz mancher Vorbehalte unterstützt, guten Glaubens geteilt. Benn lehnt einen solchen gesellschaftspolitischen Auftrag für die Poesie grundsätzlich ab. Aber auch sozialkritisch orientierte Lyriker wie Eich, Enzensberger, Kunert oder Huchel haben an der praktischen Wirkungsmöglichkeit der Poesie eher gezweifelt (dazu: Gnüg, 1977. S. 110). Allerdings trauen sie der Lyrik einen immanenten Widerstand gegen Herrschaftsverhältnisse in einer 'schlechten Wirklichkeit' zu, weil sie sich durch ihre ästhetisch-hermetische Sprache der politischen Verfügbarkeit entzieht und dadurch zum Ärgernis wird. Die bekannten Vorwürfe der Staatsbürokratie gegen die moderne Lyrik (Entartung, Dekadenz, Formalismus etc.) und Publikationsverbote auch für ganz unpolitische Texte scheinen jener Theorie Recht zu geben.

'Politischer' Gehalt der ästhetisch-autonomen Dichtung

Wenn man allerdings auch den rein artifiziellen Gedichten sozialkritische Wirkungen zuerkennt, dann erhält der Begriff des politischen Gedichts eine so umfassende Bedeutung, dass sein Gebrauch problematisch wird. Adorno vertritt sehr entschieden die Position, dass das autonome Werk „selber gesellschaftlich-politischen Wesens" sei. Er radikalisiert diese These so weit, dass er behauptet: „[...] in die autonomen Kunstwerke ist die Politik eingewandert, und dort am weitesten, wo sie politisch tot sich stellen", also von Politik gar nicht reden. Kafka und Beckett dienen ihm als Kronzeugen. (Adorno, 1962. S. 133 f.) Auch in der „Rede über Lyrik und Gesellschaft" (1957) interpretiert er gerade die nicht-engagierte, subjektivistische Poesie als politisch-kritische. Sie thematisiert nicht gesellschaftlichen Widerstand, sondern sie ist durch ihre ästhetisch-autonome Erscheinungsweise dieser Widerstand gegen eine inhumane, entfremdete Welt, die von partikularen Interessengegensätzen beherrscht ist. Weil 'reine' Kunst von diesen nicht unmittelbar berührt wird, kann sie an der Utopie einer allgemeinen Versöhnung festhalten und von ihr Zeugnis ablegen (vgl. Adorno, 1958. S. 78). Differenzierte Interpretation entdeckt auch in solchen Gedichten – wie Adorno (1958, S. 91–104) an verschiedenen Beispielen zeigt – einen Verweisungsbezug auf das Gesellschaftliche. Meist bleibt der politische Gehalt aber abstrakt und so allgemein, dass er sich kaum auf konkrete Vorgänge beziehen lässt. Für unsere Auswahl und Interpretation der politischen Gedichte wird auf diese Betrachtungsweise deshalb verzichtet. Es sind also Textbeispiele gewählt, in denen historisch-politische Probleme deutlich greifbar werden. Dies kann in unmittelbar verständlicher oder in kunstvoll verschlüsselter Sprachgebung geschehen. Letztlich handelt es sich ja auch beim politischen Gedicht um ein gestaltetes Sprachgebilde, das zwar andere Absichten verfolgt als das ästhetisch-autonome Werk, das aber prinzipiell zur Kunstgattung der Lyrik gehört.

2. Poetologische Gedichte zur politischen Lyrik

B. Brecht: „Auf einen chinesischen Theewurzellöwen" (1951) – H. M. Enzensberger: „Poetik-Vorlesung" (1955/70) – G. Kunert: „So soll es sein" (1974)

Gesellschaftliche Wirkung von Literatur

Gesellschaftskritik und Aufforderung zum politischen Engagement in der Lyrik erscheinen sinnvoll nur unter der Voraussetzung, dass von der Dichtung außerliterarische, gesellschaftsverändernde Wirkungen ausgehen können.

Während diese Annahme von den Vertretern der ästhetizistischen Literaturauffassung grundsätzlich verneint wird, überwiegt bei Autoren der engagierten Poesie (Brecht, Enzensberger, Kunert etc.) – vor allem in ihren frühen Dichtungen – eine eher optimistische Haltung. Allerdings treten nach und nach auch spürbare Zweifel an der praktischen Wirksamkeit der Dichtung zutage. Dieses Schwanken zeigt sich in den folgenden exemplarischen Gedichten, in denen die politisch-soziale Bedeutung von Lyrik eigens reflektiert wird. In dem kleinen Spätgedicht Brechts aus dem Jahre 1951 kommt die Ambivalenz im Glauben an den ‚Gebrauchswert' der Lyrik indirekt zur Sprache.

Brecht: „Auf einen chinesischen Theewurzellöwen"

Auf einen chinesischen Theewurzellöwen

Die Schlechten fürchten deine Klaue.
Die Guten freuen sich deiner Grazie.
Derlei
Hörte ich gern
Von meinem Vers.

Metaphorik der Wurzelfigur: Einheit von Natur und Kunst

Brecht spricht in dem Kurzgedicht von den Gedichten und ihrer möglichen Wirkungsfunktion, indem er sie mit der tierähnlich geformten Wurzel des Teestrauchs vergleicht. Solche Wurzelfiguren galten im alten China als Glückstiere; sie wurden umso höher bewertet je weniger Schnitzarbeit an ihnen vorgenommen werden musste (vgl. Brecht: Ges. Werke, Bd. 10; Anm. S. 24). Der Vergleichsgegenstand ‚Theewurzellöwe' ist ein Naturprodukt, das durch zusätzliche künstlerische Formung entsteht. Analog dazu lässt sich die Poesie als eine Verschmelzung von Natur und Kunst verstehen. Dass Brecht ein solches Lyrikverständnis im Sinn hat, bestätigt sein poetologisches Gedicht „Der Blumengarten“. Hier dient ihm der weise angelegte, mit monatlich blühenden Blumen ausgestattete Garten als Bildgleichnis für das dichterische Schaffen. Natur und Kunst sind in ihm harmonisch vereint. (Werke, Bd. 10. S. 1009).

Wirkungsmöglichkeit der Lyrik

Wichtiger aber ist im „Theewurzellöwen“–Gedicht der wirkungsästhetische Aspekt. Das dichterische Werk soll wie ein edles Raubtier Furcht und Bewunderung hervorrufen. Furcht bei den Schlechten, deren Schlechtigkeit das Gedicht entlarven und anprangern soll – Freude bei den Guten, die vorbehaltlos die Schönheit des Gedichts genießen dürfen. Das gelungene Gedicht soll über beide Wirkungsmomente in gleicher Weise verfügen. In der parallelen Anordnung und Struktur der Eingangsverse kommt ihre semantische Gleichrangigkeit formal zum Ausdruck. Die hohe Bedeutung, die Brecht dem ästhetischen Wert der Lyrik zuerkennt, ist nicht selbstverständlich. Immerhin gibt es Äußerungen, in denen er den poetischen Genuss des Schönen (‚der blühende Apfelbaum‘) für fragwürdig erklärt.

Die Mittelzeile fasst den programmatischen Inhalt der Eingangsverse im Demonstrativpronomen „derlei“ lapidar zusammen. Seine herausgehobene Einzelstellung im Gedichtzentrum signalisiert die besondere thematische Bedeutung. In dem kleinen Wort ist die zweifache Wirkungsmöglichkeit von Lyrik versammelt. Nicht die immanente ästhetische Qualität (wie bei Benn) entscheidet über den Rang eines Gedichts, sondern seine positive oder negative Wirkung auf den Leser. Daran möchte Brecht seine Lyrik gemessen wissen. Die Formulierung der Schlussverse („Hörte ich gern“) ist wohl nur konjunktivisch im Sinne einer Wunschäußerung zu verstehen. Die Verbform ‚hörte‘ ergibt als Imperfekt keinen rechten Sinn. Nicht als Tatsache, sondern als erwünschtes Ziel kann Brecht von seiner Lyrik sagen, dass sie die genannten Wirkungen auf ihre Leser ausüben möge. Mit einer ähnliche Wunschformulierung schließt übrigens auch sein Gedicht „Der Blumengarten“.

‚Schlechte‘ und ‚gute‘ Lyrik-Leser

Anfechtbar ist im „Theewurzellöwen“–Gedicht Brechts simple Zweiteilung der Gesellschaft in Schlechte und Gute, wobei unklar bleibt, wie diese Wertung inhaltlich gemeint sein mag. Dass die wirkungsästhetische Textabsicht illusionäre Züge trägt, lässt sich bereits in dem Vergleichsbild des ‚Theewurzellöwen‘ erkennen. Es handelt sich bei dieser Figur nur um ein Schein-Raubtier. Die Furcht, die es einflößen kann, ist bestenfalls eine eingebildete Furcht, hinter der keine wirkliche Macht steht. Ähnlich dürfte es mit der Wirkungsmacht der Poesie in der gesellschaftlichen Realität bestellt sein.

Enzensbergers Poetologie

Was seine politisch engagierte Lyrik betrifft, ist Enzensberger bis zu einem gewissen Grade von Brecht beeinflusst. Die Kategorie des ‚Gebrauchswerts‘ der Dichtung spielt bei beiden eine wichtige Rolle. (‚meine gedichte sind gebrauchsgegenstände‘, heißt es bei Enzensberger). Andererseits gehören viele seiner Gedichte in den Bereich der artistisch-artifiziellen

Poesie nach dem Vorbild Gottfried Benns. Daher lassen seine lyriktheoretischen Positionen und seine dichterische Praxis mancherlei Schwankungen erkennen. Und überdies ist Enzensberger durchgehend bestrebt, seine historisch-politische Lyrik in ästhetisch anspruchsvollen Formen zu verwirklichen. Die Problemfrage, wieweit Lyrik überhaupt Einfluss nehmen und reale Wirkungen ausüben kann, ist von Enzensberger immer wieder thematisiert worden – beispielhaft in dem folgenden programmatischen Text.

Enzensberger: „Poetik-Vorlesung"

Poetik-Vorlesung

Wenn dann am Mittwoch dieser Krawall kommt,
das klirrende Blech knallt im Gestank,
die Kübel gegen den Dreckkessel donnern,
zack! Das frißt und mahlt alles was abfällt

zu Staub! Dieses Gefühl, wenn sie wieder da
waren! Dieser Neid! Diese Dankbarkeit!
Diese Leere! Freude und Wohlgefallen!

Dann betrachte ich meinen Tisch, meine Hand:
keine Asche mehr, keine Kartoffelschalen.

Eine bessere Welt, für zehn Minuten.
So vermessen wäre ich auch gern, so nützlich,
so rücksichtslos hilfreich wie die Müllabfuhr.

Von diesem Gedicht geht eine provozierende Wirkung aus, denn der Vergleich der dichterischen Arbeit mit der Müllabfuhr ist ungewöhnlich und herausfordernd. Er bekommt eine besondere Schärfe dadurch, dass der Autor den alltäglichen Entsorgungsvorgang als ein brutales, erbarmungslos lärmendes Vernichtungsgeschehen darbietet (‚klirren, knallen, donnern'). Die bewusste Häufung der ‚knallenden' k-Laute in der 1. Strophe imitiert phonetisch den Höllenkrach. Mit dem Ausruf „zack!" tritt eine Wende im akustischen Geschehen ein, das nun von der Geräuschkulisse des knirschenden Mahlwerks beherrscht wird. Das drastische Bild des Fressens und Zermahlens „zu Staub" signalisiert die zerstörerische Gewalt, indem es zugleich das Bild eines fressenden Tierungeheuers evoziert. Der grammatische Zeilenabbruch in Vers 4 und der Strophensprung rückt die Formel „zu Staub" in eine hervorgehobene Position. Sie verweist assoziativ auf die biblische Aussage, der zufolge der Mensch aus Staub geschaffen wurde und wieder zu Staub zerfallen werde.

Bilder der Gewalt und Zerstörung

Nach der Formel tritt eine deutliche Pause ein, und es kommt in diesem Vers 5 zu einem Wechsel der Perspektive: vom äußeren Geschehen zu den Empfindungen des lyrischen Ichs. Die aneinander gereihten negativen und

Empfindungen des lyrischen Ichs

positiven Gefühlsmomente, die durch das anaphorische Demonstrativpronomen und die Ausrufezeichen verstärkte Wirkung ausüben, erscheinen auf den ersten Blick disparat. Doch sie gehören eng zusammen. „Neid" und „Dankbarkeit" (Vers 6) schließen sich inhaltlich nicht aus und sind durch den Binnenreim auch formal miteinander verknüpft. Auch „Leere" und „Freude" treten trotz semantischer Spannungen in ein Korrespondenzverhältnis, weil hier die Leere als Abwesenheit von Schmutz zu deuten ist. Der Neid steht thematisch im Zentrum der Empfindungsvielfalt. Er verweist auf die Wunschäußerung der letzten Strophe („So vermessen wäre ich auch gern"), die den Hauptgedanken des Gedichts formuliert: „nützlich", „rücksichtslos" und „hilfreich" wie die Müllabfuhr möchte das lyrische Dichter-Ich mit seinen Werken in die Lebenswelt hineinwirken – zerstörerisch zwar und gewalttätig, aber auch reinigend. Das wirkungspoetische Ergebnis des eingreifenden dichterischen Handelns soll, wie es in Vers 10 optimistisch heißt, zur ‚Besserung der Welt' beitragen. Allerdings schränkt Enzensberger den utopischen Anspruch sogleich ironisch ein („für zehn Minuten").

Geistig-soziale ‚Reinigung' durch das Gedicht als Wunschidee des Autors

Die radikale Veränderung der gesellschaftlichen Zustände durch Literatur, die im Bild der Müllabfuhr gleichnishaft anvisiert wird, erscheint dem lyrischen Subjekt, voller Selbstzweifel, als ‚Vermessenheit' (Vers 11). Formuliert wird der Wunsch – wie im zuvor erörterten Brecht-Gedicht – im Modus des Konjunktivs als irrealer Wunsch. Enzensberger ist sich also der Ohnmacht des Dichters gegenüber den realpolitischen Gegebenheiten deutlich bewusst. Sie steht in einem schmerzlichen Kontrast zu der offensichtlichen Allmacht der Müllfahrer.

Literatur und Politik bei Kunert

Ähnlich wie die Position Enzensbergers stellt sich auch die von Günter Kunert dar. Sein poetologisches Programm ist anfangs getragen von einer sehr optimistischen Auffassung über die soziale Wirksamkeit der Dichtung. Später tritt eine tiefgreifende Resignation ein. Kunert, der bis 1979 in Ostberlin lebt, setzt zunächst seine politischen und kulturellen Hoffnungen auf den DDR-Sozialismus. Von ihm erwartet er eine humane Erneuerung der Gesellschaft, zu der auch die Dichter ihren Beitrag leisten können. Im Gedicht „Vom Vergehen" (1963) heißt es:

> [...] Worte
> Setzte ich aneinander, so dass sie
> Mehr wurden als Worte und
> Einen Sinn ergaben und den:
> Es ist möglich,
> Die Erde bewohnbar zu machen für
> Menschen.
> *(Erinnerung an einen Planeten. Gedichte aus fünfzehn Jahren. München 1963. S. 37)*

Kunert: „So soll es sein"

Die hier formulierte positive Einschätzung weicht dann einem schwermütigen Pessimismus. Dessen Ursachen liegen nicht zuletzt in der antidemokratischen Entwicklung und im Gesinnungsterror der sozialistischen Staatsmacht, die sich ganz offiziell auch gegen Kunerts Lyrik richtet. Vor allem die geistige und stilistische Nähe zu Kafka und Benn missfällt den Kulturbürokraten. Im Jahre 1979 wird der wohl bedeutendste Lyriker der DDR zum Verlassen des Landes gedrängt. In seinem poetologischen Gedicht „So soll es sein" aus der Sammlung ‚Im weiteren Fortgang' (1974) reflektiert Kunert die politische Wirkungsweise von Dichtung.

So soll es sein

Zwecklos und sinnvoll
soll es sein
zwecklos und sinnvoll
soll es auftauchen aus dem Schlamm
daraus die Ziegel der großen Paläste
entstehen um wieder zu Schlamm zu zerfallen
eines sehr schönen Tages

zwecklos und sinnvoll
soll es sein
was für ein unziemliches Werk
wäre das
zur Unterdrückung nicht brauchbar
von Unterdrückung nicht widerlegbar
zwecklos also
sinnvoll also

wie das Gedicht

Semantik von ‚zwecklos' und ‚sinnlos'

Die gedankliche Pointe von Kunerts Gedicht beruht auf der anscheinend paradoxen Unterscheidung von ‚zwecklos' und ‚sinnlos'. Es wirkt auf den ersten Blick widersprüchlich, dass ein Werk zwecklos und gleichzeitig sinnvoll sein soll. Dem geläufigen Sprachverständnis zufolge wird ein Gegenstand, der keinen Zweck erfüllt, auch ohne Sinn erscheinen. Das Konzept der engagierten Literatur, das die Dichtung als geistige Waffe versteht oder sie nach ihrem Gebrauchswert beurteilt, verlangt aber auch von der Lyrik einen zweckdienlichen Nutzen. Denn Literatur soll ja durch Aufklärung, Agitation etc. direkt auf die Veränderung der politischen Verhältnisse hinwirken. Kunert verneint ein solches Lyrikverständnis. Er glaubt vielmehr an einen verborgenen Sinn im Gedicht, der den Leser zur Auseinandersetzung mit sich selbst und seiner gesellschaftlichen Situation herausfordert (Kunert: Paradoxie als Prinzip, S. 76). Politischen Zwecken soll (imperativisch formuliert) die Dichtung gerade nicht dienen.

Lyrik im politischen Unterdrückungssystem

Kunerts „So soll es sein“ benennt auch den Grund für diese Verweigerung. In Strophe 2 wird das Hauptmotiv des politischen Handelns als ‚Unterdrückung‘ charakterisiert. Entsprechend erwarten die Herrschenden von der Dichtung, dass sie dem System nützlich sei und dessen Zielsetzungen unterstütze oder wenigstens nicht störe. Als ungehörig („unziemlich“, Vers 10) – also Gehorsam verweigernd – betrachten die Machthaber jene Kunst, die nicht als Unterdrückungsinstrument benutzt werden kann. Das Korrespondenzverhältnis zwischen den Versen 12 und 14 verdeutlicht dem Leser: Das apolitische Gedicht, das sich nicht herrschaftskonform instrumentalisieren lässt, wird als ‚zwecklos‘ verworfen. Andererseits soll es sich auch nicht in den Dienst der Gegenmacht stellen und zum politischen Widerstand aufrufen. Es müsste dann die Unterdrückung der Unterdrücker betreiben und damit selbst der Ideologie der Machtausübung folgen. Dann bestünde eine greifbare politische Gegnerschaft, und das Gedicht wäre durch „Unterdrückung widerlegbar“ (Vers 13). So aber können Diktaturen oder Staatsbürokratien die Publikation nicht gehorsamer Lyrik nur verbieten, ohne dass mit dieser äußeren Repression der innere Wahrheitsgehalt aufgehoben wäre. Unangreifbar und politisch sinnvoll (Vers 14) wird das Gedicht eben dadurch, dass es sich dem öffentlichen Kräftespiel entzieht. Das ist für Herrschaftssysteme ein beunruhigender Vorgang. Man kann den dialektischen Kerngedanken von Kunerts Gedicht überspitzt so formulieren: Das Gedicht wird ‚sinnvoll‘ gerade dadurch, dass es ‚zwecklos‘ ist. Enzensberger äußert im Zusammenhang mit Brechts Gedicht „Der Radwechsel“ eine vergleichbare Überlegung. „Das Gedicht spricht mustergültig aus, daß Politik nicht über es verfügen kann: das ist sein politischer Gehalt“ (Poesie und Politik, S. 350).

Metaphorische Bedeutungen von ‚Schlamm‘

In der Eingangsstrophe benutzt Kunert ein kontrastives Vergleichsbild, mit dessen Hilfe er die Rolle der Lyrik veranschaulicht. Das Gedicht hat seinen Ursprungsort in demselben „Schlamm“, aus dem man Ziegelsteine herstellt. Das Wort ‚Schlamm‘ ist semantisch unterschiedlich besetzt. Assoziativ lässt es sich mit dem Begriff ‚Urschlamm‘ (synonym zu ‚Urschleim‘) verknüpfen, dem Material also, aus dem alles Leben stammt. Zum zweiten dient es als Träger negativer Bedeutungen, indem der Bereich des Schlammigen – zumal im politisch-moralischen Sinne – abstoßende und ekelhafte Vorstellungen hervorruft. Konkret wird der Begriff von Kunert auf den Ton- bzw. Lehmschlamm bezogen, der zur Herstellung von Ziegeln benutzt wird. Mit ihnen werden die „großen Paläste“ errichtet, die bis heute Zentren von Herrschaft, Unterdrückung und Ausbeutung sind. Im Gegensatz zum Gedicht dienen sie politischen Zwecken. Doch ihre Dauer ist seit jeher historisch begrenzt; denn mit dem Verlust der Macht zerfallen auch die Paläste und die Anstrengungen der Mächtigen werden ‚sinnlos‘ gewesen sein. Vers 7 spricht die utopische Hoffnung aus, dass in ferner Zeit – „eines sehr schönen Tages“ – alle Paläste (Unterdrückungssysteme) verschwunden sein werden. Der Konsekutivsatz „um wieder zu Schlamm zu zerfallen" (Vers 6) lässt sich syntaktisch außerdem auch auf das Gedicht beziehen. Der Sinn dieser doppelten Lesart würde dann lauten: Die der politischen Macht widerstehende Lyrik erfüllt sich und wird überflüssig, wo Herrschaft und Unterdrückung aufgehoben sind – ein Zustand, der in Wirklichkeit nie eintritt. Auch wenn das Gedicht „So soll es sein" sich einer konkreten Indienstnahme verweigert, so gehört es doch zu jener Lyrik, die nach Kunerts Worten „gegen die Pest unserer Zeit: gegen den Faschismus" gerichtet ist. Das politische Gedicht dieses Typus ist nicht als kritischer oder agitativer Text benutzbar, er erfüllt nicht Zwecke, sondern er transportiert Sinn, nämlich das Bewusstsein von Freiheit, Gleichheit und Gerechtigkeit.

3. Formen politischer Lyrik im frühen Nachkriegsdeutschland

G. Eich: „Latrine" (1946) – B. Brecht: „Als unsere Städte in Schutt lagen" (1948)

Die Lyrik der unmittelbaren Nachkriegszeit, soweit sie sich der historischen Aktualität nicht entzieht oder ins rein Ästhetische ausweicht, begegnet der moralisch-politischen Katastrophe in Deutschland auf sehr unterschiedliche Weise. Man hat die Situation nach dem Zusammenbruch der Naziherrschaft oft als die „Stunde Null" interpretiert, die einen grundlegenden Neuanfang möglich machen sollte – nicht nur politisch, auch literarisch. Vom ‚Kahlschlag' war die Rede (Weyrauch, 1949) und vom ‚Auszug aus dem Elfenbeinturm' (Schnurre, 1949 – vgl. zu dem Aspekt: Vormweg, 1981. S. 30). Es handelt sich hierbei um programmatische Formulierungen, in denen sich eine Bewegung gegen die Poesie der Innerlichkeit, gegen reine Naturlyrik und Ästhetizismus zu Wort meldet. Für einen breiteren Erfolg dieser realistischen Wende wäre es aber erforderlich gewesen – so diagnostiziert es Vormweg (1981, S. 15) – dass die Literatur ein klares „Bewußtsein der Weltverhältnisse realisierte. Gerade das aber war unmöglich zu erwarten. Der Blick war verstellt von Elend, physischem und ideologischem Elend. [...] Es dauerte Jahre, bis das historische Ausmaß dessen, was mit dem Krieg geschehen war, tatsächlich bewußt wurde". Insofern kann das Jahr 1945 schwerlich als Null- oder Wendepunkt im literarischen Bereich gelten. Allerdings gibt es vereinzelt ‚Kahlschlag'-Gedichte und ‚Trümmerlyrik' mit konkreten Wirklichkeitsbezügen, die gegen den politischen Traditionalismus Front machen.

These vom literarischen Neubeginn (‚Stunde Null')

Einige Texte aus Eichs Sammlung „Abgelegene Gehöfte" (1948) sind diesem Typus zuzurechnen. Das berühmte Gedicht „Inventur" (1947) repräsentiert beispielhaft eine Form, in der die nüchterne Bestandsaufnahme der Nachkriegssituation mit einer konsequenten Reduktion der Sprache

Eich: „Latrine"

zusammengeht. Krolow (1961, S. 85) bemerkt zur politischen („öffentlichen") Lyrik im Nachkriegsdeutschland, dass sie „eher registriert als kommentiert". Für Eichs „Inventur" trifft dies unmittelbar zu. Aus thematischen Gründen und weil zu „Inventur" zahllose Interpretationen vorliegen, wird hier das Gedicht „Latrine" zur Erörterung ausgewählt.

Latrine

Über stinkendem Graben,
Papier voll Blut und Urin,
umschwirrt von funkelnden Fliegen,
hocke ich in den Knien,

den Blick auf bewaldete Ufer,
Gärten, gestrandetes Boot.
In den Schlamm der Verwesung
klatscht der versteinte Kot.

Irr mir im Ohre schallen
Verse von Hölderlin.
In schneeiger Reinheit spiegeln
Wolken sich im Urin.

»Geh aber nun und grüße
die schöne Garonne – «
Unter den schwankenden Füßen
schwimmen die Wolken davon.

Autobiographischer Hintergrund

Entstanden ist dieses schockierend wirkende Gedicht auf dem Erlebnishintergrund der Kriegsgefangenschaft Eichs im Jahre 1945. Der Dichter wurde 1944 als Siebenunddreißigjähriger zur Heimatverteidigung eingezogen und gelangte am Kriegsende (April 1945) in ein amerikanisches Gefangenenlager. Das fiktionale, lyrische Ich ‚vertritt' das konkrete Autor-Ich und knüpft an dessen Erfahrungen im Camp an. Zu den provisorischen Gefangenenlagern gehört unter anderem die Welt der Fäkaliengruben, über denen die Männer ihre Notdurft verrichten. In diese Ab- und Unort-Sphäre positioniert Eich das Gedicht-Subjekt. Dass damit der eigentlich intime Vorgang den Blicken des Leserzuschauers rücksichtslos freigegeben ist, wirkt wie eine „zivilisatorische Erniedrigung" (Neumann, 1981. S. 52). Dem steht der sehnsüchtige Blick des Gefangenen auf das „bewaldete Ufer" mit „Gärten" (Vers 5/6), für die die Rheinlandschaft bei Sinzig als Vorbild gedient hat (Kaiser, 1991. Bd. 2. S. 691), in schmerzlichem Kontrast gegenüber. Das Ich ist von den Schönheiten der Natur ausgesperrt; es kann sie zwar in der Ferne anschauen, bleibt aber auf die erbärmliche Existenz seiner Lagerwirklichkeit zurückverwiesen.

Kontrast zwischen Hässlichem und Schönem

Dass Eich gerade den abstoßenden Latrinenbereich zum Realitätsmittelpunkt des Gedichts macht, hat seinen Grund in der radikalen Kontrastbildung zwischen dem Schönen und Hässlichen, die dem Text seine Spannung verleiht. Andererseits kommt in der Situierung auch die innere Befindlichkeit des Subjekts zum Vorschein. Es sieht sich erbarmungslos auf seine kreatürlichen Grundbedingungen reduziert und in eine negative Grenzsituation gestellt. Der ästhetisch-kulturelle Überbau, der zur Lebensform des zivilisierten Europäers gehört, wird im Dunstkreis von Kot und Urin äußerst fragwürdig. Das symbolträchtige Bild vom „gestrandeten Boot" (Vers 6), das sich nicht zufällig auf „Kot" reimt, signalisiert das Zugrundegehen von Lebensentwürfen – für Neumann (1981, S. 53) hier in zweifachem Sinne: als „individuelles und nationales Scheitern" einer Irrfahrt. Der Ruhm verheißende Plan des großen Führers hat in die ‚stinkenden Gruben' geführt.

Vereinzelung des lyrischen Ichs

Das Gedicht spricht allerdings nur von der subjektiven Situation des Ichs. Was es vermittelt, sind die Erfahrungsinhalte und Gefühle des Einzelnen in der nationalen Katastrophenlage von 1945. Nicht nur in „Latrine", auch in den meisten anderen Lager-Gedichten Eichs (v. a. „Camp 16", Str. 6) dominiert die Einsamkeit eines Subjekts, dessen Dasein kommunikationslos auf ein existenzielles Minimum beschränkt wird. Diese Konstellation unterscheidet Eichs Gedichte grundlegend von den gesellschaftlich orientierten Texten Brechts. In der Bildmetapher vom „Schlamm der Verwesung" (Vers 7) fasst Eich die erbärmliche innere und äußere Lage des Gedicht-Ichs zusammen, die in den ersten beiden Gedichtstrophen vorherrscht. Der Schlamm entsteht als ein Produkt, das die menschliche Kreatur beim Stoffwechsel selbst erzeugt und als Ausscheidung von sich gibt. Er ist also kein Fremdkörper, sondern das Resultat seines Lebensvorgangs, an dessen Ende Tod und Fäulnis stehen. So jedenfalls muss dem Subjekt das Dasein im Sinne eines bloß biologischen Überlebensprozesses erscheinen. Eich steigert am Schluss der ersten Gedichthälfte die ekelerregende Bildfolge durch einen widerwärtigen akustischen Effekt, der die optischen Eindrücke der Szenerie noch überbietet.

Ästhetik des Hässlichen

Der „versteinte Kot" – ein realistisches Indiz für schmerzhafte Verstopfungen – „klatscht" in den Schlamm (Vers 8). Das Geräusch übt auf den Rezipienten nicht zuletzt dadurch eine abstoßende Wirkung aus, dass der Vorgang in der realistischen Vorstellung vom Aufspritzen der Fäkalien begleitet wird. Die Ästhetik des Hässlichen, mit deren Hilfe der Mensch in all seiner Erbärmlichkeit gezeigt wird, erreicht in der Gedichtmitte ihren Höhepunkt. An dieser Stelle aber schlägt die

Verknüpfung unvereinbarer Gegensätze: Fäkalien und Hölderlin

Stimmung des Gedichts gleichzeitig um, nicht durch einen Bruch, sondern durch eine unerhörte suggestive Verknüpfung. Dem ‚Klatschen' des Kots (Vers 8) ist akustisch gleichgeschaltet das ‚Schallen' der Hölderlin-Verse am Beginn der nachfolgenden Strophe. Der Übergang ist in der Tat so ‚irre', dass er nur mit dem Adverb „Irr" einsetzen kann. Zwei vollkommen unvereinbare Sphären stoßen hier aufeinander und werden paradox verknüpft: die eklige der Exkremente und die erhabene der höchsten Poesie. Ihre Zusammenführung wird formal durch die Klang- und Sinnverwandtschaft der Verben ‚klatschen' und ‚schallen' auf provozierende Weise geleistet. Eich hätte ohne jeden Zwang formulieren können:

Irr mir im Ohre klingen
Verse von Hölderlin.

Er hätte dadurch die Vokaldominanz des – i – in der 3. Strophe positiv verstärkt und eine größere Klanghomogenität erreicht. Allerdings wäre damit das schroffe Aufeinanderprallen der gegensätzlichen Bereiche abgemildert. Die Strophe 3 würde vom vorhergehenden Text sehr viel unabhängiger, und sie würde den Leser nahezu brav in die schöne Welt des Lyrischen hinüberführen, nicht zuletzt wegen der Konnotationen des Harmonischen, die das Verb ‚klingen' evoziert. Eichs Gedicht verweigert diese ästhetische Trost- und Erbauungswirkung, die der Leser bei der Erwähnung von Hölderlins Lyrik erwarten mag. Ihre Einbeziehung in die Erlebniswelt von Eichs Gedicht-Ich gründet sich allerdings auf die Vorstellung von der erhebenden Funktion dieser ‚erhabenen' Poesie. Es wird berichtet, dass Eich vor dem Einrücken in den Krieg viele Gedichte auswendig lernte in der Annahme, dass er sie werde brauchen können (Briner, 1978. S. 50). Auch gehört es ja zu den gängigen Klischees, dass der deutsche Soldat des Ersten und Zweiten Weltkriegs „seinen Hölderlin" zur geistigen Stärkung im Tornister getragen habe. Insofern knüpft das lyrische Subjekt im Fiktionsbereich an reale Vorstellungen des Autors an, doch deren positiver Sinn ist fragwürdig geworden. Erkennbar wird dies an der Art, wie Eich das zweizeilige Hölderlin-Zitat aus dem berühmten Bordeaux-Gedicht „Andenken" in die ‚Latrinen'–Welt einfügt. Die Zeilen 9/10 („Irr mir im Ohre schallen") geben auch zu verstehen, dass die Verse als grammatisches Subjekt sich dem passivischen Ich selbsttätig und nahezu schmerzhaft aufdrängen. Sie wirken in der Lage des Gefangenen an diesem Unort ganz fehl („irr") am Platz. Eich macht die absurde Kontrastparallele der beiden miteinander verschmolzenen Bereiche vor allem durch formale Mittel deutlich. Das sind besonders Klang- und Reimkorrespondenzen, die eine Sinnverknüpfung zwischen den Strophen 1 und 3 sowie 2 und 4 nahe legen. Die Reimwörter „Graben" (Vers 1) und „schallen" (Vers 9) sind durch den Gleichklang des a-Lauts (Assonanz) aufeinander zu beziehen. Ähnliches gilt für die Klangverwandtschaft von „Fliegen" (Vers 3) und „spiegeln" (Vers 11). Eine auffallende semantische Beziehung besteht auch zwischen den optischen Phänomenen ‚funkeln' (Vers 3) und ‚spiegeln' (Vers 11). Im ersten Fall sind es die hässlichen Schmeißfliegen, im zweiten die schneeweißen Wolken, die das lyrische Subjekt als glänzende Objekte wahrnimmt. Die kontrastive Wirkung, die beide Erscheinun-

Verdeutlichung der Kontrastparallelen mit formalen Mitteln

gen in der Gefühlswelt des Betrachters auslösen (Unreinheit der Fliegen – Reinheit der Wolken) wird durch das spiegelnde Element „Urin“ (Vers 12) in ein merkwürdiges Gleichgewicht gebracht. Eine besondere Bedeutung kommt diesem Reimwort „Urin“ zu, insofern es als einziges zweimal erscheint und mit dem Namen „Hölderlin“ (Vers 10) einen schockierenden Reim bildet. Wie die Reinheit der Wolken so werden auch die Verse des Dichters im Medium der Unreinheit (Urin) gespiegelt. Das Naturschöne und das Kunstschöne geraten in den Dunstkreis von Kot und Urin, ohne ihre Dignität zu verlieren. Die Hölderlin-Zeile (Vers 10) steht darüber hinaus durch das Reimwort „Urin“ mit Vers 2 („Papier voll Blut und Urin“) im Zusammenhang. Der Leser wird dadurch auf eine zusätzliche Kontrastparallele aufmerksam. Zwischen den Anfangswörtern der beiden Zeilen: „Papier“ und „Verse“ ergibt sich eine semantische Beziehung, indem der Leser ‚Verse‘ assoziativ mit beschriebenem ‚Papier‘ gleichsetzen kann. Auch die Schlusszeilen der Strophen 1 und 3 bestätigen deren enge Zusammengehörigkeit. Die rhythmische Struktur und die Klangfarbe der betonten Vokale sind in beiden Versen identisch:

hócke	ích	in den	Kníen
Wólken	sích	im	Urín

Der Textbefund erlaubt den Schluss, dass Eich mit der Bildwahl und der kompositorischen Korrespondenz in den beiden Strophen einen absurden, inneren Zusammenhang zwischen der abstoßenden Fäkalienwelt der Anfangsstrophe, der ferngerückten schönen Natur und der Poesie Hölderlins herzustellen sucht. Schwächer ausgeprägt sind die Beziehungen zwischen den Strophen 2 und 4. Eich zitiert in der Schlussstrophe Verse aus Hölderlins Erinnerungsgedicht „Andenken“, das auf dessen kurzen Bordeaux-Aufenthalt anspielt. Es heißt in der Eingangsstrophe, in der das lyrische Ich den Nordostwind besingt:

Inhaltliche Bezüge zu Hölderlins Gedicht „Andenken“

Geh aber nun und grüße
Die schöne Garonne,
Und die Gärten von Bordeaux
Dort, wo am scharfen Ufer
Hingehet der Steg [...]
(Sämtl. Gedichte. Studienausgabe, Bd. 1. Hg. v. D. Lüders. Aula-Verlag. Wiesbaden 1989. S. 358)

Die Anfangszeilen der 2. Strophe von „Latrine“ weisen mit ‚bewaldete Ufer, Gärten‘ und ‚Boot‘ einige Elemente auf, die sich zu der Landschaft in Hölderlins Versen in Beziehung setzen lassen. Dass Eich gerade diese beiden Zeilen aus „Andenken“ zitiert, mag eine Anspielung auf die Ähnlichkeit der konkreten Lebenssituationen sein. Hölderlins Wanderung nach Bordeaux (1801/02) diente dem verzweifelten Versuch, sich dort als Hauslehrer eine Existenzgrundlage zu schaffen. Das Unternehmen scheiterte. Die Metapher vom „gestrandeten Boot“ ließe sich auf Hölderlins Irrweg ebenso beziehen wie auf die Lage des Kriegsgefangenen in Eichs „Latrine“. Dessen Sehnsuchtsblick wandert zum unerreichbaren Ufer (des Rheins) ähnlich den Erinnerungsbildern, die Hölderlins lyrisches Ich an die Garonne auf die Reise schickt. Doch sollte man diese Parallele nicht überstrapazieren. Wichtiger sind die unvereinbaren Widersprüche, in die sich Eichs Gedicht-Ich gestellt sieht. Hölderlins Verse, die in Strophe 3 auf suggestive Weise mit der „schneeigen Reinheit“ der „Wolken“ gleichgesetzt werden, haben in der ‚Latrinenwelt‘ ebenso wie in der vom Nazismus entwürdigten Gesellschaft keine sinnvolle Bedeutung mehr. Sie konnten – wie die gesamte klassische Dichtung – die Selbsterniedrigung der Deutschen nicht verhindern. Ihr humanistischer Gehalt hat sich angesichts der unmenschlichen Realität als ein utopischer Traum erwiesen. In Eichs Gedicht wird dies mit dem zweimaligen ‚Wolken‘– Bild (Vers 12 u. 16) veranschaulicht. Die Reinheit der dichterischen Welt Hölderlins gleicht jener der vorüberziehenden Wolken. Sie sind unerreichbar und, weil sie nur in der Spiegelung wahrgenommen werden, noch unwirklicher als wirkliche Wolken. Sie bleiben im übrigen, trotz der Unreinheit des sie spiegelnden Urins, unbefleckt. Der Betrachter kann sie nicht zum bleibenden Element seiner Wirklichkeit machen: „Sie schwimmen davon“. Entsprechend kann das lyrische Ich aus der erhabenen Dichtung keine Kraft mehr schöpfen. Vielmehr deutet Vers 15 an, dass der körperlichen Schwäche des Gefangenen („Unter den schwankenden Füßen“) eine geistig-existenzielle Orientierungslosigkeit korrespondiert. Was nach dem Verklingen der Zitatverse und dem Verschwinden der Wolken zurückbleibt, ist der leere Urinspiegel.

Hölderlins klassischer Humanismus: eine wirkungslose Utopie

Mit dieser Interpretation wird die ‚realistische‘ Latrinenwelt zur Metapher erweitert. Sie wird gedeutet als gleichnishaftes Bild für die deprimierende Lebensstimmung und die erbärmlichen sozialen Zustände im frühen Nachkriegsdeutschland – allerdings aus der eingeengten Sichtweise des Kriegsgefangenen. Man kann gegen eine so weitreichende Auslegung des Gedichts einwenden, dass sie sich aus dem Wortlaut des Textes nicht ergibt. Sieht man den isolierten Gedichttext aber im autobiographischen und historischen Zusammenhang, aus dem heraus er entstanden ist, und liest man ihn im Kontext mit anderen Camp-Gedichten Eichs, dann wird der textübergreifende Verweisungssinn von „Latrine“ durchaus plausibel.

‚Latrine‘ als Metapher für die Lebensstimmung der Nachkriegszeit

Bertolt Brecht

Eine völlig andere Haltung und ein anderer dichterischer Umgang mit der Lage im zerstörten Deutschland spiegelt sich in der Wiederaufbaustimmung, die besonders in der DDR vom optimistischen Glauben an die Errichtung eines ‚Neuen Deutschlands‘ geprägt ist. Sie spricht nicht nur im symbolischen, sondern in ganz konkretem Sinne von der Beseitigung der

Trümmerlandschaften. Wir wählen zur Veranschaulichung Bertolt Brechts Gedicht „Als unsere Städte in Schutt lagen“, in dem das Aufbau-Thema zukunftsorientiert zur Sprache kommt.

Brecht: „Als unsere Städte in Schutt lagen"

Als unsere Städte in Schutt lagen

Als unsere Städte in Schutt lagen
Verwüstet durch den Krieg des Schlächters
Haben wir begonnen, sie wieder aufzubauen
In der Kälte, im Hunger, in der Schwäche.

Die Eisenkärren mit dem Schutt
Zogen wir selber, wie in grauer Vorzeit.
Mit den nackten Händen gruben wir Ziegel aus
Um unsre Kinder nicht in fremde Fron zu verkaufen.

Dann machten wir für diese unsere Kinder
In den Schulen Platz und säuberten die Schulen
Und reinigten das Wissen der Jahrhunderte
Vom alten Schmutz, daß es gut für sie sei.

Es herrscht in dem Gedicht ein anderer lyrischer Ton als bei Eich und ein konkretes sozialpolitisches Engagement, das Brechts gesamte Dichtung charakterisiert. Der Autor hatte Deutschland 1933 verlassen und lebte viele Jahre als Emigrant in Kalifornien. Im November 1947 kehrt er nach Europa zurück; er kommt im Oktober 1948 erstmals wieder nach Berlin, wo er dann im Ostteil seinen Wohnsitz nimmt (Mai 1949) und das Berliner Ensemble gründet. Der erschreckende Anblick der zerbombten Städte wird zum Anlass für eine Reihe von Gedichten mit dem ‚Aufbau‘ – Thema, das in seiner Lyrik zwischen 1948 und 1953, neben dem Pazifismus, eine wichtige Rolle spielt.

Das lyrische Wir als soziale Komponente

Auffällig an dem Gedicht „Als unsere Städte in Schutt lagen“ ist gegenüber Eichs „Latrine“ das lyrische Wir, das auch in vielen anderen Brecht-Gedichten die Stelle des lyrischen Ichs übernimmt. Nicht das einsame Individuum, sondern die gesellschaftliche Gruppe ist für Brecht das Subjekt des Erlebens und Handelns. Schon in diesem zunächst bloß formalen Unterschied kündigt sich eine andere soziale Intention an, die mit dem hier positiv gemeinten Begriff ‚Kollektivismus‘ umschrieben werden kann.

Sachlich erzählender Stil – verständliche Sprache

Ein zweiter wichtiger Unterschied zu Eichs Gedicht besteht in der erzählerischen, sachlich mitteilenden Sprechweise. Das epische Präteritum, das nur im Schlussvers von einem Futur abgelöst wird, das Fehlen eines metrisch geregelten Rhythmus und der Verzicht auf den Endreim verleihen dem Text einen eher ‚unlyrischen‘ Stil. Hinzu kommen eine leicht verständliche, einfache Sprache, überschaubare syntaktische Strukturen und eine klare Gedankenabfolge, so dass sich der Rezipient vor keine besonderen Schwierigkeiten gestellt sieht. Brecht hat ja immer auch die literarisch nicht gebildeten Leser vor Augen. Hermetik und komplexe Metaphorik – nach gängiger Ansicht die Merkmale moderner Poesie – sind bewusst vermieden. Mit diesem Stil verbindet sich die Tatsache, dass das Gedicht keinerlei Stimmung erzeugt. Es teilt dem Leser Fakten mit, die er prüfen und beurteilen kann, aber es löst keine Emotionen aus. Das ist von Brecht auch nicht beabsichtigt. „Besser als gerührt sein, ist: sich rühren", lautet sein Aufruf zum aktiven Handeln im „Aufbaulied". So zielt seine Lyrik nach Auffassung von Hartwig Schultz (1970, S. 69) nicht auf das „Ineinander von Subjekt und Objekt in der Stimmung" sondern auf die „Distanz der Reflexion".

Kunstvolle strophische Komposition: Dreigliedrigkeit

Trotzdem ist auch Brechts Gedicht bis ins einzelne künstlerisch durchgeformt. Das beginnt mit der strophischen Komposition, die den Text aus Gründen der thematischen Gewichtung und des Gedankenverlaufs in drei Teile gliedert. In der 1. Strophe ist die Rede vom Zustand der Städte, von den Ursachen ihrer Zerstörung und vom Entschluss zum Wiederaufbau; die Mittelstrophe gibt Beispiele für die Mühen der Aufbauarbeit; in der 3. Strophe wird der geistige Neuaufbau thematisiert. Diese dreistufige Gliederung entspricht der realen, sachlogischen Abfolge des Geschehens, das uns Brecht hier mitteilt. Auch die innere Textstruktur, so kunstlos sie auf den ersten Blick erscheint, zeugt von einer hochbewussten künstlerischen Vorgehensweise. Die 1. Strophe besteht syntaktisch aus einem Temporalsatz, der das Verhältnis der Gleichzeitigkeit ausdrückt („Als .../Haben wir begonnen"). Dem Gliedsatz (Vers 1) ist eine satzwertige Partizipialkonstruktion eingefügt (Vers 2), die temporal oder kausal zu deuten ist (‚nachdem' oder ‚weil' sie verwüstet waren). Der Hauptsatz wird durch einen satzwertigen Infinitiv vervollständigt (Vers 3), der mit einer dreigliedrigen präpositionalen Attributreihe abschließt. Die akzentuierte Dreigliedrigkeit mit der ausdrücklichen Wiederholung der Präposition ‚in' verleiht der 4. Zeile eine eigene rhythmische Wirkung. Eine probeweise Umformung des Verses zu:

In Kälte, Hunger und Schwäche

kann den Wirkungsunterschied verdeutlichen. Brechts Formulierung isoliert die drei Phänomene, er setzt nach jedem Begriff eine kräftige Zäsur und verleiht ihnen so ein besonderes Eigengewicht, womit ihre semantische Gleichwertigkeit unterstrichen wird.

Selbstbestimmte Arbeit statt Ausbeutung

Die Mittelstrophe gliedert sich in zwei Teile, einen Aussagesatz (Vers 5/6) und einen finalen Gliedsatz (Vers 7/8). Sie berichtet von der mühseligen Arbeit mit den primitivsten Hilfsmitteln, die an vorindustrielle Zeiten (‚graue Vorzeit') erinnern. Brecht benutzt dementsprechend für den zweirädrigen Zugkarren die veraltete Pluralform „Eisenkärren". Sie verweist unterschwellig auf den dazugehörigen ‚Kärrner', den Mann, der mit dem Karrenziehen, oft als harte Strafe, eine der niedrigsten Tätigkeiten aus üben musste (vgl. Grimm: Deutsches Wörterbuch, Bd. 11). Mehrdeutig ist die Schlusszeile der Strophe:

> Um unsre Kinder nicht in fremde Fron zu verkaufen.

Der in diesem Kontext altertümlich wirkende Stabreim korrespondiert den Formen von Sklaven- und Fronarbeit, die besonders im Altertum bei der Errichtung großer Bauwerke im „ton kneten, ziegel brennen und steine schleppen" bestand (Grimm: Deutsches Wörterbuch, Bd. 4). Brecht benutzt die Formel hier zur Umschreibung moderner Ausbeutungsmethoden des Kapitalismus. Im Nachkriegsdeutschland stehen erneut ‚Junker, Unternehmer, Potentaten' bereit – Brecht bezeichnet sie im „Aufbaulied" als ‚Wanzen' (Blutsauger), die am Wiederaufbau durch anderer Hände Arbeit ihren Profit machen.
Diese Verhältnisse gilt es für die Zukunft (für „unsere Kinder") durch die Errichtung eines neuen politischen Systems zu verhindern, das auf der Idee des Sozialismus basiert. Nur in einer klassenlosen Gesellschaft, in der es keine Ausbeutung mehr gibt, können die arbeitenden Menschen selbstbestimmt handeln. In einer solchen Gesellschaft sollen dann diejenigen, die die Häuser bauen, auch selber bewohnen dürfen. So verlangt es Brecht in dem Gedicht „Nimm Platz am Tisch", und er verbindet damit die Idee eines ‚Goldenen Zeitalters', das ein sozialistisches sein soll. Um dessen Verwirklichung für spätere Generationen und nicht um ihren persönlichen Vorteil geht es den Menschen (oder sollte es ihnen gehen) bei der Wiedererrichtung der Städte und des Staates in Brechts Aufbau-Gedichten. Dabei ist es offenbar sehr wichtig – wie Vers 6 und die Finalkonstruktion von Vers 8 zu verstehen geben – dass sie „selber" die Arbeit leisten. Im Refrain des „Aufbaulieds" steht fünfmal die Zeile: „Um uns selber müssen wir uns selber kümmern". Sobald man den Neuaufbau professionellen Organisatoren überlässt, die ihre eigenen Interessen verfolgen, gerät man in die Abhängigkeit.

Geistiger Wiederaufbau: die neue Schule

Die 3. Strophe von Brechts Gedicht nimmt den Gedanken von der Verantwortung für die ‚Nachgeborenen' unmittelbar auf und transponiert ihn in den Bereich von Wissen und Bildung. Aus dem einleitenden Temporaladverb ‚dann' (Vers 9) lässt sich ein Gedankenablauf erschließen, der mit Brechts sozialistischer Grundüberzeugung zusammenhängt. Formal verweist das ‚dann' auf die Konjunktion ‚als' des Gedichtanfangs zurück, die ihrerseits die Zeitverhältnisse der ersten beiden Strophen bestimmt. In ihnen wird von Vorgängen gesprochen, die sich auf die materiellen Grundlagen des sozialen Lebens beziehen (wohnen, essen, kleiden), marxistisch gesprochen auf die ‚Basis'. Erst danach richtet sich in Strophe 3 der

Blick auf die Neuordnung der geistigen Situation (den ‚Überbau'), die der Erfüllung der Grundbedürfnisse zeitlich nachgeordnet ist. Die enge Verknüpfung der 3. Strophe mit der vorhergehenden erfolgt unter anderem durch die ausdrückliche Wiederholung von „unsre Kinder" (Vers 8) in der sprachlich-rhythmischen Variante „diese unsere Kinder" (Vers 9).
Beim Rezitieren der Verse bemerkt man die Veränderung. Mit dem zusätzlichen Demonstrativpronomen (nach ‚diese' entsteht eine kleine Zäsur) und der vollständigen Form des Possessivpronomens ‚unsere' gegenüber der Elisionsform bekommen alle drei Wörter einen starktonigen Akzent, der ihre Bedeutung hervorhebt. Es wird jetzt Platz geschaffen in den Schulen für ‚unsere Kinder', die offenbar – so suggeriert es der Text – bisher dort keinen Zutritt hatten. Der Leser wird sich daran erinnern, dass die höhere Schule den Arbeiterkindern lange verschlossen war. Insofern bezieht sich das ‚Platzmachen' nur vordergründig auf die Tatsache, dass viele Schulen während des Zusammenbruchs mit Kriegsopfern und Vertriebenen als Unterkunft dienten und erst geräumt werden mussten.

Säuberung des Wissens

Auch das Säubern der Schulen ist weniger im konkreten als im übertragenen Wortsinn gemeint. Es verweist auf die notwendige Erneuerung des Lehrpersonals, das entweder im Sinne der Nazi-Ideologie unterrichtet hatte oder längst überholten Gesellschaftsvorstellungen (‚alten Schmutz') anhing. Durch die syntaktische Parallelstellung der beiden Vorgänge, verbunden mit einem gleichsetzenden ‚und' („säuberten die Schulen/Und reinigten das Wissen") kommt ihre enge Zusammengehörigkeit formal zum Ausdruck.

Was ist das ‚gute' Wissen?

Prinzipiell eröffnen die beiden Schlussverse des Gedichts mit ihrer offenen Sinnstruktur dem reflektierenden Leser zahlreiche eigene Deutungsmöglichkeiten. Eine konkrete Antwort auf die Frage, welches Wissen denn für die Kinder ‚gut sei', gibt das Gedicht selbst nicht. Jedoch finden sich in Brechts Werk viele Aussagen und Vorschläge dazu. Wir begnügen uns mit dem Hinweis auf eines der zentralen Gedichte: „An die Nachgeborenen" (1934/38). Es spricht aus der Perspektive der „finsteren Zeiten" des Naziregimes die kommenden Generationen an. Daher ist es in seiner Konstellation dem Gedicht „Als unsere Städte in Schutt lagen" halbwegs vergleichbar. Die humane Zielsetzung, die Brecht dort am Schluss des Gedichts formuliert, lässt sich zwanglos auf den Schluss des Wiederaufbau-Gedichts übertragen: Die Lehrer sollen mit ihren Lehren „den Boden bereiten für Freundlichkeit" (Menschlichkeit), damit ein Gesellschaftszustand erreicht wird, in dem „der Mensch dem Menschen ein Helfer ist".

4. Lyrik des Holocaust

N. Sachs: „Chor der Geretteten" (1943/44; 1947) – H. M. Enzensberger: „Die Verschwundenen" (1964) – J. Bobrowski: „Holunderblüte" (1962)

Die systematische Vernichtung von Millionen unschuldiger Menschen – meist jüdischer Herkunft – in den Konzentrationslagern der Nazis stellt die schwerste moralische Hypothek in der deutschen Geschichte des 20. Jahrhunderts dar. Und zwar, wie die umfangreiche Holocaust-Thematik in der Gegenwartsliteratur beweist, bis zum heutigen Tage. Am schlimmsten wirkt sich das entsetzliche Geschehen im Bewusstsein der überlebenden Opfer aus. Die Gedichte von Gertrud Kolmar, Nelly Sachs, Paul Celan und vieler anderer machen deutlich, wie das Schreiben zum Instrument der inneren Verarbeitung des erlebten Grauens und zum Mittel der Selbstheilung werden kann. Nelly Sachs spricht häufiger davon, dass sie ohne zu schreiben wohl nicht überlebt hätte.

Adornos Thesen zur Lyrik nach Auschwitz

Angesichts der frühen Holocaust-Lyrik ist kaum zu verstehen, weshalb es unmöglich und „barbarisch" sein sollte, „nach Auschwitz ein Gedicht zu schreiben", wie Adorno 1949 behauptet hat (Kulturkritik und Gesellschaft, S. 26). Er löste damit eine Auseinandersetzung aus, die tatsächlich eine Reihe schwieriger Fragen aufwirft. Nicht, dass man nach dem Holocaust keine Gedichte mehr schreiben dürfte, ist das Problem, sondern: Wie müssen Gedichte beschaffen sein, die den unbeschreiblichen Leiden der Opfer gerecht werden und die doch gleichzeitig ästhetische Ansprüche erfüllen sollen? Muss es die Geschändeten und Ermordeten nicht beleidigen, wenn man aus ihrem Schicksal ‚schöne' Kunstwerke macht, etwa Gedichte, die zwar vom Schlimmsten sprechen, aber den Lesern gefallen und ihnen Rezeptionsgenuss vermitteln? Aus diesem Widerspruch ließe sich Adornos pointierte Absage an ‚Gedichte nach Auschwitz' verstehen. In seinem späteren Vortrag „Engagement" (1962) greift er nochmals die Frage auf, wie Kunst das erlebte Grauen thematisieren und zu konsumierbaren Kulturgegenständen machen kann, ohne ihre Integrität zu verlieren (Noten zur Literatur III, S. 126 f.).

Die Rezeptionsgeschichte von Celans berühmter „Todesfuge" könnte hier als Musterfall für ein Problem dienen, das im übrigen aller Kunst über ‚tragische Gegenstände' innewohnt. Ein abgründiger Verzweiflungstext wurde zum Ritualgedicht im Kapitel der deutschen Vergangenheitsbewältigung umfunktioniert und öffentlich nutzbar gemacht, um das Bewusstsein von Leid und Schuld zu verlebendigen und zugleich abzuarbeiten (dazu: Korte, Geschichte der deutschen Lyrik seit 1945. S. 52–54). Man muss diesen Vorgang nicht so negativ beurteilen, wie Adorno, Hans Mayer, Voswinckel u.a. das tun. Aber die große ‚Beliebtheit' von Celans „Todesfuge" ist und bleibt irritierend.

Wie ist Dichtung vom Holocaust möglich?

Adorno hat seine These von der Unmöglichkeit lyrischer Dichtung nach dem Holocaust in der „Negativen Dialektik“ (1966) und dann in der „Ästhetischen Theorie“ (1969) ausdrücklich zurückgenommen. Er weist nun der Dichtung die Aufgabe zu, gegen das Vergessen der maßlosen Leiden anzukämpfen. Zum anderen gibt es Hinweise darauf, wie Gedichte über Auschwitz beschaffen sein könnten, die etwas im Grunde Unaussprechliches zur Sprache bringen wollen.
Ein wichtiges Moment ist für Adorno der „Schock“, der stilistisch dadurch erreicht wird, dass die Gedichtsprache kompromisslos mit der gängigen Informations- und Kommunikationssprache bricht. Denn diese redet nur über, aber nicht aus der Sache. Celans Lyrik gilt ihm jetzt als exemplarisch, weil in ihr versucht wird, „das äußerste Entsetzen durch Verschweigen zu sagen“ und „eine Sprache unterhalb der hilflosen Menschen nachzuahmen“ (Ästhetische Theorie, S. 477). Es wäre in diesem Zusammenhang an Ingeborg Bachmanns Gedicht „Wahrlich“ zu erinnern (s. Kap. I, 2), dessen Eingangsverse lauten:

> Wem es nie ein Wort verschlagen hat,
> und ich sage es euch,
> wer bloß sich zu helfen weiß
> und mit den Worten –
>
> dem ist nicht zu helfen.

Der bestialische Massenmord – sei es durch Kreuzzüge oder Inquisition, sei es in Auschwitz, Hiroshima, Vietnam, im Archipel Gulag oder in Ruanda – er verschlägt dem Dichter die Sprache. Und doch muss er davon schreiben in einer Sprache, die dem Geschehen angemessen ist und die dem Leser auch wieder die Sprache verschlägt. Insofern ist, wie die nachfolgenden Gedichtbeispiele zeigen, die unmittelbare Lyrik des Holocaust nicht historisches Dokument oder literarische Vergangenheitsbewältigung, sondern der Versuch, dem Abgrund von Leid und Verbrechen selbst Sprache zu verleihen und, wie die Tragödie, Erschütterung zu bewirken. Dies geschieht innerhalb der Lyrik mit den Mitteln bewusster künstlerischer Gestaltung. So benutzt beispielsweise Celan in seiner „Todesfuge“ musikalische Kompositionselemente der Fugenform zur Strukturierung seines Gedichts. Analyse und Interpretation solcher Texte erfordern also auch methodisch-formale Betrachtungsweisen, deren Sachlichkeit im Widerspruch zum Gefühlsgehalt der Themen stehen kann. Der Interpret muss diese Spannung zwischen Ergriffenheit und Distanz erkennen und akzeptieren, wenn er über die Holocaust-Lyrik sprechen will.

Nelly Sachs

„Das Werk von Nelly Sachs ist das einzige große dichterische Zeugnis des jüdischen Schicksals unter nationalsozialistischer Herrschaft, das in deutscher Sprache entstanden ist“ (Knörrich, S. 130). Ähnlich wie bei Celan ist diese Lyrik thematisch vor allem vom Genozid der Juden in den deutschen Vernichtungslagern geprägt. Die Dichterin selbst kann nach bedrohlichem Gestapoverhör 1940 rechtzeitig aus Berlin entkommen und in Schweden Unterschlupf finden. Sie verbringt die Schreckensjahre in Stockholm unter erbärmlichsten Verhältnissen. Als Ende 1943 die Gräuelnachrichten von den Konzentrationslagern nach Schweden gelangen, beginnt sie zu schreiben, um innerlich mit dem Unfassbaren fertig zu werden und seelisch überleben zu können (Knörrich, S. 131). Doch das Geschehen hinterlässt, wie bei Celan, unheilbare psychische Wunden. Häufig leidet sie unter Depressionen und Verfolgungsangst. Nur einmal im Jahre 1965 kehrt sie zur Verleihung des Friedenspreises des deutschen Buchhandels kurz in ihre Heimatstadt Berlin zurück. 1966 erhält sie, was heutzutage fast vergessen ist, den Literaturnobelpreis. Nelly Sachs bleibt in Stockholm und stirbt dort 1970.

Sachs: „Chor der Geretteten"

Als eines der ersten Holocaust-Gedichte entsteht im Winter 1943/44 der „Chor der Geretteten" (s. Seite 110). Das Gedicht wird 1947 in die Sammlung ‚In den Wohnungen des Todes' eingefügt, die zum vierteiligen Zyklus „Chöre nach Mitternacht" gehört (1947 erschienen in Ost-Berlin).

Der Titel des Zyklus „Chöre nach Mitternacht" benennt den realhistorischen Kontext, auf den sich die hier vereinigten Texte beziehen. ‚Mitternacht' steht metaphorisch für die Massenvernichtung der Juden in den Konzentrationslagern. Die Gedichte sprechen aus der Erlebnis- und Erinnerungssituation der Häftlinge kurz nach der Befreiung im Jahre 1945. Indem die Dichterin die Betroffenen als Chor erscheinen lässt, schafft sie eine pluralische Gemeinschaftshaltung, so dass an die Stelle des lyrischen Ichs ein lyrisches Wir tritt (man könnte es auch ein ‚kollektives Ich' nennen), das die Gesamtheit der Opfer repräsentiert und sich in gemeinsamer Rede an die Nichtbetroffenen wendet. Lamping (Poesie der Apokalypse, S. 247) äußert die Vermutung, dass die „Tradition subjektiver Lyriksprache dem Holocaust nicht angemessen" sei und sich daher das Sprechen in der Mehrzahl aufdränge. Er führt dazu aus:

Der Chor als lyrisches Wir

> Der Völkermord an den Juden ist ein kollektives Schicksal, für die Opfer wie für die Täter wie für die unbeteiligten Zeitgenossen, und deshalb kann ihm vielleicht auch nur ein kollektives, gewissermaßen chorisches Sprechen adäquat sein.

Die Rede im Gedicht von Sachs wird durch den Begriff ‚Chor' mit musikalischen Konnotationen versehen. Sie bekommt den Charakter des Gesangs, der eine einheitsstiftende Wirkung dadurch ausübt, dass der Einzelne im Singen mit der Gruppe völlig verschmilzt. Im übertragenen Sinne lässt sich das Gedicht als Klage- und Bittgesang deuten. Der gehobene feierlich-elegische Ton und die Wortwahl dieses Gedichts (und manch anderer

Hölderlin-Ton

Chor der Geretteten

Wir Geretteten,
Aus deren hohlem Gebein der Tod schon seine Flöten schnitt,
An deren Sehnen der Tod schon seinen Bogen strich –
Unsere Leiber klagen noch nach
Mit ihrer verstümmelten Musik.
Wir Geretteten,
Immer noch hängen die Schlingen für unsere Hälse gedreht
Vor uns in der blauen Luft –
Immer noch füllen sich Stundenuhren mit unserem tropfenden Blut.
Wir Geretteten,
Immer noch essen an uns die Würmer der Angst.
Unser Gestirn ist vergraben im Staub.
Wir Geretteten
Bitten euch:
Zeigt uns langsam eure Sonne.
Führt uns von Stern zu Stern im Schritt.
Lasst uns das Leben leise wieder lernen.
Es könnte sonst eines Vogels Lied,
Das Füllen des Eimers am Brunnen
Unseren schlecht versiegelten Schmerz aufbrechen lassen
Und uns wegschäumen –
Wir bitten euch:
Zeigt uns noch nicht einen beißenden Hund –
Es könnte sein, es könnte sein
Dass wir zu Staub zerfallen –
Vor euren Augen zerfallen in Staub.
Was hält denn unsere Webe zusammen?
Wir odemlos Gewordene,
Deren Seele zu Ihm floh aus der Mitternacht
Lange bevor man unseren Leib rettete
In die Arche des Augenblicks.
Wir Geretteten,
Wir drücken eure Hand,
Wir erkennen euer Auge –
Aber zusammen hält uns nur noch der Abschied,
Der Abschied im Staub
Hält uns mit euch zusammen.

von Sachs) weist eine Verwandtschaft mit der Dichtung Hölderlins auf. Wie dessen Oden ist „Chor der Geretteten“ reimlos, in freien Rhythmen gestaltet, wobei die Verse zwei bis sieben Hebungen und eine ungeregelt wechselnde Zahl von Senkungen besitzen. Eine durch Metrum und Reim klar gegliederte Gedichtform wäre mit dem Thema und dem Gefühlsgehalt des Gedichts kaum zu vereinbaren.

Unter inhaltlichen Aspekten lässt sich der „Chor der Geretteten“ in drei fast gleich lange Abschnitte aufteilen: In den Versen 1–12 spricht der Chor der Leidenden in erinnernder Klage monologisch über das erlebte noch immer lebendige Grauen. Mit den Versen 13–26 richten sich die Klagenden in appellativer Bittrede an die Mitmenschen, die außerhalb der Vernichtungslager überlebt haben. Sprachlich tritt dem pronominalen ‚Wir' das kommunikative ‚Ihr' gegenüber. Im dritten Abschnitt (Vers 27–37) kehrt der Text zunächst monologisch reflektierend zur Innensituation der Opfer zurück, um dann im Schluss (Vers 32 ff.) erneut das Spannungsverhältnis zwischen den Geretteten und den Nichtbetroffenen zur Sprache zu bringen.

Textgliederung

Der erste Gedichtabschnitt spricht in eindringlichen Bildern von der unvermindert fortwirkenden Todesangst der Geretteten noch nach ihrer Befreiung. Das leitmotivisch wiederholte „Immer noch" macht deutlich, dass das Vergangene für die Gequälten unmittelbare Gegenwart geblieben ist. Mit den musikalischen Anspielungen der Verse 2–5 greift Sachs auf allegorische Darstellungen des Mittelalters zurück, in denen der Tod als Spielmann auftritt (Totentanzbilder). Auch Celan verknüpft in seiner „Todesfuge" das Morden mit Motiven des Musizierens. Es entsteht in den Gedichten durch diese Metaphorik eine grausige, makabre Atmosphäre, weil dem Leiden in schrillem Kontrast das heitere Spiel der Kunst gegenüber gestellt ist. Lebendig vor Augen stehen den Geretteten die Galgenreihen, und die Uhren, die sich mit Blut statt mit Sand füllen, zeigen noch immer die gefürchteten Todesstunden an. Das Erlebte ist in keiner Weise verarbeitet oder bewältigt. Entsprechend wird es von der Dichterin nicht als zurückliegend erinnerte Vorstellung der Leidenden dargestellt, sondern als tatsächlich vorhandene Wirklichkeit. Dadurch bekommt das Geschehene eine bedrängende Intensität. Diese wird rhetorisch verstärkt durch syntaktische Parallelstrukturen und sprachliche Wiederholungen mit sich steigernder Wirkung („Wir Geretteten"... „Immer noch"...). In Vers 11 verselbständigt sich die Angst, indem sie metaphorisch die Gestalt von Würmern annimmt, die ins Innere eingedrungen sind und an der Seele nagen. Vers 12 schließt den ersten Gedichtteil mit einem trostlosen Bild ab:

Todesangst und Bildmetaphern des Todes

Gegenwärtigkeit des erlebten Grauens

> Unser Gestirn ist vergraben im Staub.

Die Metapher vom Staub umschreibt in den Gedichten von Sachs meist den Tod. Sie knüpft an biblische Vorstellungen an, denen zu Folge der Mensch aus Staub gemacht sei und wieder zu Staub zerfallen werde. Aber der Vers kann im Zusammenhang mit den Verbrennungsöfen der Konzentrationslager hier auch konkret auf den schwarzen Todesrauch verweisen, der die Gestirne verdunkelt. Diese „Sternverdunkelung" – so der Titel einer Gedichtsammlung von 1949 – trägt Züge von apokalyptischem Geschehen (vgl. Apokalypse 9, 2; dazu Hardegger, S. 28). Das „Gestirn" lässt

Kontrastive Metaphorik: erloschene Sterne – leuchtende Sonne sich deuten als Teil der Schöpfung und als Sinnbild für eine überirdische Macht, die dem Dasein Orientierung und Sinn gibt. Dieser ‚Leitstern' des Lebens ist für die Gepeinigten verdunkelt in der Todeshölle und verschüttet unter den Aschebergen der Leichen.

Zugleich wird man die mehrdeutige Metapher auch auf den Davidstern der Juden beziehen, der mit seinen Trägern verbrannt ist. Dem Todesbild vom erloschenen Gestirn setzt die Dichterin zu Beginn des zweiten Abschnitts die leuchtende Sonne der Anderen gegenüber (Vers 14). Sie wird ausdrücklich „eure" und nicht ‚unsere' Sonne genannt. Das dunkle, zerbrochene Lebensgefühl der Geretteten wird konfrontiert mit der hellen, glückhaften Lebenssituation derer, die das Grauen nicht erfahren haben. An sie richtet der Chor seine Rede.

Adressaten der Bittrede

Aufgrund der Biographie von Nelly Sachs lassen sich verschiedene Adressaten für die Bitte der Geretteten benennen. Als die Dichterin 1943/44 das Gedicht schreibt, spricht sie „stellvertretend für die Entkommenen zu denen, die sie [in Stockholm] aufgenommen hatten" (Domin, Nachwort, S. 118). Im Jahr 1947 nimmt sie „Chor der Geretteten" in den ersten Lyrikband auf, der in Berlin erscheint. Damit ändert sich der Adressatenkreis von selbst. Die Anrede der überlebenden Holocaust-Opfer richtet sich nun an die Deutschen, vielleicht die vormaligen Nachbarn und Freunde der Juden, die als untätig Zuschauende die Verbrechen schweigend zuließen.

„Ihr Zuschauenden"

In dem Gedicht „Ihr Zuschauenden", das hier ergänzend hinzugezogen werden könnte, thematisiert Sachs die Rolle dieser unschuldig Schuldigen, „unter deren Blicken getötet wurde" (Conrady, S. 741). Die Konstellation im „Chor der Geretteten" ist irritierend. Die Opfer bitten die Angehörigen des Tätervolkes um Nachsicht und Hilfe beim Zurückfinden in das normale Leben. Nicht von Anklage oder Vergeltung spricht das Gedicht, sondern von Bereitschaft zur Aussöhnung, auch wenn die Dichterin selbst nicht nach Deutschland zurückkehren mochte und lieber in Schweden blieb. Trotzdem appelliert sie unermüdlich an die Friedensbereitschaft der Gepeinigten:

Versöhnung statt Anklage

> Leget auf den Acker die Waffen der Rache
> Damit sie leise werden –

heißt es in einem anderen ihrer Holocaust-Gedichte (Domin, Nachwort, S. 119). Angesichts der Kette von mörderischen Kriegen und Genoziden des 20. Jahrhunderts hat sich diese ‚utopische' Vorstellung – ohne Aussicht auf Verwirklichung – längst als einzig denkbare Lösung erwiesen.

Daseinsverfassung der Opfer

Die unheilbaren Wunden der Todeserfahrung machen allerdings ein versöhntes Zusammenleben der geretteten Opfer mit den Anderen so gut wie unmöglich. Davon sprechen die Verse des dritten Gedichtabschnitts. In der trauervollen Selbstreflexion vergegenwärtigen sich „die gerade noch

Überlebenden", die „verkrüppelten Wesen" ihre zerbrechliche Daseinsverfassung (Wertheimer, S. 81):

Was hält denn unsere Webe zusammen?

Sie verstehen ihr Leben als ein aus Fäden gesponnenes Gewebe (die alte Form ‚Webe' ist noch erhalten in ‚Spinnweben'), das leicht zerreißen kann. Sie existieren nur noch als äußere, leibliche Hüllen, denn geblieben ist ihnen allein der brüchige Körper. Ihn hat man aus der Todeshölle gerettet und für kurze Zeit wird er überdauern („Arche des Augenblicks"). Ihre unsterbliche Seele hingegen, die das Wesen der Existenz ausmacht, ist bereits in die ewige Heimat zurückgekehrt. Daher sind die Geretteten nun „odemlos" (ohne Hauch Gottes), also innerlich schon gestorben. Anwesend in der Welt und verbunden mit den Anderen sind sie noch körperlich; sie ‚drücken die Hand', ‚erkennen das Auge', doch eine wesentliche innere Gemeinschaft lässt sich nicht mehr herstellen.

Tod als Seinsbedingung der menschlichen Existenz

Mit dem religiösen Motiv verbinden sich im Schlussteil des Gedichts Aspekte der existenzialistischen Todesauffassung. Was die Menschen umgreifend zusammenhält, auch wenn sie sich noch so fern sind, ist der Tod. Nelly Sachs nennt ihn den „Abschied im Staub". Im Sterben-Müssen, das Trennung und Vereinzelung bedeutet, wird paradoxerweise die wesentliche Zusammengehörigkeit der Menschen greifbar. Weit verbreitet finden wir das Motiv von der Todesgewissheit als lebensbestimmender Macht schon in der Literatur des Barock. Der Schluss von „Chor der Geretteten" steht im Zeichen von Trauer und Verzweiflung. Er spricht nicht vom Leben, sondern vom Tod. Auch wenn er zur Versöhnung aufruft, verheißt er nicht Rückkehr ins wirkliche Leben, sondern Heimkehr zu Gott.

Probleme der Rezeption – ahistorische Tendenz und Mystizismus

Von der Literaturkritik wird dies als weltferne, mystisch-transzendente Weltsicht beurteilt, die „nicht zu einer Neubesinnung auf die geschichtliche Wirklichkeit" führt (J. Ryan, S. 117). ‚Verharmlosung' und ‚Banalisierung' des historischen Geschehens wird den Gedichten vorgeworfen, die sich in mystisch-religiöse Verwandlungs- und Erlösungsvorstellungen flüchten. Eine kritische Aufarbeitung des Holocaust, so heißt es, werde in dieser Lyrik nicht geleistet. Dem ist zweifellos zuzustimmen. Doch kann solches nur einfordern, wer nicht betroffen war, wer nicht gelitten hat und mit Hilfe der Dichtung das Leiden auszuhalten versuchte. Sachs spricht aus der grauenhaften Erlebnisdimension der Opfer, denen sie sich unmittelbar zugehörig fühlt, also aus tiefster existenzieller Not. Das Verlangen nach historisch-kritischer Distanz ist in diesem Zusammenhang unangemessen. Dabei soll die Problematik der Gedichte für die spätere Rezeption nicht übersehen werden. Man kann, um ein Beispiel zu geben, die Wesensidentität aller Menschen im Tode, die der Gedichtschluss formuliert, als eine Gleichsetzung von Tätern und Opfern und als eine Aufhebung von

Schuld deuten. Doch kann man den Vers „Aber zusammen hält uns nur noch der Abschied“ mit ausdrücklicher Betonung des *nur noch* auch so verstehen, dass er ein Miteinander der Gruppen in der Realität zur völligen Unmöglichkeit erklärt, also gerade keine wirkliche Gleichsetzung intendiert. Die politische Frage, wie das Verhältnis zwischen den Überlebenden des Holocaust und den Anderen beschaffen sein könnte, ob und wie die Wiederherstellung einer sozialen Identität zu leisten ist, wird im Gedicht nicht gestellt. In der Zeit der Entstehung des Gedichts kann sie nicht gestellt werden. Insofern ist diese frühe Lyrik von Sachs alles andere als ein Dienst an der Gesellschaft, eine Abrechnung mit den Tätern oder ein Beitrag zur Vergangenheitsbewältigung. Sie dient vielmehr den Opfern und ihrem Gedächtnis. Zutreffend beschreibt H. Domin (Nachwort, S. 133) dies als eine der wichtigsten Funktionen dieser Lyrik:

> Diese Toten gingen, in ihren Worten, ein in die Erinnerung: wie die Toten der Jahrhunderte, die gut und die schlecht Gestorbenen. [...] Zugleich jedoch erhält diese Dichtung die Erinnerung an das Unheil lebendig, indem sie diesen Toten eine Stimme gibt: unüberhörbar für die kommenden Generationen. Wie die Dichter von jeher zum Gedächtnis der Menschheit beitrugen.

Enzensberger: „Die Verschwundenen“

Anknüpfend an die Lyrik der Nelly Sachs, aber aus einer zeitlichen Erlebnisdistanz zum Holocaust schreibt H. M. Enzensberger das Gedicht „Die Verschwundenen“ (s. Seite 115), das in die Sammlung „Blindenschrift“ (1964) aufgenommen ist.

Emotionale Distanz und reflexive Haltung

Vom „Chor der Geretteten“ geht durch die unmittelbare Anteilnahme der Dichterin am Leiden der Opfer eine große emotionale Wirkung aus. Der Leser wird mit Hilfe der gefühlsstarken Bildsprache und durch klanglich-rhythmische Gestaltungsmittel spontan in die Atmosphäre der Gedichtwelt hineingezogen, die von Angst, Trauer und Klage geprägt ist. Vollkommen anders ist dies bei Enzensbergers „Verschwundenen“. Die Redehaltung des lyrischen Ichs, das wie bei Sachs im pluralischen Modus spricht, wirkt sehr viel distanzierter. Zwar stehen auch hier die Opfer im Mittelpunkt, doch es wird aus der Perspektive der Nichtbetroffenen im zeitlichen Rückblick von den Gemordeten und ihrem Vergessensein gesprochen. Das Motiv des Vergessens rückt in den Vordergrund und wird der Kritik unterzogen. Damit verlangt das Gedicht vom Leser eine gänzlich andere Rezeptionshaltung: nicht Mitleiden, sondern Nachdenken. Diese reflexive Tendenz findet ihre formale Entsprechung in einer nicht-suggestiven Sprache und im stockenden Rhythmus der Verse, die oft durch harte Zäsuren und Zeilensprünge zergliedert werden. Das hindert den Rezipienten am ungestörten ‚Voranlesen‘. Vielmehr wird er zu ständigem Einhalten und Überlegen gezwungen. Die wenig harmonische Struktur des Gedichts signalisiert, wie wir sehen werden, die Unstimmigkeiten und Widersprüche in der Haltung

Die Verschwundenen

für Nelly Sachs

Nicht die Erde hat sie verschluckt. War es die Luft?
Wie der Sand sind sie zahlreich, doch nicht zu Sand
sind sie geworden, sondern zu nichte. In Scharen
sind sie vergessen. Häufig und Hand in Hand,

wie die Minuten. Mehr als wir,
doch ohne Andenken. Nicht verzeichnet,
nicht abzulesen im Staub, sondern verschwunden
sind ihre Namen, Löffel und Sohlen.

Sie reuen uns nicht. Es kann sich niemand
auf sie besinnen: Sind sie geboren,
geflohen, gestorben? Vermißt
sind sie nicht worden. Lückenlos
ist die Welt, doch zusammengehalten
von dem was sie nicht behaust,
von den Verschwundenen. Sie sind überall.

Ohne die Abwesenden wäre nichts da.
Ohne die Flüchtigen wäre nichts fest.
Ohne die Vergessenen nichts gewiß.

Die Verschwundenen sind gerecht.
So verschallen wir auch.

des Vergessens, die der Leser erkennen soll. „Die Verschwundenen" ist (nicht ohne Anteilnahme) ein aufklärerisches Gedicht. Im Schlussteil (Vers 16–20) weisen Syntax und Bau der Verszeilen dann eine ausgewogenere Geschlossenheit auf. Diesem stilistischen Wandel entspricht eine andere Stufe des Denkens.

Analyse des Titels

Eine Einstiegsmöglichkeit zur Interpretation des Gedichts ergibt sich aus der näheren Betrachtung des Titelbegriffs ‚verschwunden', der im Text noch dreimal erscheint (Vers 7, 15 u. 19). Mit seiner Hilfe wird das Schicksal von Millionen unschuldiger Opfer in provozierender Weise umgedeutet. Sie sind nicht in den Vernichtungslagern ermordet worden, sondern einfach spurlos ‚verschwunden', jedenfalls aus dem Bewusstsein und der Erinnerung der Nachkriegsdeutschen. So gründlich wurden sie vergessen, dass sich im Gedicht die Frage stellt, ob sie wohl überhaupt gelebt haben (Vers 10). In der Sprache verrät sich das Denken. ‚Verschwunden-Sein' ist ein Zustand, den die Betroffenen herbeigeführt haben können, indem sie selbst unauffindbar verschwunden sind. Es gibt dann keine Schuldigen, die man zur Rechenschaft ziehen müsste, und keine ernsthaften Gründe zur Aufklärung. ‚Verschwinden' wird auf diesem Wege zur Beschwichti-

‚Verschwunden' statt ‚vergessen'

gungs oder Verdrängungsmetapher. Unzählige Menschen sind im Dritten Reich auf rätselhafte und mörderische Weise verloren gegangen. Dabei hat es Täter und Untaten gegeben. Doch die Ursachen und das Wohin des Verschwindens bleiben im Dunkel. Die Nachkriegsgesellschaft beruft sich großteils auf ihre Unwissenheit und zeigt wenig Neigung, die ungeheuerlichen Geschehnisse aufzuklären. Mit der rhetorischen Formel vom ‚Verschwinden' umschreibt Enzensbergers Gedicht diese Haltung, die nicht einmal die Anstrengung des Verdrängens erfordert. In der Anfangszeile des Gedichts gibt die Frage „War es die Luft?" eine unausgesprochene Antwort auf das Rätsel des spurlosen Verschwundenseins. In den Verbrennungsöfen der Konzentrationslager sind die Opfer „zu nichte" gemacht worden. Weder zu Staub, Asche oder Sand – wie es oft bei Nelly Sachs oder Paul Celan metaphorisch heißt – verwandeln sich hier die Menschen, sondern ihr Sein wird (wie Luft) zum Nichts. Und dies im doppelten Sinne: durch die physische Vernichtung und die absolute Gleichgültigkeit, mit der sie ein zweites Mal getötet werden. Das radikale Zunichte-Werden findet seine sprachliche Korrespondenz im gehäuften Auftreten der Verneinungspartikel ‚nicht', die elfmal verwendet wird. „Die Verschwundenen" müssten eigentlich ‚Die Vernichteten' heißen. Aber unter diesem Titel wäre das gleichgültige Vergessen, das Enzensberger zur Sprache bringt, nicht zu formulieren. Es würde sich dann unabweisbar die Frage nach den Vernichtern aufdrängen, die gerade nicht gestellt werden soll. Überhaupt wird Kritik in diesen Passagen des Gedichts bewusst vermieden. Es erhält seine innere Spannung durch die nüchterne, provokante Sachlichkeit, mit der es die inhumanen Vorgänge ausspricht.

Unvermittelt setzt in Vers 12 („Lückenlos/ist die Welt") eine gedankliche Wende ein. Das Verschwinden von Millionen ermordeter Menschen hat in der Realität und im Bewusstsein der Anderen offenbar keine Lücken hinterlasssen.

Paradoxie: das Vorhandensein der Verschwundenen

Die Nichtbetroffenen leben weiter, als sei nichts geschehen, sie vermissen niemand (Vers 11). Dem setzt Enzensberger in einer paradoxen Gegenbewegung Vorhandensein einen überraschenden Gedanken entgegen. Was der Gesellschaft (‚Welt') inneren Zusammenhalt gibt, sind gerade die Verschwundenen: „Sie sind überall". Man kann die Toten aus dem Bewusstsein verdrängen, doch bringt man sie damit nicht wirklich zum Verschwinden. Selbst als Abwesende bleiben sie auf unheimliche Weise anwesend. Möglicherweise bezieht sich Enzensberger hier unmittelbar auf Nelly Sachs, deren Gedicht „Die Zuschauenden" genau dieses Phänomen in naturmystischen Bildern gestaltet. Im Unterschied zu Sachs bedient sich Enzensberger allerdings nicht der gefühlsgeleiteten ‚Erkenntnis' sondern einer dialektisch-rationalen Argumentation (Vers 16–18).

Dialektische Argumentation

Vom Anwesend-Sein kann man nur sprechen, wenn man ein Abwesend-Sein voraussetzt und mitdenkt – ohne das Abwesend-Sein ist auch die Vorstellung vom Anwesend-Sein unmöglich. Beide Zustände sind wechselseitig aufeinander angewiesen. Dasselbe dialektische Verhältnis gilt von den Sätzen in den folgenden Versen. Gäbe es nicht das Unbeständige („Flüchtige“), könnte es auch kein Beständiges („Festes“) geben. Ebenso ist das Vergessene nur im Bezug auf das Unvergessene vorstellbar. Nach dieser Logik wird die Ganzheit der menschlichen Gesellschaft von den Lebenden und Toten gestiftet. Daher haben auch die Abwesenden ihren Ort im Gesamtzusammenhang der Welt, sie können aus ihm nicht verschwinden. Die beiden Schlussverse lassen sich als eine Variation auf den Schluss von Nelly Sachs' „Chor der Geretteten“ lesen. Es heißt dort:

> Der Abschied im Staub
> Hält uns mit euch zusammen.

In der Grundbedingung des Lebens, dem Sterben-Müssen, das eigentlich ein Trennendes ist, liegt das Verbindende zwischen den Menschen. Mit einem ähnlich paradoxalen Gedanken schließt auch Enzensbergers Gedicht:

> Die Verschwundenen sind gerecht.
> So verschallen auch wir.

Gerechtigkeit der Verschwundenen

‚Gerechtigkeit‘ (Gleichwertigkeit) unter den Menschen stellen die Verschwundenen her, indem sie den noch Lebenden mit ihrem Verschwunden-Sein deren eigenes Schicksal bewusst machen, das eben dasselbe sein wird. Der Gedichtschluss behauptet somit eine Identität zwischen den Vergessenen und Vergessenden, die als gerechter Ausgleich verstanden wird. Zu dem Verb ‚verschallen‘ gehört mit etymologischer Verwandtschaft das Partizip Perfekt ‚verschollen‘. Die Schlusszeile enthält so eine verdeckte Beziehung zum Leitbegriff die „Verschwundenen“, die ebenso als ‚Verschollene‘ gelten können. Auch wir (die Leser sind ausdrücklich mit einbezogen) werden bald verschollen sein. Gleichzeitig behauptet das Gedicht aber auch das Gegenteil, dass die Verschwundenen gar nicht wirklich verschwunden seien. Man kann diese widersprüchliche Aussage für zutreffend halten, aber sie gilt in einem verallgemeinerten und abstrakten Sinn, wie Enzensberger sie im Gedichtschluss formuliert: für alle Menschen zu allen Zeiten. Wir werden tatsächlich in dem Maße ‚verschollen‘ sein, in dem unser Leben und Wirken in Vergessenheit geraten. Das Vergessen, mit dem die Opfer des Naziterrors aus der Erinnerung getilgt werden, richtet sich also gegen die Vergessenden selbst. Was sie jenen mit ihrer Gleichgültigkeit antun, wird auch ihnen selbst widerfahren. Der Autor kritisiert in den „Verschwundenen“ dieses Verhalten nicht. Das könnte ein Indiz für die Resignation sein, die in den meisten Gedichten der Sammlung „Blin-

Zweifel an der Wirksamkeit von Kunst

denschrift" vorherrscht. An die Stelle der früheren Ansicht Enzensbergers, dass Dichtung moralisch-politische Veränderungen in der Gesellschaft herbeiführen könnte, ist die Überzeugung von der Wirkungslosigkeit der Kunst getreten.

Trotzdem provoziert das Gedicht „Die Verschwundenen", das sich als ein Text gegen das Vergessen des Holocaust erweist, die Nachdenklichkeit des Lesers. Die kritischen Einwände gegen die unhistorische Tendenz im „Chor der Geretteten" lassen sich in ähnlicher Weise auch gegen das Enzensberger-Gedicht erheben. Eine explizite politische oder moralische Auseinandersetzung mit dem Geschehen findet nicht statt; die Fragen nach den Ursachen und Folgen der Verbrechen werden nicht gestellt. Aber gerade dadurch provoziert das Gedicht beim Leser den Zwang zum Weiterfragen. Im Übrigen wird in Enzensbergers „Verschwundenen", wie bei Nelly Sachs, die Beziehung zwischen den Opfern und den gleichgültigen Nichtbetroffenen auf einer höheren, abstrakten Ebene gestiftet: bei Sachs in der allgemeinen Daseinsbedingung des Sterbenmüssens – bei Enzensberger in der allgemeinen Daseinsbedingung des Vergessenwerdens. Die Dichterin der Jahre 1943/44 fand für sich keinen anderen Weg, um die Katastrophe der Judenvernichtung zu überleben. Für den Dichter des Jahres 1964 besteht die anders geartete Katastrophe in der Vergessensbereitschaft der Deutschen.

Bobrowski: „Holunderblüte"

Auch Johannes Bobrowski verlangt von der Lyrik, dass sie Erinnerungsarbeit leisten und gegen das Vergessen ankämpfen solle. Der in Tilsit und Königsberg aufgewachsene Dichter fühlt sich zeitlebens den östlichen Nachbarvölkern Deutschlands eng verbunden. Daher gehören die historischen Verschuldungen den Osteuropäern und insbesondere ihren Juden gegenüber zum zentralen Themenkreis seiner politischen Gedichte. Nicht weil deutsche Schuld dadurch bewältigt werden könnte, sondern ihre deutliche Benennung soll der Aufklärung und Versöhnung dienen. Im Gedicht „Holunderblüte" (vgl. S. 119) aus der Sammlung „Schattenland Ströme" (1962) wird das Motiv des Vergessens unmittelbar angesprochen.

Isaak Babel und die russischen Progrome

Zu Beginn des Gedichts wird eine Figur eingeführt, die als fiktiver Sprecher wie ein lyrisches Ich agiert. Es handelt sich dabei um den russischen Dichter Isaak Babel (1894–1941), der selbst ein verfolgter Jude war und – obwohl Mitglied der KPdSU – von Stalinisten 1941 ermordet wurde. In seiner Erzählung „Geschichte meines Taubenschlages" bezieht er sich rückblickend („als ich ein Kind war") auf die russischen Judenprogrome im Jahre 1905, vor allem in Odessa. Der historische Vorgang, der dem Gedicht „Holunderblüte" zugrunde liegt, fällt also nicht in die Zeit des nationalsozialistischen Holocaust, aber er lässt sich zwanglos darauf übertragen.

In der Rückblende der 1. Strophe lässt Bobrowski die fiktionalisierte Gestalt des Isaak Babel von einem Kindheitserlebnis erzählen („Er sagt"), das

Holunderblüte

Es kommt
Babel, Isaak.
Er sagt: Bei dem Progrom,
als ich Kind war,
meiner Taube
riss man den Kopf ab.

Häuser in hölzerner Straße,
mit Zäunen, darüber Holunder.
Weiß gescheuert die Schwelle,
die kleine Treppe hinab –
Damals, weißt du,
die Blutspur.

Leute, ihr redet: Vergessen –
Es kommen die jungen Menschen,
Ihr Lachen wie Büsche Holunders.
Leute, es möchte der Holunder
sterben
an eurer Vergesslichkeit.

die grausame Brutalität veranschaulicht, mit der die Verfolger der Juden vorgehen. Die Taube, an der sie ihre grausige Untat verüben, ist einerseits der zahme Hausvogel, an dem der kleine Junge mit besonderer Zuneigung hängt, und sie ist andererseits das Symboltier der Reinheit, Liebe und des Friedens. Auch versinnbildlicht sich in ihr der ‚Heilige Geist' der Bibel. Indem die Gewalttäter diesem harmlosen Tier den Kopf abreißen, geben sie sich als die Bestien zu erkennen, die unschuldigen Kindern tausendfach dasselbe antun. Im symbolischen Sinne zerstören sie gleichzeitig die Werte des Glaubens, der Friedfertigkeit und Liebe. Die dissonantische Zergliederung der Strophe, der stockende Rhythmus und der ‚verquere' Satzbau spiegeln auf der formalen Ebene das barbarische Geschehen, das der humanen Ordnung zuwider läuft und alle Harmonie vernichtet.

Ermordung der Taube

Eine völlig andere stilistische Gestaltung erfährt die Mittelstrophe des Gedichts. Sie besteht aus dreihebig jambischen Versen und verfügt über einen harmonischen Sprachduktus. Durch Lautwiederholungen (-h-/-äu-, -eu-/-sch-/-ei-) entstehen Klangbindungen zwischen den Wörtern, die den rhythmischen Versfluss in den Zeilen 7–10 begünstigen. Dargestellt wird inhaltlich der friedliche Anblick einer dörflichen Siedlung (oder einer russischen Vorstadt) mit gepflegten Holzhäusern. Die „kleine" Treppe korrespondiert mit der Erfahrungswelt des kleinen Kindes. In der Szenerie dominiert durch die ‚gescheuerten Schwellen' und den blühenden Holunder die Unschuldsfarbe ‚Weiß'. Auch die Taube in der Anfangsstrophe wird der Leser sich nun als weiße Taube vorstellen. In diese reine Idylle bricht mit

Idyllik der Mittelstrophe

Farbsymbolik: Weiß/Rot

grellem Kontrast die Blutfarbe ‚Rot', die Mord und Verbrechen signalisiert und die auf den Schluss der Anfangsstrophe zurückweist. Die „Blutspur" (Vers 12) bezieht sich allerdings nicht nur auf die gemordete Taube. Wie diese über das Konkrete hinaus symbolische Bedeutung besitzt, so ist auch die ‚Blutspur' eine Metapher für die breite Spur der Verbrechen im 20. Jahrhundert. Die Gedichtfigur Babel spricht in Vers 11 einen Zuhörer an, der sich als fiktive Person (etwa als lyrisches Ich) innerhalb und als Leser außerhalb des Gedichts befindet. Mit dieser direkten, vertraulichen Anrede, die an gemeinsames Wissen appelliert, endet der Erinnerungsbericht.

Aktualität des Vergangenen – Einspruch gegen das Vergessen

In der 3. Strophe wechselt die Zeitebene von der Vergangenheit in die Gegenwart und bis in die Zukunftsperspektive hinein. Das lyrische Ich, das mit Vers 13 das Wort ergreift, vertritt nun nicht mehr den Erzähler Isaak Babel, sondern den Dichter Bobrowski. Er erhebt Einspruch gegen die verbreitete Auffassung vieler Deutscher, dass man die Verbrechen an den Juden endlich vergessen solle. Sein Appell gegen die Vergesslichkeit geht in eine zweifache Richtung. Zum einen vollbringt der Autor mit seinem Gedicht selbst eine konkrete Erinnerungstat, indem er die russischen Progrome und das Schicksal Babels aus der Vergangenheit heraufholt. Zum zweiten richtet er seine Mahnung an die Zeitgenossen und die junge Generation der Deutschen. „Es kommen die jungen Menschen" (Vers 14), die nicht Mittäter und Mitwisser des Holocaust sind. Ihre unbekümmert heitere Lebensfreude fängt das Gedicht im Bildvergleich ein: Ihr Lachen ist naturhaft und prall wie die Holunderblüte.

Sie leben unreflektiert wie die Natur und ahnen nicht, wie leicht das entsetzliche Geschehen sich wiederholen kann. Mit dem Vergessen und Verdrängen der unheilvollen Vergangenheit werden sie blind und naiv bleiben, und sie sind der ständigen Bedrohung ausgesetzt, selbst Opfer oder Täter eines neuen Genozids zu werden. Erinnerungsarbeit ist also nicht primär das Wachhalten von historischer Schuld, sondern Aufklärung über die jederzeit mögliche Gefährdung des Menschen durch das Böse.

Metaphorik der Holunderblüte

Der Holunder blühte auch vor den Häusern der russischen Juden (Vers 8). Bobrowski rückt ihn in der Mittelstrophe in die Nachbarschaft der Verfolgten und Ermordeten. Die Bildmetaphorik der Holunderblüte in der 3. Strophe (Vers 15/16) lässt sich unmittelbar auf das Holunder-Motiv in Vers 8 zurückbeziehen, wo es für den Leser kaum merklich mit den Bedeutungen der Todesnähe aufgeladen ist. Im ‚Holunderblüten-Lachen' der jungen Leute gibt sich unterschwellig zunächst ein anderer Sinn zu erkennen, der dem Strauch vom Volksglauben zugedacht ist: der Liebeszauber. (Keller: 1000 Deutsche Gedichte, Bd. 8. S. 321). Zu ihm gehört das Vergessen alles Belastenden und Bedrohlichen. Doch gerade darin liegt die tödliche Gefahr, die den Holunder, wie vormals schon, zum Verdorren bringen könnte. Wenn sich dann das Ungeheuerliche des Völkermords wiederholen sollte, dürfte den jungen Menschen das Lachen vergehen.

Bobrowski stellt dem Leser das Bedrohliche in der Einwort-Zeile „sterben“ (Vers 17) visuell herausgehoben vor Augen. Diesem Vers korrespondiert die Schlüsselstelle des Gedichts in Vers 11/12:

Damals, weißt du,
die Blutspur.

Der Erinnerungsverweis mit dem Zeitadverb „damals“, der das Wissen voraussetzt, muss nun in der Schlusszeile, die vor der „Vergesslichkeit“ warnt, im futurischen Sinne gelesen werden: Künftig soll es keine Gewalttaten mit solchen Blutspuren mehr geben. Dazu müssen wir uns aber der geschehenen Verbrechen bewusst bleiben und dürfen sie nicht dem Vergessen überantworten.

5. Engagement und Agitation im lyrischen Gedicht

H. M. Enzensberger: „Ins Lesebuch für die Oberstufe“ (1957) – P. Rühmkorf: „Bleib erschütterbar und widersteh“ (1979) – E. Fried: „Vordruck“ (1966)

Politische Lyrik im engeren Sinne setzt sich mit historischen Ereignissen und gesellschaftlichen Zuständen auseinander und nimmt zu ihnen Stellung. Entsprechend sind solche Gedichte von den konkreten außerliterarischen Bedingungen nicht abzulösen, sondern werden von ihnen her erst verständlich. Dabei kann das Verhältnis zwischen Dichtung und Politik durch Zustimmung zu den herrschenden Verhältnissen (Affirmation) oder durch kritische Ablehnung (Negation) charakterisiert sein. In der politischen Lyrik der Nachkriegszeit dominieren in Westdeutschland die negativen Vorbehalte gegenüber der Restaurationspolitik der Adenauer-Ära. Viele Texte von Grass, Enzensberger, Rühmkorf, Fried u. a. formulieren in aggressivem Ton den Widerspruch gegen die Entwicklung, die nach ihrer Auffassung eine durchgreifende politische Erneuerung in Deutschland nach dem Faschismus verhindert habe. Ein repräsentatives Beispiel stellt Enzensbergers Sammlung „Verteidigung der Wölfe“ aus dem Jahre 1957 dar. Aus ihr stammt das Gedicht „Ins Lesebuch für die Oberstufe“ (s. Seite 122).

Verhältnis zwischen Lyrik und Politik

Es erscheint zu einer Zeit, wo in der Bundesrepublik heftige Auseinandersetzungen um die Wiedereinführung der Wehrpflicht (1956) und die Bewaffnung der Bundeswehr mit Atomraketen (1957/58) stattfinden. Beides wird gegen den Widerstand der SPD beschlossen. Im Zuge der West-Ost-Konfrontation wird die Kommunistische Partei in der BRD verboten. Der Kalte Krieg heizt das atomare Wettrüsten an, das zu weltweit verbreiteter Angst vor einem Atomkrieg führt. Wissenschaftler (‚Göttinger Appell‘,

Enzensberger: „Ins Lesebuch für die Oberstufe“

Ins Lesebuch für die Oberstufe

Lies keine Oden, mein Sohn, lies die Fahrpläne:
sie sind genauer. Roll die Seekarten auf,
eh es zu spät ist. Sei wachsam, sing nicht.
Der Tag kommt, wo sie wieder Listen ans Tor
schlagen und malen den Neinsagern auf die Brust
Zinken. Lern unerkannt gehn, lern mehr als ich:
das Viertel wechseln, den Paß, das Gesicht.
Versteh dich auf den kleinen Verrat,
die tägliche schmutzige Rettung. Nützlich
sind die Enzykliken zum Feueranzünden,
die Manifeste: Butter einzuwickeln und Salz
für die Wehrlosen. Wut und Geduld sind nötig,
in die Lungen der Macht zu blasen
den feinen tödlichen Staub, gemahlen
von denen, die viel gelernt haben,
die genau sind, von dir.

1957) und Humanisten (Albert Schweitzer, Karl Jaspers, Günther Anders) warnen vor den drohenden Gefahren. Auch Enzensberger schließt sich 1958 den Protesten an. Aber im Westen werden die Atomwaffengegner, wie die Pazifisten, als Handlanger des Kommunismus diffamiert. Zudem zeigen sich die Nachwirkungen des nazideutschen Antisemitismus noch (oder schon) im Jahre 1959, als Rechtsradikale die Synagoge in Köln schänden. Im Kontext dieses aufgeheizten politischen Klimas muss Enzensbergers Gedicht gelesen werden.

Das politische Klima in der BRD um 1958

Es handelt sich um einen appellativen Text, der junge Leute zu subversiven Handlungen und Verhaltensweisen auffordert, die das politische Machtsystem untergraben sollen. Im ersten Gedichtabschnitt (Vers 1–3) reiht Enzensberger fünf Imperativ-Konstruktionen mit negativen bzw. positiven Anweisungen hintereinander. Der Auftaktbefehl „Lies keine Oden" und die Mahnung „sing nicht" gehören zusammen und erläutern sich wechselseitig. Die Ode ist eine antike Gedichtform, die ursprünglich gesungen wurde. Sie handelt überwiegend von feierlichen, erhabenen Gegenständen und besitzt den gehobenen Sprachstil vergangener Zeiten. Klopstock und Hölderlin gelten in der deutschen Lyrik als die bedeutendsten Odendichter. Enzensberger benutzt den Begriff ‚Ode' stellvertretend für einen Typus von Dichtung, die dazu neigt, vor den politisch-realen Gegebenheiten in die Welt der Ideen zu entfliehen. „Sei wachsam, sing nicht" soll heißen: Lyrische Dichtung verführt zur Unachtsamkeit gegenüber der politischen Realität. In ihrer Verschwommenheit (sie ist „ungenau", Vers 2) verhindert sie die präzise Erfassung von Wirklichkeit. Deshalb empfiehlt das GedichtIch, stellvertretend für den Autor, die Lyrik zu meiden. Wichtiger ist es vielmehr, das Entziffern von praktisch nutzbaren Texten mit genauen

Appellative Textstruktur

Ode als lyrischer Formtypus

Lyrik-Verbot

Daten zu erlernen. „Fahrpläne" und „Seekarten" können Auskunft geben über mögliche Fluchtwege, wenn Flucht wieder nötig werden sollte. Zeller (Gedichte haben Zeit, S. 107 f.) interpretiert die Begriffe als umfassende Metaphern. Danach könnten „Fahrpläne" und „Seekarten" als Texte zu verstehen sein, in denen politische Strömungen und Zusammenhänge der gegenwärtigen Lage formuliert werden (Kulturfahrplan, Wirtschaftsplan etc.). In dieser weiten Bedeutung bekommt die Lektüre-Aufforderung des Gedichtanfangs den Sinn: Lies keine Dichtungen, sondern nur realitätsbezogene Texte, die dich über die sozialpolitischen Verhältnisse aufklären.

Neue Bedrohung für Andersdenkende

Im zweiten Gedichtabschnitt (Vers 4–6, bis „Zinken") liefert der Autor eine Begründung für die belehrenden Appelle der Einleitung. Die deutsche Niederlage von 1945 hat dem Faschismus und der Judenverfolgung ein Ende gesetzt. Aber es wird, wie Vers 4 feststellt, neue Bedrohungen für Andersdenkende und Außenseiter geben. Man wird ihnen, ähnlich wie den Juden ihren Stern, ein sichtbares Zeichen an die Brust heften, das sie der Verfolgung und Vernichtung preisgibt. Enzensberger benennt die neuen Opfer in Anspielung auf den Titel des Lehrstücks von Brecht als die ‚Neinsager' (Vers 5). Es handelt sich bei Brecht um den Typus des aufgeklärten, kritischen Menschen, der die überlieferten Bräuche der schonungslosen Prüfung durch die Vernunft unterzieht. Er gilt als der wachsame Nonkonformist. Der unausgesprochene Vergleich der „Neinsager", die man sich in der Lage von 1957 als linke Oppositionelle vorstellen kann, mit den verfolgten Juden wirkt für Zeller (S. 109) unangemessen. Aber es spiegelt sich darin die Empörung vieler Intellektueller über die ökonomisch-politischen Machtverhältnisse, die Wut über die Remilitarisierung, der Hass gegen die Rüstungsindustrie, gegen den Springer-Verlag mit seiner BILD-Zeitung und ähnliche Phänomene. Dies alles wird zum Vorzeichen eines neuen Faschismus umgedeutet, den man bekämpfen muss.

Aufruf zum subversiven Widerstand

Zum Widerstand mit subversiven Mitteln rufen die folgenden Textpassagen auf (Vers 6-9, bis „Rettung"). Mit den Verben ‚lernen' (es steht dreimal im Text!) und ‚verstehen' appelliert das lyrische Ich an die rationalen Fähigkeiten der Angesprochenen. Die Wortwahl verrät die aufklärerischen Intentionen des Autors. Gelernt und eingeübt werden sollen die Widerstandstechniken im Kampf gegen die Mächtigen. Gegen Unterdrückung und Verfolgung helfen weder kirchliche noch politische Aufrufe („Enzykliken" – „Manifeste"), noch viel weniger Gedichte, sondern allein der tatkräftige Widerstand. Dabei sind, weil es gegen politisches Unrecht geht, auch Tarnung, Verstellung und der Kampf aus dem Untergrund erlaubt. Zwar wird solches Verhalten moralisch anfechtbar sein („Verrat" – „schmutzige Rettung"), aber es gehört in der Verfolgungssituation zur notwendigen Überlebensstrategie. Denkt man an den linksradikalen Widerstand gegen die Machtstrukturen in der Bundesrepublik der sechziger Jahre, so erinnert Enzensbergers Strategie an den empfohlenen ‚Marsch durch die Institutionen', um an die Hebel der Macht zu gelangen. In zweifacher Hinsicht lassen sich die Gedichtzeilen auf literarische Vorgaben von Brecht beziehen. Zum einen auf das Gedicht „Lob des Lernens", das ähnlich im Stil, aber mit anderer politischer Zielsetzung die Menschen zum kritischen Handeln auffordert (vgl. Zimmermann: Hans Magnus Enzensberger, S. 75). Zum anderen spielt die Taktik der Lüge und Verstellung zur Erreichung politischer und persönlicher Ziele eine zentrale Rolle bei Dramenfiguren wie dem Richter Azdak im „Kaukasischen Kreidekreis" oder dem braven Soldaten Schwejk. Leicht zu rechtfertigen ist das fragwürdige Vorgehen immer dann, wenn es sich gegen verbrecherische Unrechtssysteme richtet. Dies kann man von der nachkriegsdeutschen Bundesrepublik in keinem Fall behaupten. Aber ihrer politischen Führung unter Adenauer wird von sozialistisch denkenden Intellektuellen, die nach dem mörderischen Zweiten Weltkrieg zum Pazifismus neigen, ein Hang zum Militarismus, Neofaschismus, Kapitalismus usw. vorgeworfen. Gegen solche Tendenzen – so sehen es die Oppositionellen – muss radikaler Widerspruch erhoben werden. Berühmt geworden sind die Verse von Günter Eich aus dem Jahre 1950, die diese Strömungen wie in einem Motto zusammenfassen:

Vorbilder bei Brecht

Parallele bei Eich

> Seid unbequem, seid Sand, nicht
> Das Öl im Getriebe der Welt!
> *(Ges. Werke, Bd. 1. S. 250)*

Im Gedichtkontext appelliert Eich an die Wachsamkeit des Lesers und fordert zum Widerstand gegen Machtmissbrauch, Unterdrückung und die Gefahren eines neuen Holocaust auf. Er warnt vor den „Ordnern der Welt" und rät zu Misstrauen „gegen ihre Macht, die sie vorgeben für euch erwerben zu müssen"! Enzensberger geht in den Schlusszeilen des Gedichts noch weiter, indem er die Zersetzung der Machtstrukturen überhaupt verlangt:

> in die Lungen der Macht zu blasen
> den feinen tödlichen Staub,

Demzufolge gilt politische Macht prinzipiell als ein Böses oder zum Bösen sich Entwickelndes, das man bekämpfen muss. Die hier verwendete Metapher evoziert die Vorstellung von der ‚Staublunge' – einer heimtückischen Krankheit, die schleichend und unabwendbar zum Tode führt.

Ein positives Ziel wird innerhalb dieses kritisch-kämpferischen Gedichts nicht benannt. Doch lässt sich ein intendierter Sinn gleichsam zwischen den Zeilen herauslesen. Er könnte definiert werden als die Herstellung von nicht entfremdeten, herrschaftsfreien und, in Enzensbergers Verständnis, humanen Gesellschaftsverhältnissen. Holthusen (Hans Magnus Enzens-

Ziel der gesellschaftlichen Utopie

berger, S. 337 f.) bezeichnet das Utopische als einen Schlüsselbegriff für die frühe, revolutionäre Lyrik des Autors. Gedichte wie „Utopia“ oder „Antwort eines Fabelwesens“ bestätigen diese optimistischen Tendenzen. Aber im Unterschied zu seinem Vorbild Brecht, der für eine marxistische Gesellschaftsordnung Partei ergreift, enthält Enzensbergers Gedicht keine konkrete Perspektive. Es spricht lediglich von der Abschaffung der Macht als einer entscheidenden Voraussetzung für die Humanisierung der Welt – ein Gedanke, der in den sechziger Jahren große Anziehungskraft ausübte.

Paradoxie: eine Ode gegen die Oden

„Ins Lesebuch für die Oberstufe“ besitzt aufgrund seiner formalen Strukturen und der emphatisch belehrenden Sprechweise eine deutliche Nähe zur Odenform (Kaiser: Geschichte der deutschen Lyrik, Bd. 2. S. 489). Die Botschaft des Gedichts „Lies keine Oden“ wird dem Leser also ironischerweise in Gestalt einer Ode mitgeteilt.

Diese Paradoxie wirft ein Problem auf. Was soll man von einem Autor halten, der Gedichte schreibt und gleichzeitig empfiehlt, keine Gedichte zu lesen, sondern politisch aktiv zu werden? Mit diesem provokativen Widerspruch bringt Enzensberger seine tiefen Zweifel an den realen Wirkungsmöglichkeiten von Lyrik zum Ausdruck. Das Paradoxe ergibt sich bereits aus der widersprüchlichen Situation des Lyrikers überhaupt. Auf der einen Seite ist er als Sprachkünstler ein Dichter aus innerer Notwendigkeit. Zum anderen sieht er sich genötigt, schreibend an der politischen Aufklärung und Agitation teilzunehmen. So gerät er in ein Dilemma. Denn das kunstvolle Gedicht (die ‚Ode‘) eignet sich kaum zur Analyse und Kritik der politischen Verhältnisse.

Politische Wirkungslosigkeit der Lyrik

Enzensberger zieht daraus den naheliegenden Schluss. Er wendet sich zeitweilig ganz von der lyrischen Dichtung ab und schreibt sozialkritische Essays. Außerdem wächst seine Überzeugung, dass der Einfluss von anspruchsvoller Lyrik (die nur von Wenigen gelesen wird) auf das gesellschaftliche Bewusstsein äußerst gering ist. Nicht ohne Bedauern gesteht Enzensberger die Wirkungslosigkeit der poetischen Texte ein, von denen er sich doch das Gegenteil erhofft hatte. In dem späteren Gedicht „Poetik-Vorlesung“ stehen die Zeilen (vgl. S. 93):

> Eine bessere Welt, für zehn Minuten,
> So vermessen wäre ich auch gern, so nützlich,
> so rücksichtslos hilfreich wie die Müllabfuhr.

Das zwiespältige Schwanken zwischen der optimistischen und skeptischen Haltung Enzensbergers mag irritieren, sie entspricht aber der Situation des intellektuellen Dichters, der zunehmend die Überzeugung von der politischen Wirkungskraft der Dichtung verloren hat.

Rühmkorf: „Bleib erschütterbar“

Vergleichbar mit Enzensberger sowohl in seinem künstlerischen Anspruch wie in der gesellschaftspolitischen Protesthaltung ist der im gleichen Jahr

1929 geborene Peter Rühmkorf. Eines seiner bekanntesten Gedichte „Bleib erschütterbar und widersteh" aus der Sammlung „haltbar bis 1999" erscheint 1979 zwei Jahrzehnte nach der „Verteidigung der Wölfe". Es formuliert sozialkritische Grundpositionen des linksintellektuellen Dichters, die auch nach weiteren zwanzig Jahren, trotz des veränderten sozialen Klimas, ihre Aktualität nicht verloren haben – also in der Tat „haltbar" geblieben sind.

Bleib erschütterbar und widersteh

Also heut: zum Ersten, Zweiten, Letzten:
Allen Durchgedrehten, Umgehetzten,
was ich, kaum erhoben, wanken seh,
gestern an und morgen abgeschaltet:
Eh dein Kopf zum Totenkopf erkaltet:
Bleib erschütterbar – doch widersteh!

Die uns Erde, Wasser, Luft versauen
– Fortschritt marsch! mit Gas und Gottvertrauen –
Ehe sie dich einvernehmen, eh
du im Strudel bist und schon im Solde,
wartend, dass die Kotze sich vergolde:
Bleib erschütterbar – und widersteh.

Schön, wie sich die Sterblichen berühren –
Knüppel zielen schon auf Hirn und Nieren,
dass der Liebe gleich der Mut vergeh ...
Wer geduckt steht, will auch andre biegen.
(Sorgen brauchst du dir nicht selber zuzufügen;
alles, was gefürchtet wird, wird wahr!)
Bleib erschütterbar.
Bleib erschütterbar – doch widersteh.

Widersteht! im Siegen Ungeübte,
zwischen Scylla hier und dort Charybde
schwankt der Wechselkurs der Odyssee ...
Finsternis kommt reichlich nachgeflossen;
aber du mit – such sie dir! – Genossen!
teilst das Dunkel, und es teilt sich die Gefahr,
leicht und jäh ---
Bleib erschütterbar!
Bleib erschütterbar – und widersteh.

Sensibilität und Verweigerung

Der leicht erkennbare Grundgedanke, der im Gedichttitel und in den refrainartigen Strophenschlüssen ausgesprochen wird, fordert zur Verwirklichung zweier wichtiger Eigenschaften auf: der persönlichen Sensibilität und dem Widerstand gegen nicht hinnehmbare Zustände. Beide Haltungen hängen zwangsläufig miteinander zusammen. Nur wer ein Empfinden für das Unerträgliche besitzt, kann dagegen rebellieren. Aber: Nur wenn Mut und Entschlossenheit hinzukommen, wird der Betroffene auch wirklich rebellieren. Und der Widerstehende darf sich von seinen Erschütterungen nicht überwältigen lassen. Deshalb heißt in der Variationsform des Mottos mit der adversativen Konjunktion: ‚Bleib erschütterbar – *doch* widersteh'.

Für Rühmkorf besteht eine der Hauptfunktionen der Literatur in der Ermutigung des Individuums zum Widerstand gegen die inhumanen Entwicklungen in der Gesellschaft. In einer Rede aus dem Jahre 1980 legt er ein Bekenntnis ab, das an Günter Eichs Wort vom „Sand im Getriebe der Welt" anschließt:

> Daß die Schriftsteller Störfaktoren in einem längst wie geschmiert laufenden Betrieb sein sollten, ist meine Meinung gewesen, seit ich meine ersten literarischen Schriftzüge tat. Freilich habe ich nicht nur einige widerborstige Meinungen zu vertreten, sondern ein ganzes Widerspruchssystem.
> *(Aufsätze, S. 195).*

Widerstand gegen die hektische Beschleunigung des Lebens

Wogegen richtet sich der Widerspruch, zu dem das lyrische Ich (als Maske des Dichters) den Leser appellativ auffordert? Nicht gegen vereinzelte Missstände, sondern gegen das System der unerhörten Beschleunigung aller gesellschaftlichen Abläufe wendet sich die Argumentation der 1. Strophe. Verrückt und überdreht erscheint dem sich besinnenden Gedicht-Subjekt der hektische Tempowechsel in allen Trends und Moden. Was als zivilisatorischer Fortschritt gepriesen wird, führt zur Aufhebung des natürlichen Lebensrhythmus und zur Vernichtung jeglicher Beständigkeit. Diese Geschwindigkeit erfasst auch den Ablauf unserer Lebensspanne: Ebenso schnell wie etwas ‚an- und abgeschaltet' wird (das signalisiert die strukturelle Parallelsetzung der Verse 4 u. 5) verwandelt sich der ‚Kopf' in einen ‚Totenkopf' – ein skurriles Bild, das mit seiner sachlichen Kälte die Inhumanität von Leben und Sterben veranschaulicht. In dem reißenden Zeitstrom, der dem „Strudel" (Vers 10) gleicht, bleibt nichts stehen, es sei denn, das Individuum widersteht ihm.

Sprechtempo und Rhythmus

Es herrscht in dieser Strophe, wie im gesamten Gedicht, ein hohes vorwärts drängendes Sprechtempo, so als wollte der Dichter die geschilderte Wirklichkeit auch durch die künstlerische Gestaltung erfahrbar machen. Der fünfhebige Trochäus, der in der Lyrik selten ist, trägt wesentlich zur rhythmischen Intensität bei. Durchbrochen wird der Sprachfluss durch gelegentliche Einhalte und Pausen, regelmäßig etwa in der Mottozeile nach „erschütterbar –".

Dynamischer Fortschritt und Umweltzerstörung

Hohe Dynamik ist zum Markenzeichen des technischen und ökonomischen Fortschritts geworden. Dem darf man sich nach den herrschenden Regeln ernsthaft nicht widersetzen, auch wenn die Entwicklung zur Zerstörung der natürlichen Grundlagen führt (Vers 7). Der ironische Appell „Fortschritt marsch!“ (Vers 8) ruft die militärische Formel „Gleichschritt marsch!“ ins Bewusstsein – einen Befehl also, der kein Ausscheren duldet. Auch die Redewendung „mit Gottvertrauen“ ist voller Ironie, denn keiner der Handelnden besitzt dieses Vertrauen. Zum Ausscheren aber fordert das Gedicht-Subjekt den Leser auf. Er soll sich dem Druck und der Verführung durch das Geld widersetzen und die Teilnahme am zerstörerischen Wahnsinn verweigern. Der abrupte Zeilenbruch und die lange Pause am Ende von Vers 9 spiegeln formal die Aufforderung, sich zu besinnen und zu widerstehen (nicht zufällig ist „eh“ das Reimwort zu „widersteh“). Das immer schnellere Produzieren und Verbrauchen von Waren mit den Folgen der Umweltschädigung ist wie ein „Strudel“, der in den Abgrund führt. Die Metapher von Vers 10 lässt sich vorausweisend mit dem Bild von der gefährlichen Passage des Odysseus zwischen dem Meerungeheuer Skylla und der ‚wasserstrudelnden Göttin‘ Charybdis (Odyssee XII, V. 85 ff.) verknüpfen. Die ‚Lebensreise‘ der modernen Gesellschaft trägt Züge dieser antiken Abenteuerfahrt mit ebenfalls tödlicher Bedrohung. Der ‚Strudel‘ kann also in mehrfacher Bedeutung als Schlüsselmetapher des Gedichts aufgefasst werden. Auch wird man die pessimistische Prognose von Vers 24 („Finsternis kommt reichlich nachgeflossen“) auf das Motiv der Umweltzerstörung zurückbeziehen können.

Metapher des „Strudels“

Liebe als Widerstand gegen die Gesellschaft

Herausgetreten aus dem Wahnwitz des rasenden Fortschritts sind die Liebenden. Sie verwirklichen das ‚Schöne‘ (Vers 13), das einen Gegensatz bildet zur „Kotze“. Ziel ihrer Wünsche ist das Beständige. Sie verhalten sich widerborstig gegenüber dem „Fortschritt marsch!“ und dem Diktat von Beschleunigung und Produktivität. Damit werden sie zu Störenfrieden im ‚geschmiert rotierenden Betrieb‘, und das kann die Gesellschaft, repräsentiert durch die Polizei, nicht dulden. Sie geht gewaltsam gegen die Liebe vor, weil sie nicht in das pragmatische Ordnungssystem passt.

Anpassung und Unterwerfung – Angst und Gewalt

Im zweiten Teil der 3. Strophe thematisiert Rühmkorf die dialektische Beziehung zwischen Angst und Gewalt. Die Handlanger der Ordnungsmacht, die mit Knüppeln Unterwerfung erzwingen wollen, sind selbst feig-gehorsame Staatsdiener (‚geduckt Stehende‘). Weil ihnen der Mut zum Widerstehen fehlt, ertragen sie es nicht, dass andere sich nicht ebenso den geltenden Regeln unterwerfen. Gegen Gleichgültigkeit und Abstumpfung, und vor allem gegen Unterwürfigkeit und Anpassung aber richtet sich Rühmkorfs Gedicht. Denn diese Eigenschaften bilden eine wichtige Ursache für die politisch-moralischen Katastrophen in der deutschen Geschichte. In Klammern fügt das lyrische Ich noch einen weiteren Ratschlag hinzu, der sich (auch semantisch) auf die vorhergehende Zeile 17 reimt: Wenn das angesprochene Du sich ebenfalls aus Angst „duckt“, entsteht die Gefahr, dass es sich selbst misshandelt („biegen“) und zum Unterdrücker seiner selbst wird. „Angst“ – so lautet ein psychologischer Grundsatz – „ist ein schlechter Ratgeber". Und entsprechend folgert das Ich: Dasjenige, vor dem man sich fürchtet, tritt mit Sicherheit immer ein, weil man es durch seine Angst geradezu heraufbeschwört. Nur durch entschlossene Gegenwehr ist die Selbstbehauptung möglich und eine Veränderung der Verhältnisse zu erreichen.

Aufforderung zur Solidarität

Dazu ist eine Solidarität im Widerstand erforderlich, zu der die letzte Strophe des Gedichts auffordert. Das lyrische Ich wechselt vom Singular zur pluralischen Anrede „Widersteht!" Gemeint sind Kampfgefährten (‚Genossen') aus den unteren sozialen Schichten, die immer auf der Verliererseite standen. Das Gefahrenbild aus der Odyssee, das Rühmkorf für den Kampf der ‚Unterprivilegierten' gegen die herrschenden Verhältnisse zum Vergleich heranzieht, kennzeichnet die Lage: Existenzbedrohend ist einerseits der Widerstand gegen die herrschenden Tendenzen, die in den ersten drei Strophen des Gedichts benannt sind. Aber ebenso gefährlich ist auf der anderen Seite das passive Gewährenlassen. Die einzig denkbare Möglichkeit, nämlich der Widerstand, enthält eine Fülle von Leid (Vers 24), die aber in der Gemeinschaft von Gleichgesinnten ertragen und überwunden werden kann, so wie Odysseus mit Hilfe seiner Gefährten die Heimkehr gelingt. Rühmkorf formuliert den Gedanken der solidarischen Überlegenheit in der rhythmisch starktonigen Kurzzeile in sehr optimistischen Farben: „leicht und jäh" sollen die Bedrohungen schwinden. Mit einer langen Pause signalisiert der Rhythmus den möglichen Erfolg der Rebellion, denn in ihr kommt die reißende Bewegung (der Strudel) zum Stillstand. Voraussetzung ist aber, dass mutige Mitstreiter gefunden werden, und hier liegt das unausgesprochene Problem. Die rhythmischen Zäsuren der Zeile 25, die den Sprachfluss ins Stocken bringen, könnten als Hinweis auf die Schwierigkeiten gedeutet werden.

Bekenntnis zum Individualismus

Die appellative Rede des lyrischen Ichs richtet sich durchgehend an das Einzelsubjekt. Nur vom Individuum kann moralische Sensibilität und Verantwortung erwartet werden. Von ihm allein können der Wunsch nach vernünftigen Gesellschaftszuständen und der Wille zum Widerstand ausgehen. Deshalb spricht der Dichter nur das jeweils einzelne Du an. In der formalen Redehaltung bringt der Gedicht-Sprecher diese primäre Stellung des Subjekts gegenüber der Menge zum Ausdruck. Auch in der Aufforderung ‚Such dir Genossen!' macht Rühmkorf das Individuum zum Ausgangspunkt der gesellschaftlichen Bewegungen. So lässt sich das Gedicht als Bekenntnis zum Subjektivismus deuten. Doch andererseits erreicht das Individuum mit all seinen guten Absichten nichts ohne die Mitwirkung der anderen. Nur im kollektiven Miteinander kann Veränderung herbeigeführt werden. In diesem Wechselverhältnis zwischen individuellen und gesellschaftlichen Faktoren eröffnen sich die Möglichkeiten des politischen Handelns. Ob und auf welche Weise von der Dichtung jedoch reale gesellschaftliche Wirkungen ausgehen können, bleibt für Rühmkorf

Widerstand im kollektiven Handeln

eine unbeantwortete Frage. Die Illusionen mancher Autoren der sechziger Jahre teilt er, ähnlich wie Enzensberger, jedenfalls nicht.

Fried: „Vordruck"

Mit einer eindeutig positiven Auffassung über die gesellschaftliche Funktion der Lyrik ist bei Erich Frieds zu rechnen. Sie bekommt – im Gegensatz zu seinen früheren Texten – unter dem Eindruck der Studentenunruhen in den sechziger Jahren einen starken politisch-agitatorischen Akzent. Mitverursacht wird dies durch innenpolitische Vorgänge wie die Bildung der Großen Koalition (1966), die Notstandsgesetzgebung (1968) und die Berufsverbote, aber auch die eigentlich ferne chinesische Kulturrevolution unter Mao Tsetung (1965/67), insbesondere durch den brutalen Vernichtungskrieg der USA gegen Nordvietnam (1966/68). Wie die meisten Linksintellektuellen ist Fried von der amerikanischen Barbarei tief bestürzt. Er reagiert darauf mit der Gedichtsammlung „und Vietnam und", die 1966 erscheint. Das Gedicht „Vordruck" gehört zu den ‚Vietnam'-Gedichten, auch wenn es nicht ausdrücklich den Krieg zum Thema macht, sondern von Verhaltensweisen spricht, die Verfolgung und Krieg auslösen.

Vordruck

Links ist Platz geblieben
auf den man schreiben kann
Rechts steht ... *sind unser Unglück*
Wie fing die Zeile an

Die Juden ist kaum mehr zu lesen
ausradiert oder verblasst:
Schreibt *Chinesen* schreibt *Nordvietnamesen*
schreibt alle hin die ihr hasst

Schreibt einfach *Die Bolschewisten*
Das geht dann weiter so:
De Gaulle und *Die Neutralisten*
Die vom afro-asiatischen Zoo

Die Ostermarschierer Die Roten
Die Polacken Die Gastarbeiter
die Lebenden und die Toten
nur immer weiter

Die Gedankenstruktur des Textes ist leicht zu durchschauen, denn Fried vermeidet Verschlüsselungen durch dunkle Metaphorik. Er wählt in seinen agitatorischen Gedichten direkte, klare Formulierungen. Allerdings muss der heutige Leser zum Verständnis die historischen Sachverhalte kennen, auf die der Autor Bezug nimmt. Angeprangert wird im vorliegenden Text das verbreitete Phänomen, dass soziale Gruppen, Staaten, Nationen

Feindbilder und ihre Funktion

etc. sich zur Verschleierung eigenen Versagens oder zur Rechtfertigung verbrecherischer Handlungen der legitimierenden Feindbilder bedienen (‚Sündenbock'-Motiv).
So operiert der Nazifaschismus mit einem doppelten Feindbild: dem Judentum und dem Bolschewismus. Von beiden Gruppen, so postuliert Hitler in „Mein Kampf", gehe für die Deutschen eine zerstörerische Bedrohung aus. Entsprechend sei es die Pflicht der Staatsführung, diese feindlichen Kräfte zu vernichten. Obwohl Feindbilder meist auf unwahren oder fiktiven Behauptungen beruhen (z. B. der These vom unterschiedlichen Wert der Rassen, dem Untermenschentum der Sowjets etc.), mit denen das Verhalten der Bevölkerung im Sinne der Staatsmacht manipuliert werden soll, setzen sie sich leicht als allgemeine Wahrheiten durch. Jedermann weiß, dass pauschale Urteilssätze nach dem Muster ‚Die Juden...', ‚Die Deutschen ...' grundsätzlich immer falsch sind, doch jeder benutzt ständig solche Sätze. Sie formulieren Vorurteile, die sich als sachlich begründete Urteile ausgeben und Sanktionen gegen andersartige Menschen rechtfertigen. Gegen diesen Mechanismus des Freund-Feind-Denkens wendet sich Frieds Gedicht „Vordruck", und zwar in einer Sprechweise voll aggressiver Ironie. Denn polemisch fordert der Dichter die Leser um 1966 dazu auf, gängige Vorurteile zu formulieren („Schreibt!"), obwohl er doch in Wahrheit meint: „Schreibt nicht!"

Mehrdeutigkeit von ‚Vordruck'

Der Titelbegriff ‚Vordruck' bezeichnet das Formular einer Behörde, welches der Bürger nach vorgegebenem Muster auszufüllen hat. Erich Fried liebt die Wortspiele. Entsprechend evoziert er mit ‚Vordruck' (= das Gedruckte) unterschwellig auch die Nebenbedeutungen ‚Druck ausüben' – ‚Angst erzeugen'. Wer Vordrucke herausgeben und deren Ausfüllen verlangen kann, besitzt Macht. Und wer dieser Aufforderung nicht Folge leistet, muss mit Bestrafung rechnen. Der fiktive Vordruck des Gedichts besteht aus einer linken und einer rechten Spalte. Darüber steht als Musterformel die Naziparole: ‚Die Juden sind unser Unglück'. Das linksseitige grammatische Subjekt ist variabel und kann beliebig ausgetauscht werden, während der rechtsseitige Gleichsetzungsnominativ „...sind unser Unglück" eine feste Konstante bildet. Mit dem Schematismus der sprachlich unveränderten Urteilsformel bringt Fried das gedankenlose, stupide Wiederholen des immer gleichen Denkmusters zum Ausdruck. Überdies weist die ‚schlichte' Satzstruktur auf die Simplizität der Denkweise hin und auch auf die Tatsache, dass sie sich wegen ihrer Anspruchslosigkeit jederzeit leicht reproduzieren lässt. Das verurteilende Motto ‚sind unser Unglück' ist noch durch eine andere formale Besonderheit hervorgehoben. Der Vers besitzt als einziger in diesem Kreuzreimgedicht keine Reimentsprechung, er ist eine sogenannte ‚Waise'. Leicht hätte Fried durch einen veränderten Vers 1 ein Reimpaar schaffen können; z.B. ‚Links blieb noch Platz zurück'. Er lässt bewusst den nicht reimenden Vers aus dem traditionellen Ord-

Stupides Denkschema

Semantische Funktion des Reims

nungsschema des Gedichts herausfallen. Analoges gilt von seinem Inhalt: Diejenigen, die unser Unglück sind, werden absichtlich aus der Gemeinschaft ausgeschlossen und zu Störenfrieden erklärt.

Rolle der Juden als ‚Sündenbock'

Als historischen Bezugspunkt für das Feindbild-Denken wählt Fried, der selbst als österreichischer Jude vor den Nazis nach England fliehen konnte, den Holocaust. Die Juden stehen als erste Gruppe auf dem Gedicht-Formular. Doch ist das Wort (nach dem Ende des Dritten Reichs) „ausradiert" worden oder „verblasst" (Vers 4). Fried nutzt hier die Doppelsinnigkeit der Sprache. Denn das wörtliche ‚Ausradieren' als Vorgang auf dem Papier meint im übertragenen Sinne die reale Ausrottung der Juden. Und „verblasst" (vielleicht eine Anspielung auf ‚totenblass') ist nicht nur auf dem Formular der Name ‚Die Juden', sondern auch die Erinnerung an die Naziverbrechen. Durch das Verschwinden der Juden ist auf dem Vordruck wie im Denken der Deutschen Platz geworden für ein neues „Einsetzspiel" (Zeller: Gedichte haben Zeit, S. 174).

Neue Feindbilder

Angeführt wird die Reihe der neuen nationalen Feindbilder durch die kommunistischen Staaten, von denen sich der Westen im Kalten Krieg ideologisch und militärisch am stärksten bedroht fühlt. Die Verteufelung der „Bolschewisten" ist den Deutschen von der Nazipropaganda her vertraut. Dazu kommen jetzt deren Gesinnungsgenossen. In Vers 7 spielt Fried mit dem Binnenreim („*Chinesen – Nordvietnamesen*"), um mit Hilfe der Klangverwandtschaft die inhaltliche Gleichsetzung der beiden verhassten Völker formal zu verstärken. Ausgerechnet ihnen und ihren Führern Mao Tsetung und Ho Chi Minh gilt die Bewunderung der westdeutschen Studenten. Die Diffamierung erstreckt sich aber auch auf den französischen Präsidenten de Gaulle, der vormals ein Freund Adenauers war. Er betreibt eine von den Großmächten unabhängige Neutralitätspolitik und setzt den Austritt Frankreichs aus der Nato ins Werk. Zum Ärger der Politik spricht er sich für die Anerkennung der Oder-Neiße-Grenze aus. So wird er zum Intimfeind der Springer-Presse und das Gedicht-Ich rechnet ihn im Sinne der Konservativen zu denen, die „unser Unglück sind". Zu ihnen zählen alle Anhänger des politischen Neutralismus, die eine Wiedervereinigung der beiden deutschen Staaten unter Preisgabe der Paktzugehörigkeit anstreben. Ideologisch begründete Verhöhnung trifft die Pazifisten („*Ostermarschierer*"), deren Friedensdemonstrationen als Handlangertum für den Kommunismus denunziert werden. Vorurteile und Feindbilder wachsen nicht nur aus politischer Gegnerschaft, sondern bis heute auch auf dem Boden von hochmütiger Rassenverachtung (Vers 12), die andersfarbige Menschen den exotischen Tieren gleichstellt („Zoo"). Und sie entsteht aus nationalistischer Arroganz („*Polacken*" – „*Gastarbeiter*").

Diskriminierung linker Minderheiten

Die Auswahl in Frieds Gedicht ist keineswegs beliebig. Sie lässt sich auf real-historische Gegebenheiten und gesellschaftspolitische Tendenzen zurückführen. Daraus erklärt es sich, dass die Unglücksbringer vor allem aus den Reihen der linken Minderheiten in der BRD kommen, für die der Autor unausgesprochen Partei ergreift, um sie gegen die Vorurteile von ‚Rechts' zu verteidigen (vgl. Kopplin: Beispiele, S. 46 f.). Dass die politischen Sündenböcke im Vordruck des Gedichts links stehen, weist assoziativ auf deren sozialistische Gesinnung hin, die sie automatisch zu Staatsfeinden macht.

Freund-Feind-Schema als endlose Kette

In der vorletzten Zeile schlägt das lyrische Ich voller Ironie vor, auch die „Lebenden und die Toten" zu Urhebern des Unglücks zu ernennen. Damit überschreitet das Gedicht für jedermann erkennbar die Grenze der nachvollziehbaren Argumentation. Es führt das System der pauschalen Schuldzuweisungen ad absurdum und macht es geradezu lächerlich. Gleichzeitig hebt es damit den Automatismus der Vorurteilsbildung noch einmal hervor. Niemand ist davor geschützt, unter entsprechenden Umständen in das Register der Sündenböcke eingetragen zu werden. Fried stellt die Gedichtsammlung unter den Titel „und Vietnam und". Vietnam ist ein Signalbegriff wie ‚Auschwitz'. Seine Umrahmung durch das zweifache ‚und' will sagen: Der Vietnam-Krieg ist nur ein Glied in einer endlosen Kette von vergangenen und künftigen Kriegen dieser Art. In der Schlusszeile von „Vordruck" („nur immer weiter") greift Fried dieselbe Argumentation wieder auf. Der Mechanismus des mörderischen Freund-Feind-Denkens wirkt unaufhörlich fort, wenn es nicht zu einem Wandel des Bewusstseins kommt. Zu ihm will das aufklärerische Gedicht mit ironisch-provokativen Stilmitteln beitragen. Die Diktion des Textes ist durchgehend vom Modus des Imperativs bestimmt: ‚Schreibt ... schreibt ... nur immer weiter!' Der so aufgeforderte Leser, der den Holocaust und die Massaker in Vietnam nicht vergessen hat, soll wissen, dass er mit seinem gedankenlosen ‚Schreiben' (und Reden) zum Urheber eines neuen Genozids werden wird.

Ironische Provokation

Frieds Anti-Kriegsgedichte

In den meisten seiner ‚Vietnam'-Gedichte thematisiert Fried konkrete Gräueltaten des Krieges oder richtet polemische Attacken gegen die Führung der USA. Diese Texte repräsentieren einen Typus von politischer Lyrik, der wohl nur im gesellschaftlichen Klima der sechziger Jahre entstehen konnte. Vergleichbare Gedichte zu heutigen Kriegen (Balkan oder Irak) wären in Deutschland jetzt kaum denkbar. Frieds Absicht besteht in der politisch-moralischen Aufklärung und der Mobilisierung der Leser zum öffentlichen Widerstand gegen den mörderischen Bombenkrieg. Er selbst steht auf der Seite der Opfer, insbesondere der unschuldigsten aller Opfer: der Kinder.

6. Gesellschaftskritik in der DDR-Lyrik

G. Kunert: „Unterschiede" (1961) – „Empfehlung" (1966) – R. Kunze: „Sensible Wege" (1966) – W. Biermann: „Das Hölderlin-Lied" (1977)

Situation der politischen Autoren in der DDR

Zu den Vertretern der engagierten politischen Lyrik in der Traditionslinie von Heine zu Brecht gehören auch bedeutende Autoren der vormaligen DDR wie Günter Kunert, Peter Huchel, Sarah Kirsch, Reiner Kunze, Wolf Biermann und zahlreiche andere. Anfangs hoffen die meisten von ihnen, dass mit dem Aufbau der demokratisch-sozialistischen Republik ein neues, besseres Deutschland entstehen werde. Aber im Laufe der Jahre, in denen sich diese Hoffnungen nicht erfüllen, geraten auch die im wohlmeinenden Sinne kritischen Dichter in eine Schieflage zur repressiven Kulturpolitik des Regimes, weil sie die Diskrepanz zwischen sozialistischem Anspruch und politischer Wirklichkeit verschlüsselt oder offen benennen. Die Folgen für die meisten sind Publikationsverbot, Ausbürgerung, Flucht in den Westen. Andere, die zunächst ausharren wie Kunert oder Huchel, resignieren und wählen die innere Emigration. Besonders absurd ist das Schicksal von Wolf Biermann, dessen Texte und Lieder eine außerordentliche Popularität erreicht haben. Sein Vater wurde als Kommunist in Auschwitz ermordet. Er selbst ging als überzeugter Marxist 1953 mit siebzehn Jahren von Hamburg nach Ostberlin. Weil er sich mit seinen kritischen Texten ausdrücklich auf die humanen Grundsätze des Marxismus beruft, stellt er für die DDR-Führung ein besonderes Ärgernis dar. 1965 belegt sie ihn mit Auftritts- und Publikationsverbot. Als ihm 1976 die Staatsbürgerschaft entzogen wird, bleibt er in der Bundesrepublik.

Die unerträgliche Situation der DDR-Lyriker ergibt sich aus der repressiven Forderung der SED, sich vorbehaltlos dem politischen – und insbesondere auch dem kulturpolitischen – Diktat der Partei zu unterwerfen. Voraussetzung aller ernsthaften Dichtung ist aber die innere Unabhängigkeit des künstlerischen Subjekts. Sie allein verbürgt die Glaubwürdigkeit der Werke. Die folgenden Textbeispiele veranschaulichen die gesellschaftlichen Konfliktsituationen der kritischen Autoren und eine melancholische Abkehr vom Dogma des politischen Engagements in der Lyrik.

Kunert: „Unterschiede"

Günter Kunert, dessen Dichtung in den fünfziger Jahren eine deutliche Zustimmung zur marxistischen Gesellschaftsordnung in der DDR signalisiert, schreibt das epigrammatische Kurzgedicht „Unterschiede" (s. Seite 135) im Jahr 1961.

Gedicht als Reflex der persönlichen Situation

Es handelt sich um einen autobiographischen Text, der aber auch auf andere DDR-Autoren bezogen werden kann. Das Gedicht bringt zwei gegensätzliche Positionen des Dichters Kunert zum Ausdruck. In der ersten Hälfte bekundet das lyrische Ich unausgesprochen seine Bereitschaft, am Aufbau der Gesellschaft tätig mitzuarbeiten. Dass man an höherer Stelle

Unterschiede

Betrübt höre ich einen Namen aufrufen:
Nicht den meinigen.

Aufatmend
Höre ich einen Namen aufrufen:
Nicht den meinigen.

darauf verzichtet, weil man den Dichter nicht braucht oder ihm offenbar misstraut, bereitet ihm eine schmerzliche Enttäuschung. Zwischen dem ersten und zweiten Gedichtabschnitt hat sich die Einstellung des Subjekts zu den politischen Verhältnissen in der Gesellschaft gewandelt.
Es zeigt sich nun äußerst erleichtert, dass man von ihm keine Notiz nimmt. Da das Gedicht eine Begründung nicht nennt, lässt sich die Erleichterung des Ichs unterschiedlich interpretieren. Möglicherweise würde die offizielle Nennung seines Namen, wie bei Kunert oft geschehen, nur zum Zweck der öffentlichen Maßregelung erfolgen. Vielleicht würde sie als Aufforderung zur solidarischen Mitarbeit im sozialistischen Staat den Dichter zu Unterwerfung, Widerstand oder Unaufrichtigkeit zwingen. In jedem Fall müsste eine Teilnahme an der Gestaltung des Staates im Sinne der SED den Autor in Schwierigkeiten bringen, weil er sich einen anderen Sozialismus vorstellt. Daher ist das „Aufatmen", das – im auffälligen Unterschied zu „Betrübt" – als einziges Wort eine eigene Gedichtzeile erhält, ein Zeichen der Befreiung. Die Staatsführung lässt ihn in Ruhe, und er kann sich frei von allen gesellschaftspolitischen Zwängen der Poesie widmen. Gelegentlich ist eine solche Rückzugshaltung als Mangel an Courage kritisiert worden (Wagener, S. 359).
Hier könnte man unter anderem an Biermanns Gedicht „Ermutigung" erinnern, in dem die Mahnung steht: „Du kannst nicht untertauchen". Aber die Situation des Dichters im sozialistischen Staat ist ambivalent. In Kunerts Gedicht „Unterschiede" formuliert der Sprecher ja nicht nur die ‚Freude' darüber, dass er sich unbemerkt zurückziehen kann; er übt durch dieses Verhalten auch Kritik am System, und die Adressaten haben das gewiss so verstanden. Was im übrigen den persönlichen Mut anbetrifft, so hat Kunert dazu ein aphoristisches Kurzgedicht mit einem eindrucksvollen Bildgleichnis geschrieben.

Kunert: „Empfehlung"

Empfehlung

Sich nicht zu ducken:
Das Schiff liefe nicht vorwärts
stünde nicht aufrecht im Wind
Das Segel.

In welche Richtung auch immer das Individuum sich bewegen will, es kann dies nur in „aufrechter“ Position tun. Der Sich-Duckende aber kommt nicht von der Stelle. Da das Lebensprinzip in der Natur wie in der Gesellschaft Wachstum, Bewegung, Entwicklung heißt, symbolisiert das „ducken“ als Stillstand eine Form der Selbstaufgabe. Von diesen Zeilen geht noch ein gewisser Optimismus aus, insofern dem individuellen Verhalten ein positiver Sinn zugesprochen wird, für den Einzelnen wie auch für die Gesellschaft. Tiefe Skepsis gegenüber möglichen humanen und historischen Fortschritten stellt sich bei Kunert zunehmend in den sechziger Jahren ein. Ein bedrückendes Beispiel liefert der siebte Abschnitt des Gedichts „Geschichte“ (1966).

Zweifel am positiven Sinn der Geschichte

Geschichte

Geschichte sage ich und weiter noch: Wenig bleibt.
Glücklich wer am Ende mit leeren Händen dasteht
Denn aufrecht und unverstümmelt dasein ist alles.
Mehr ist nicht zu gewinnen.
(Verkündigung des Wetters, S. 25)

Diese Verse enthalten gleichsam einen „Appell an den einzelnen“, „sich der Geschichte, ihren Erosionskräften zu verweigern und das eigene Ich aus dem Sog des Vakuums zu retten“. Diese negative Sichtweise erklärt sich aus dem Gedichtkontext, in dem geschichtliches Handeln insgesamt als ein „Exzeß der Zerstörung“ gedeutet wird, „in dem sich die Menschen untereinander verstümmeln“ (Durzak, S. 315). „Unverstümmelt dasein“ heißt in diesem Zusammenhang dann: weder Opfer noch Täter geworden zu sein. Erwartungsgemäß reagieren die Kulturfunktionäre der DDR auf solche Texte mit heftigen Vorwürfen. Sie unterstellen Kunert spätbürgerlich-dekadente und destruktive Einstellungen, obwohl seine Verse allein die unmenschliche Art und Weise beklagen, wie Geschichte von den Menschen real gemacht wird – so nämlich, dass das Individuum seine Integrität nur bewahren kann, indem es sich heraushält. Dass diese Klage zugleich eine Warnung und einen Appell an die Gestalter des kommunistischen Systems darstellt, zu einer humaneren Welt beizutragen, ist nicht wahrgenommen worden.

Form des lakonischen Kurzgedichts

Die lyrische Form des lakonischen Kurzgedichts, von dem Kunert und andere Dichter Gebrauch machen, weist auf das Vorbild von Brecht zurück („Buckower Elegien“). In wenigen Versen skizziert der Autor Gedanken, eigene Befindlichkeiten oder politische Situationen, wobei der Leser durch aktive Textrezeption hinzudenken muss, was zwischen den Zeilen ausgespart wird. Diese verkürzte Aussageweise eröffnet der Interpretation einen relativ weiten Spielraum. Und sie ist aufgrund des nur andeutenden Sprechens für gesellschaftskritische Aussagen besonders geeignet.

Das zeigt sich auch in vielen Kurzgedichten von Reiner Kunze, dessen künstlerische und politische Lage mit der Kunerts in manchem vergleichbar ist. Auch Kunze knüpft anfangs hohe Erwartungen an den Aufbau eines sozialistischen Staates in der DDR. Aber bereits in den späten fünfziger Jahren setzt der Zweifel an dem System und seiner inhumanen Vorgehensweise ein. Im Titelgedicht der Sammlung „Sensible Wege" (1966) spricht Kunze von der Bedrohtheit des Subjekts durch die staatliche Gewalt in einem gleichnishaften Naturbild.

Kunze: „Sensible Wege"

Sensible Wege

Sensibel
ist die erde über den quellen: kein baum darf
gefällt, keine wurzel
gerodet werden

Die quellen könnten
versiegen

Wie viele bäume werden
gefällt, wie viele wurzeln
gerodet

in uns

Die Gedichtargumentation für den Schutz der Natur besitzt einen konkreten Ausgangspunkt, indem sie sich auf einen Kurort wie Marienbad bezieht, dessen Heilquellen einen besonderen Wert darstellen (Koepke, S. 379 f.). Kunze gliedert seinen Text durch visuelle Anordnung in vier Abschnitte. Die Verse 1–4 und 7–9 stellen inhaltlich und formal eine Parallele zwischen den Bäumen und dem menschlichen Leben her. Dabei ist „die erde" auf der Vergleichsebene in Abschnitt 3 nicht mehr ausdrücklich genannt, aber sie wird in metaphorischem Sinn als Daseinsgrund des menschlichen Lebens hinzuzudenken sein; denn ‚sensibel' wie die Erde ist auch der Mensch. Alles Leben kommt aber nur zustande durch die unter der Oberfläche fließenden Quellen. Ohne sie wäre die Erde unfruchtbar, und deshalb stehen die Quellen im Mittelpunkt des Gedichts. Um sie zu schützen und zu erhalten, darf das von ihnen hervorgebrachte Wachstum nicht angetastet und durch Gewalthandlungen wie „roden" oder „fällen" zerstört werden. Genauso verhält es sich mit den geistig-seelischen Kräften (Quellen) des Menschen und seinen Hervorbringungen. Dazu gehört vor allem das dichterische Schaffen und die Kunstwerke, deren unversehrtes, freies Wachsenkönnen die Voraussetzung für alle wahre Kunst darstellt. Indem aber der Staat das künstlerische Handeln einengt, Werke verbietet, Autoren bestraft usw. übt er eine Gewalt aus, die zum Versiegen

Naturgedicht als sozialkritisches Gleichnis

Die „Quellen" des Dichtens

der schöpferischen Quellen führen wird. Die zentralen Gedichtverse 5/6 beziehen sich zurück auf den ersten Gedichtteil und voraus auf den dritten Abschnitt, und sie bilden zusammen mit der Schlusszeile „in uns", die syntaktisch den Abschnitt 3 vervollständigt, eine gedankliche Einheit.

Autobiographischer Aspekt

Reiner Kunze hat sich der gewaltsamen Zerstörung seiner poetischen Kräfte durch die Staatsbürokratie offen widersetzt – durch seine Dichtungen und sein politisches Handeln. Er verzichtet 1959 freiwillig auf die von der SED geförderte akademische Laufbahn an der Leipziger Universität durch Abbruch der Doktorarbeit. Enttäuscht vom sozialistischen Deutschland geht er 1961 zeitweilig in die ČSSR, wo er wichtige Impulse für seine Lyrik erhält. Im Jahr 1968 tritt er wegen der Teilnahme der DDR an der Unterwerfung des Prager Frühlings aus der SED aus. Wie viele Autoren verlässt er die DDR, sein Land („das ich wieder und wieder wählen würde"), erst nach der Ausbürgerung von Biermann im Jahre 1977.

Wolf Biermann

Im Werk des populärsten politischen Lyrikers der früheren DDR, Wolf Biermann, dominiert ein aggressiver, kritisch-aufrüttelnder Ton. Für Resignation ist da kaum Platz. Er ist Kommunist und davon überzeugt, dass die DDR „die bessere Hälfte Deutschlands" repräsentiert. (Raddatz: Traditionen und Tendenzen, Bd. 1. S. 194). Empörung und Wut in seinen Liedern rührt her aus der Enttäuschung über die Partei- und Staatsführung, die einen verfälschten Sozialismus mit repressiven Methoden durchzusetzen versucht. Biermann hingegen kämpft mit literarischen Mitteln für eine gerechte und humane kommunistische Gesellschaftsordnung. Doch gibt es auch bei Biermann Phasen der Erschöpfung und Texte von bedrückendem Pessimismus. „Portrait eines alten Mannes" gehört dazu und ebenso das berühmte „Hölderlin-Lied" (vgl. S. 139), das in den siebziger Jahren entsteht und das im kontrastiven Vergleich zum Gedicht „Laß dich nicht verhärten" gelesen werden könnte.

Verknüpfungen mit dem Schicksal Hölderlins

Die Anknüpfung des Gedichts an das Schicksal des Dichters Friedrich Hölderlin, auf das der Titel hinweist, erfolgt auf mehreren Ebenen. Zum einen ist das Lebensgefühl der Fremdheit ein Wesenszug Hölderlins im umfassend existenziellen Sinn, aber auch mit engerer Bedeutung in seinem Verhältnis zum deutschen Vaterland, in dem er nirgends einen Platz für sich findet und an dem er völlig verzweifelt. Eine andere Verbindung zu Biermanns Gedicht stellt Hölderlins enthusiastische Zustimmung zur Französischen Revolution dar, von der er sich vergeblich eine grundlegende Umwälzung auch für Deutschland erwartet. Das dritte Verknüpfungselement ergibt sich aus dem Motto „So kam ich unter die Deutschen". Es handelt sich um ein Zitat aus dem Roman „Hyperion", mit dem der Titelheld (II. Buch, 2. Brief) eine vernichtende Scheltrede über die deutsche Wesensart einleitet. Fremd im eigenen Land zu sein – in einem Land, das sie dennoch lieben – ist das Schicksal vieler DDR-Autoren. Doch gibt es dieses zwiespältige Verhältnis in den sechziger Jahren auch bei west-

Das Hölderlin-Lied

„So kam ich unter die Deutschen"

In diesem Lande leben wir
wie Fremdlinge im eigenen Haus
        Die eigne Sprache, wie sie uns
        entgegenschlägt, verstehn wir nicht
        noch verstehen, was wir sagen
        die unsre Sprache sprechen
In diesem Lande leben wir wie Fremdlinge

In diesem Lande leben wir
wie Fremdlinge im eigenen Haus
        Durch die zugenagelten Fenster dringt nichts
        nicht wie gut das ist, wenn es draußen regnet
        noch des Windes übertriebene Nachricht
        vom Sturm
In diesem Lande leben wir wie Fremdlinge

In diesem Lande leben wir
wie Fremdlinge im eigenen Haus
        Ausgebrannt sind die Öfen der Revolution
        früherer Feuer Asche liegt uns auf den Lippen
        kälter, immer kältre Kälten sinken in uns
Über uns ist hereingebrochen
                                solcher Friede!
                                                solcher Friede
        Solcher Friede.

deutschen Linksintellektuellen. Aus vergleichbaren Gründen wird daher der enttäuschte und gescheiterte Hölderlin für zahlreiche Dichter in Ost und West zu einer „Identifikationsfigur" (Korte: Lyrik von 1945 bis zur Gegenwart, S. 96 f.).

Der verordnete „Friede"

Biermann eröffnet alle drei Strophen seines Gedichts mit den leitmotivischen Versen 1 u. 2 und beschließt die ersten beiden Strophen mit der Wiederholung der Klage „In diesem Lande leben wir wie Fremdlinge". Im Schluss der 3. Strophe nimmt er eine Variation vor, indem er an die Stelle des Signalworts ‚Fremdling' die bitter ironische Formel „solcher Friede" setzt. Ihre dreimalige Setzung in jeweils eigener Leerzeile mit gegeneinander verschobenen Positionen kann als visuelles Signal für die innere Unordnung und Unruhe gedeutet werden. Wo die Menschen im eigenen Vaterland Fremde sind und sich mit ihrer gemeinsamen Sprache untereinander nicht mehr verstehen, kann es keinen wahren Frieden geben. Vielmehr handelt es sich um einen politisch verordneten, disharmonischen Zwangsfrieden. Er ist über die Bewohner ‚hereingebrochen' wie ein

Unheil. Mit Blick auf die DDR-Schriftsteller und die Kritiker des Systems wird der Begriff ‚Friede' zur Metapher für das Publikationsverbot, das viele zum Schweigen verurteilt. Aber er umschreibt natürlich die insgesamt unerträgliche Kommunikationssituation zwischen den Menschen im Stasi-Überwachungsstaat. Fremd ist der Mensch naturgemäß dort, wo er eine Fremdsprache nicht versteht. Noch fremder aber muss er sich fühlen, wenn er die Muttersprache nicht mehr verstehen kann. Für den Dichter ist die Sprache das wichtigste und sensibelste Instrument. Indem Biermann ihr Nichtfunktionieren und ihren Gewalt ausübenden Gebrauch durch die Herrschenden (sie ‚schlägt entgegen') an den Anfang des Gedichts stellt, bringt er ihren primären sozialen Rang anschaulich zum Ausdruck.

Fremdheit der Muttersprache

Das lyrische Subjekt charakterisiert im weiteren sein Land als Haus mit zugenagelten Fenstern (Vers 10). Dadurch wird jeder Kontakt, nicht nur der sprachliche, mit der Welt verhindert. Dieses ausgeschlossene Draußen erscheint im Gedicht in Gestalt von Naturereignissen (Vers 11 f.), gemeint sind aber gewiss politische und gesellschaftliche Vorgänge, von denen die Bürger des Landes nichts erfahren sollen. Metaphorische Formeln wie „Botschaften des Regens" (Günter Eich) oder Biermanns eigene Wendung „Nachricht vom Sturm" (Vers 12) legen solche Deutungen nahe. Dabei mag „Sturm" in assoziativer Verknüpfung mit „Revolution" (Vers 17) Vorstellungen von Empörung oder Aufruhr evozieren. Das abgeschottete Haus versinnbildlicht außerdem natürlich die Isolierung der DDR von der westlichen Welt durch Stacheldraht und Mauer.

Gesellschaftliche Isolation: die ausgeschlossene Welt

In der 3. Strophe steigert sich die Klage des lyrischen Ichs, das ausnahmslos in der Wir-Form spricht, zur pessimistischen Resignation. Der Enthusiasmus der sozialistischen Revolutionäre ist erloschen bzw. durch das System zum Erlöschen gebracht worden. Mit traditionellen Feuer-Kälte-Metaphern umschreibt Biermann die negative Wandlung als ein inneres Erfrieren – ein Bild, das auch Hölderlin öfter verwendet (vgl. Binneberg, S. 110 ff.). Insbesondere für das dichterische Schaffen hat die Erfahrung des ausgebrannten Revolutionsfeuers ihre negativen Folgen. Biermann versinnbildlicht sie mit der Metapher von der „Asche auf den Lippen". Damit verbindet der Leser zunächst die vage Vorstellung eines bitteren Geschmacks. Doch die Lippen sind ein Ort des Sprechens, und alles Dichten und Singen gelangt über die Lippen nach draußen. Was vormals ein hoffnungsvolles, feuriges Sprechen gewesen ist, hat sich nun zu einem bitteren, kalten Sprechen gewandelt. In Vers 19 deutet sich durch das Zunehmen der inneren Kälte (mit der Figura etymologica rhetorisch wirkungsvoll gesteigert) eine noch schlimmere Bedrohtheit des dichterischen Sprechens an: das Verstummen. Es lassen sich wieder Verbindungen zu Hölderlin herstellen, dessen Schaffen in der geistigen Verwirrung versiegte.

Ende des revolutionären Glaubens

Metaphorik der Kälte

Neben den inhaltlichen Anspielungen auf das dichterische Leitbild findet sich in Biermanns Gedicht auch eine stilistische Besonderheit, die auf

Hölderlins Lyrik zurückverweist. Es handelt sich um das syntaktische Phänomen des ‚ungeraden' Satzbaus (Inversion). In den Versen 5 f., 12 f. und 18 ist die übliche Wortfolge von Subjekt – Prädikat – Objekt vertauscht, also: „noch des Windes übertriebene Nachricht vom Sturm" statt: ‚noch die übertriebene Nachricht des Windes vom Sturm' oder „früherer Feuer Asche" statt ‚die Asche früherer Feuer'. Diese Wortstellung verleiht heutigen Texten die Patina des feierlich gehobenen Stils der klassischen Epoche. Das lyrische Ich spricht in einer Tonlage, die wir im Jahr 1977 und vor allem bei Biermann nicht erwarten, die wir aber trotzdem nicht als Parodie empfinden. In den drei betroffenen Textpassagen sind inhaltlich das Verstehen der Sprache, die „Nachricht des Windes" und die „Lippen" thematisiert. Man wird es kaum als Zufall deuten, dass gerade dieser Motivkomplex der verstörten Kommunikation in einer heute ‚unnatürlichen', verfremdeten Sprechweise vermittelt wird.

Stilmittel der Inversion: verfremdendes Sprechen

Poetik des Engagements als Gegenmodell zur ästhetischen Lyrik
Poetologische und lyriktheoretische Texte
B. Brecht: Lyrik-Wettbewerb 1927 . In B. B.: Werke, Bd. 18. S. 54–59. – Was ist Formalismus? In B. B.: Werke, Bd. 19. S. 523–529. – H. M. Enzensberger: Poesie und Politik. In H. M. E.: Einzelheiten, S. 334–353. – Th. W. Adorno: Engagement. In Th. W. A.: Noten zur Literatur III, S. 109–135. – G. Benn: An Siegfried Kracauer. In: Gottfried Benn 1886–1956. (Marbacher Kataloge 41). Hg. v. U. Ott. Dt. Schillergesellschaft. Marbach 1986. S. 137. – Ders.: An Helmut Lamprecht. In G. B.: Ausgewählte Briefe. Limes Verlag. Wiesbaden 1957. S. 229. – H. N. Fügen: Die Hauptrichtungen der Literatursoziologie und ihre Methoden. 6. Aufl. Bonn 1974.

Sekundärliteratur
H. Gnüg: Gespräch über Bäume. Zur Brecht-Rezeption in der modernen Lyrik, S. 89–117.

Poetologische Gedichte zur politischen Lyrik
Motivgleiche oder motivverwandte Gedichte
B. Brecht: Der Blumengarten. In: Ges. Werke, Bd. 10. S. 1009. (Dazu C. Gansel: Vergnügen und Genuß. In: Frankfurter Anthologie, Bd. 21. Hg. v. M. Reich-Ranicki. Frankfurt/M. 1998. S. 178 ff.) – Ich benötige keinen Grabstein. In: Ges. Werke, Bd. 20. S. 1029. – In H. M. Enzensberger: Windgriff. In H. M. E.: Gedichte 1950–1985. (suhrkamp taschenbuch 1360). Frankfurt/M. 1986. S. 62.

Poetologische und lyriktheoretische Texte
H. M. Enzensberger: Poesie und Politik. In H.M. E.: Einzelheiten. Frankfurt/M. 1962. S. 334–353. – G. Kunert: Paradoxie als Prinzip. In G. K.: Literatur im Widerspruch. Editionen für den Literaturunterricht. Mit Materialien. Hg. v. D. Steinbach. Stuttgart 1980. S. 68 ff.

Sekundärliteratur
W. Segebrecht: Sind Lyrikfreunde bessere Menschen? In: 1000 Deutsche Gedichte, Bd. 7. S. 183–186. – Klaus Schuhmann: Späte Lyrik Brechts, S. 50–53 – W. H. Rey: Brecht – Enzensberger: Gebrauchswert des Gedichts. In: Poesie der Antipoesie, S. 147–162.

Formen der historisch-politischen Lyrik im frühen Nachkriegsdeutschland
Motivgleiche oder motivverwandte Gedichte
G. Eich: Inventur. In: Conrady, S. 769 (Dazu J. Zenke: Poetische Ordnung als Ortung des Poeten. In: Gedichte und Interpretationen, Bd. 6. S. 71–82). – G. Eich: Camp 16. – Sinziger Nacht. – Gefangener bei Nacht. – Der Nachtwind weht. Alle in G. E.: Gesammelte Werke, Bd. 1. S. 33, 36, 37 u. 39. – B. Brecht: Aufbaulied. – Als ich kam in die Heimat. – Nimm Platz am Tisch. – Als die Stadt nun tot lag. – An meine Landsleute. Alle in B. B.: Ges. Werke, Bd. 11. S. 955, 959, 961, 964 u. 965.

Poetologische und lyriktheoretische Texte
B. Brecht: Über reimlose Lyrik mit unregelmäßigen Rhythmen. In B. B.: Ges. Werke, Bd. 19. S. 395–404.

Sekundärliteratur
G. Kaiser: Geschichte der deutschen Lyrik von Heine bis zur Gegenwart, Bd. 2. S. 691–695. – P. H. Neumann: Die Rettung der Poesie in Unsinn, S. 51–54 u. S. 59–67.

Lyrik des Holocaust
Motivgleiche oder motivverwandte Gedichte
N. Sachs: Ihr Zuschauenden. In: Conrady, S. 741. – Welt, frage nicht die Todentrissenen. In N. S.: Gedichte. Frankfurt/M. 1996. S. 35 (Mit besonderer Nähe zur Thematik von „Chor der Geretteten"). – J. Bobrowski: Gedenkblatt. In J. B.: Schattenland Ströme. Stuttgart 1962, S. 32 (Wie der Titel andeutet, handelt es sich ebenfalls um ein Gedicht gegen das Vergessen des Völkermords, hier zur Erinnerung an die Vernichtung der Zigeuner). – R. Ausländer: Rückblick. In R. A.: Ich höre das Herz des Oleanders. Gedichte 1977–1979. S. Fischer Verlag. Frankfurt/M. 1984. S.163. – Schallendes Schweigen. In R. A.: Im Atemhaus wohnen. Gedichte. Frankfurt/M. 1981. S. 38 (Dazu Interpretationshinweise bei H. Korte: Lyrik von 1945 bis zur Gegenwart, S. 60 ff.). – Paul Celan: Todesfuge. In: Conrady, S. 812 (Von den zahllosen Interpretationen zu dem Gedicht nennen wir eine kleine Auswahl leicht zugänglicher Arbeiten. P. H. Neumann: Zur Lyrik Paul Celans, S. 93 ff. – P. von Matt in: 1000 Deutsche Gedichte. Bd. 8. S. 375 ff. – D. Hoffmann: Arbeitsbuch deutschsprachige Lyrik seit 1945, S. 248 ff. – J. Felstiner: Paul Celan. Eine Biographie. München 1997. S. 53–69. – B. Sorg: Lyrik interpretieren, S. 183–188). – P. Celan: Chymisch. In P. C.: Gesammelte Werke, Bd. 1. S. 227. (Dazu D. Lamping in: Moderne Lyrik, S. 109 ff.). – U. Hahn: Nach Jahr und Tag. In U. H.: Spielende. Stuttgart 1983. S. 83 (Dazu W. Hinck in: 1000 Deutsche Gedichte, Bd. 10. S. 468 ff.).

Sekundärliteratur

D. Lamping: Gedichte nach Auschwitz, über Auschwitz. In: Poesie der Apokalypse, S. 237–256. – J. Ryan: Nelly Sachs. In: Weissenberger, S. 110–118. – H. Domin: Nachwort. In Nelly Sachs: Gedichte. 9. Aufl. Frankfurt/M. 1996. S. 105–137. – L. Hardegger: Nelly Sachs und die Verwandlungen der Welt. Bern u. Frankfurt/M. 1975. – J. Wertheimer: „Ich und Du". Zum dialogischen Prinzip bei Nelly Sachs. In: Nelly Sachs. Neue Interpretationen. Hg. v. M. Kessler u. J. Wertheimer. 1994. S. 80 ff. – St. Reichert: Das verschneite Wort. Untersuchungen zur Lyrik Johannes Bobrowskis. Bonn 1989. S. 26–30. W. Keller: Zu tilgen und zu sühnen. In: 1000 Deutsche Gedichte, Bd. 8. S. 319 ff. (Zu Bobrowski „Holunderblüte").

Engagement und Agitation im lyrischen Gedicht

Motivgleiche oder motivverwandte Gedichte

B. Brecht: Lob des Lernens. In: Gesammelte Werke, Bd. 9, S. 462 f. – H.M. Enzensberger: Bildzeitung. – Sozialpartner in der Rüstungsindustrie. – Konjunktur. Alle in: Verteidigung der Wölfe. Gedichte. S. 85, 89 u. 91. – H.M. Enzensberger: An alle Fernsprechteilnehmer. In: Conrady, S. 900. (Dazu Enzensberger: Selbstinterpretation u. E. Lohner: Interpretation. In: H. Domin: Doppelinterpretationen, S. 127–135; H. Schanze in: Deutsche Lyrik nach 1945. Hg. v. D. Breuer. S. 245 ff.) – H.M. Enzensberger: Utopia. In: Verteidigung der Wölfe. S. 28 f. (Dazu: G. Fussenegger in: 1000 Deutsche Gedichte, Bd. 9, S. 307 ff.). – P. Rühmkorf: Allein ist nicht genug. In P. K.: Haltbar bis Ende 1999, S. 22 f. – E. Fried: 42 Schulkinder. – Verhinderter Liebesdienst. – Richtigstellung. – Spielzeug. In: und Vietnam und. S. 16, 18,19 u. 20. (Alle vier Gedichte gehören zum Themenkomplex ‚Leiden der Kinder im Vietnamkrieg'. Im Gedicht „42 Schulkinder" erweitert Fried den Bezugsrahmen, indem er die Lage der Kinder in anderen vergleichbaren Kriegsgräueln des 20. Jhdts. einbezieht). – W. Biermann: Ermutigung. In: Conrady, S. 978. – Warte nicht auf beßre Zeiten. In W. B.: Die Drahtharfe. Balladen – Gedichte – Lieder. (Verlag Klaus Wagenbach). Berlin 1965. S. 65 f.

Poetologische und lyriktheoretische Texte

P. Rühmkorf: Wachzurütteln und zu träumen ... In P. R.: Bleib erschütterbar und widersteh. Aufsätze – Reden – Selbstgespräche. Rowohlt Verlag. Reinbek b. Hamburg 1985. S. 195–199. – E. Fried: Vietnam und was wir denken (Aus: Fried ‚Tagebuch' Jan./Febr. 1968.) In E. F.: und Vietnam und, S. 105–111.

Sekundärliteratur

M. Zeller: Gedichte haben Zeit, S. 106–110. Auch in: Gedichte aus unserer Zeit. Bamberg 1990, S. 174 ff. (Zu „Ins Lesebuch für die Oberstufe"). – H. E. Holthusen: Hans Magnus Enzensberger. In: Weissenberger, S. 331–343. – G. Kaiser: Geschichte der deutschen Lyrik von Heine bis zur Gegenwart, Bd. 2. S. 488–490. – A. v. Schirnding: Leichtfüßig gegen Gewalt. In: 1000 Deutsche Gedichte, Bd. 9. S. 377 f. (Zu „Bleib erschütterbar und widersteh"). – W. Kopplin: Beispiele, S. 45–47 (Zu „Vordruck"). – J. Haupt: Natur und Lyrik, S. 190 f. (Naturmetaphorik in Biermanns politischen Gedichten).

Gesellschaftskritik in der DDR-Lyrik

Motivgleiche oder motivverwandte Gedichte

G. Kunert: Als unnötigen Luxus. – Geschichte. In G. K.: Verkündigung des Wetters. Gedichte. S. 21 u. 25 f. (Zu „Geschichte" vgl. M. Durzak in: Gedichte und Interpretationen, Bd. 6. S. 307–318). – Unterwegs nach Utopia I. In G. K.: Unterwegs nach Utopia. Gedichte. (Carl Hanser Verlag). München 1977. S. 75 (Dazu: W. Hinderer in: 1000 Deutsche Gedichte, Bd. 9. S. 351–354). – Stiefmütterchen Revolution. In G. K.: Stilleben. Gedichte. (dtv). München 1983. S. 51. – R. Kunze: Auf einen Vertreter der Macht. In R. K.: zimmerlautstärke. gedichte. (Fischer Taschenbuch 1934). Frankfurt/M. 1977. S. 40 u. 55. – Dreiblick. – Ethik. – Von der Notwendigkeit der Zensur. In R. K.: Sensible Wege. S. 19, 35 u. 57. – W. Biermann: Portrait eines alten Mannes. In: Deutsche Gedichte der sechziger Jahre. Hg. v. H. Piontek. (Reclams Universal- Bibliothek 8211). Stuttgart 1972. S. 190. (Interpretationshinweise dazu bei H. Korte: Lyrik von 1945 bis zur Gegenwart, S. 88–90). – P. Huchel: Psalm. In: Conrady, S. 767.

Sekundärliteratur

H. Wagener: Günter Kunert. In: Weissenberger, S. 353–365.. – W. Koepke: Reiner Kunze. In: Weissenberger, S. 373–382. – F. J. Raddatz: Traditionen und Tendenzen, Bd. 1. S. 170–178 u. 187–191. – H. Korte: Lyrik von 1945 bis zur Gegenwart, S. 96 f. (Zu „Hölderlin-Lied").

V. Alltagslyrik und Neue Subjektivität

1. Lyrikkonzept der siebziger Jahre

Ende der hermetischen Lyrik

Gegen Ende der sechziger Jahre setzt in der deutschen Lyrik ein Paradigmenwechsel ein. Die ästhetisch-hermetische Lyrik ist mit den späten Gedichten Celans, Eichs, Bachmanns u.a. an eine Grenze gelangt, über die hinaus eine weitere sprachliche Verdichtung und Reduktion nicht mehr denkbar ist. Aufgrund ihrer realitätsfernen Esoterik verliert sie an Resonanz in der literarischen Öffentlichkeit, die sich zunehmend der politisch engagierten Literatur zugewandt hat. Nach Meinung der Literaturgeschichte fällt mit Celans Freitod im Jahre 1970 das Ende der ‚absoluten Poesie' zusammen.

Rückzug der Lyrik aus der Politik

Auch die politische Lyrik der späten fünfziger und sechziger Jahre, die vor allem während des Vietnamkriegs und der Studentenunruhen ihren Höhepunkt erreicht, hat nach einem Jahrzehnt ihre innovative Kraft eingebüßt. Einerseits sind die künstlerisch schwachen Agitprop-Texte nur von kurzlebiger Wirkung; andererseits zielen die utopisch-revolutionären Forderungen der linksintellektuellen Autoren an den politischen Vorstellungen der bürgerlichen Gesellschaft vorbei ins Leere. „Mit Spatzen auf Kanonen geschossen" heißt es in Enzensbergers Gedicht „Zwei Fehler" (1971) und das will sagen: Es war ein Irrtum, Gedichte als Waffe gegen politische Machtpositionen einzusetzen. Enzensberger hatte unnachgiebig das Engagement der Lyrik für die revolutionäre Veränderung verlangt (vgl. „Ins Lesebuch für die Oberstufe"). Voller Selbstironie hat er dieses Programm der politischen Lyrik dann ebenso vehement widerrufen (z. B. im Gedicht „Über die Schwierigkeiten der Umerziehung", 1971).

Bruch mit der Lyriktradition der 50-er und 60-er Jahre

So vollzieht sich ein Wandel, mit dem eine neue poetologische Konzeption einhergeht. Thematisch und stilistisch stellt sie einen Bruch mit den beiden vorhergehenden Grundströmungen dar. Sie wird von der Literaturgeschichte mit Begriffen wie ‚Neue Subjektivität', ‚Neue Innerlichkeit' oder ‚Alltagslyrik' umschrieben. Dabei handelt es sich nicht um eine einheitliche literarische Bewegung, sondern um unterschiedliche Tendenzen, in denen allerdings bestimmte Gemeinsamkeiten wirksam werden. Mit der Ablehnung der Formtraditionen (insbesondere Metrik, Reim, Strophik) und der hermetischen Metaphernsprache verbindet sich die Forderung nach einfachstem Sprachgebrauch bis hin zum Jargon. Verlangt wird Verständlichkeit der Lyrik für jedermann. Das betrifft vor allem auch die Themen und Motive. Sie sollen der alltäglich erlebbaren Wirklichkeit entstammen, und sie sollen ästhetisch unaufwendig und realitätsnah vermittelt werden. Weder metaphysischer Tiefsinn noch politische Weltveränderung, sondern das einfache Leben soll im Gedicht unmittelbar zur Sprache kommen.

Diese poetologische Forderung wird mit dem Begriff ‚Alltagslyrik' für die Gedichte der siebziger Jahre zutreffend charakterisiert.

Hervorteten des lyrischen Subjekts

Symptomatisch für die neuen Gedichte ist das deutliche Hervortreten des lyrischen Subjekts, das sich häufig als das Dichter-Ich zu erkennen gibt. Das Autobiographische, also das persönliche Erleben und Wollen, wird wieder ins Zentrum gerückt. Die Formkunst der absoluten Poesie und die politische Programmlyrik haben beide das private Ich zu Gunsten der höheren Idee in den Hintergrund gedrängt. Die Generation der jüngeren Autoren (Theobaldy, Wondratschek, Born, Brinkmann, Buselmeier etc.) wagt wieder, von sich selbst und ihrer eigenen Weltsicht zu sprechen. Darauf zielen der Begriff ‚Neue Subjektivität' und die Deutung mancher Gedichte als eine neue Form von ‚Erlebnislyrik'. Dies setzt eine individuelle Empfindsamkeit voraus, und das Erleben der Wirklichkeit vollzieht sich vor allem mit Hilfe der Sinne. Daher hat man die Lyrikkonzeption auch als ‚Neue Sensibilität' charakterisiert. Innerhalb der Gedichte spielen die sinnlichen Phänomene des Sehens, Hörens, Riechens etc. eine wichtige Rolle. Erlebnisse sind ihrem Wesen nach von begrenzter Dauer.

Neue Sinnlichkeit

Infolgedessen thematisiert die ‚Erlebnislyrik' vorübergehendes Geschehen, nicht aber tiefgründige Erkenntnis oder ‚ewige Wahrheiten'. Zwar ist das Erleben ein ganz persönliches Ereignis, aber das lyrische Ich erscheint in den Gedichten der Neuen Subjektivität nicht als isoliertes monologisches Ich (wie bei Benn), sondern es erweitert sich zum lyrischen Wir. Jeder Leser soll sich in die Erfahrungswelt des Gedichtsubjekts hineinversetzen können. Es ist folgerichtig, dass sich eine solche Lyrik vor allem an Grundsätzen des Realismus orientiert. Nicht Verfremdung der Wirklichkeit oder Erschaffung einer neuen (poetischen) Realität, sondern Wiedergabe (Nachahmung) der vorhandenen Wirklichkeit ist das Ziel. Diese erfolgt meist aus einer subjektivistischen Sichtweise. Aber sie wird eingegrenzt auf den Kreis des äußerlich Gegebenen und real Erfahrbaren. Dadurch bekommt die Lyrik der Neuen Subjektivität einen durchaus objektiven Charakter. In ihren Inhalten beschränkt sie sich im übrigen nicht auf persönlich-private Erlebnisbereiche. So wird beispielsweise der zerstörerische Umgang des Menschen mit der Natur zu einem wichtigen Thema. Wie sich jeder Mensch in seiner Lebenswirklichkeit mit der Gesellschaft auseinander setzen muss, so wird auch das lyrische Ich dieser Gedichte mit politisch-sozialen Problemen konfrontiert. Durch die verstärkte Orientierung des Individuums an seinen persönlichen Bedürfnissen werden auf die gesellschaftlichen Fragen nun aber andere Antworten gegeben als in der Lyrik der sechziger Jahre.

Realistischer Anspruch der neuen Lyrik

2. Zwischen politischem Engagement und privatem Glück

M. Buselmeier: „Dem Volke dienen" (1978)

Ein Jahrzehnt nach den Studentenunruhen erscheint 1978 das folgende Gedicht von Michael Buselmeier, das auf exemplarische Weise den Bruch mit der Lyrik des politischen Engagements thematisiert.

Autobiographische Züge

Dem Volke dienen

1968 habe ich den Frühling übersehen
vor lauter blau-roten Fahnen
und Begeisterung für die Revolution
Zum ersten Mal trug ich
ein selbstgemaltes Transparent, ich lernte
mich bei Fremden unterzuhaken
Sprechchöre mitzusprechen
Flugblätter anzubieten
vor vielen Menschen zu reden
Wir werden siegen, sang Joan
und zur rechten Zeit habe ich Karin
im Arbeitskreis Kulturrevolution kennengelernt.

Ein Jahr später wäre ich lieber
in der Baumblüte spazierengegangen.

Und jetzt schaue ich mir den Herbst an
und nichts drängt mich dazu
hinter den roten Tüchern
herzustolpern und die Parolen
vom Zettel abzulesen (dreimal rufen)
Ich stehe am Straßenrand
ein Gefühl der Fremdheit, Scham
wenn vor der Mensa einer mich anhaut
Genosse, hast du schon unterschrieben?

Und plötzlich beginnen die Penner
auf dem Bismarckplatz Fußball zu spielen

Der Autor hat die studentische Revolte in Heidelberg miterlebt und aktiv daran teilgenommen. Die entsprechenden Ereignisse werden konsequent aus der Perspektive eines lyrischen Subjekts geschildert und beurteilt, das wir trotz aller autobiographischen Züge nicht einfach mit dem Autor-Ich gleichsetzen können. Es erinnert sich mit relativ genauen Zeitangaben etwa anderthalb Jahre später an seine Mitwirkung bei den politischen Aktionen des Frühjahrs 1968 (Vers 1–12). Es lässt im zweiten Abschnitt seine im Frühjahr 1969 aufkeimende Distanz zur Protestbewegung anklingen

Textgliederung

(Vers 13/14). Und in der 3. Strophe formuliert das lyrische Ich für den Herbst 1969 seine Abwendung vom politischen Kampf der Studenten, wobei es auf Details und Sprachbilder der Anfangsstrophe zurückgreift (Vers 15–23). Der völlig veränderten Einstellung des Subjekts entspricht dann der zweizeilige Gedichtschluss, der formal und inhaltlich mit der 2. Strophe zu verknüpfen ist. Die Gliederung des Gesamttextes folgt der zeitlich gestuften Entwicklung des lyrischen Ichs. Alle vier Textabschnitte setzen auffallend mit einer Zeitangabe oder einem temporalen Adverb ein. Solche genaueren Datierungen finden sich häufiger als Signale der realistischen Stilhaltung in der Alltagslyrik. Neben dem linear fortschreitenden Gedichtverlauf ist die Makrostruktur inhaltlich geprägt vom Rückblick.

Politische Absichten der Achtundsechziger

Die Erlebnisse und Gedanken des lyrischen Ichs werden vom Autor unverschlüsselt dargeboten, so dass sich für den Leser, wenn er sich über den zeitgeschichtlichen Hintergrund informiert, keine weiteren Verständnisprobleme ergeben werden. Der Gedichttitel „Dem Volke dienen" formuliert einen politischen Anspruch, der für die Generation der Achtundsechziger vor allem darin besteht, das Volk von der Notwendigkeit einer sozialistischen Revolution der bürgerlichen Gesellschaft zu überzeugen. Auf ihren Protestmärschen und Demonstrationen versuchen vor allem die Studenten basisdemokratische, marxistische Politikmodelle anzupreisen und eine revolutionäre Situation herzustellen. Sie knüpfen an die proletarische Kulturrevolution der Roten Garden in China unter Mao Tsetung an (1966–69), und sie solidarisieren sich mit dem Kampf des kommunistischen Nordvietnam unter Ho Chi Minh gegen die USA. Die „blau-roten Fahnen" der Vietcong wehen den Demonstranten voran (Vers 2).

Internationale Solidarität

Auch die kubanischen Freiheitskämpfer Che Guevara und Fidel Castro gehören zu den Idolfiguren der Generation. Zitiert wird der amerikanische Freiheits-Song „We shall overcome", der in einer Aufnahme der Folksängerin Joan Baez breite Resonanz fand (Vers 10). In der 1. Strophe spielt das Motiv der politischen Gemeinschaftsbildung eine wichtige Rolle (Vers 5/6 u. 10/11). Die individuelle Ich-Perspektive des Anfangs wandelt sich ab Vers 6 in ein intensives Zusammengehörigkeitsgefühl selbst mit ‚Fremden'. „Zur rechten Zeit" macht das lyrische Ich die Bekanntschaft eines Mädchens (Vers 11). Es deutet sich, auch durch die hervorhebende Nennung ihres Namens, eine persönliche Beziehung (Zuneigung?) an. Das Gedicht sagt darüber nichts weiter, es lässt das Verhältnis zwischen den beiden in der Schwebe und als Gemeinsamkeit im politischen Handeln erscheinen.

Subjektivistische Tendenz

In der 2. Strophe kündigt sich ein subjektivistischer Umschwung an, der vom Ich aber noch nicht vollzogen wird. Es äußert, im Konjunktiv formuliert, die Sehnsucht nach Spaziergängen in der „Baumblüte" anstatt auf den Straßen zu demonstrieren. Die Formulierung kann als eine Anspielung auf Brechts Formel von der „Begeisterung über den blühenden Apfelbaum" ausgelegt werden. Sie dient Brecht als Negativ-Metapher für eine unpolitische und daher verfehlte Dichtung, weil sie das ästhetische oder private Glückserlebnis in den Mittelpunkt stellt („Schlechte Zeit für Lyrik"; s. S. 89). Das lyrische Subjekt bringt in dem Natur-Wunschbild zwar seinen Verdruss an den politischen Aktivitäten zum Ausdruck, es beendet seine Teilnahme daran aber erst einige Monate später im Herbst.

Kritik des lyrischen Ichs an den politischen Aktionen

Davon spricht die 3. Gedichtstrophe. Der Rückzug des Ichs in die Privatheit hat eine Vereinzelung zur Folge, die einen korrespondierenden Gegensatz zum vorherigen Gemeinschaftsgefühl bildet. An die Stelle der Solidarität („sich bei Fremden unterzuhaken") tritt das „Gefühl der Fremdheit" (Vers 21). Abgetrennt von den „Genossen" steht das GedichtIch als passiver Zuschauer „am Straßenrand". Es schämt sich offenbar, vormals dazu gehört zu haben. Mit der Bild- und Wortwahl macht das reflektierende Ich die Naivität der Protestaktionen offenkundig. Aus den „Fahnen" sind, mit pejorativer Nebenbedeutung, „rote Tücher" geworden. ‚Hinterherstolpern' signalisiert Unbeholfenheit – schlichte ‚Parolen vom Zettel abzulesen' zeugt von ziemlicher Einfalt. Die umgangssprachliche Verbform ‚anhauen' statt ‚ansprechen' verweist auf grobschlächtiges Kommunikationsverhalten, das dem Ich eher peinlich ist. Durch diese negativ getönte Charakteristik wird die politische Bewegung als primitiver Aktionismus entlarvt, an dem das nachdenklich gewordene Gedicht-Ich nicht mehr teilnehmen mag.

Schlussbild als unpolitisches Kontrastmotiv

In der 2. Strophe hatte der Autor bereits einen Kontrapunkt zum politischen Thema der Anfangsstrophe gesetzt (‚Baumblüte' statt ‚Kulturrevolution'). Etwas Vergleichbares vollzieht sich im Gedichtschluss. Durch einen abrupten, genialen Bildwechsel werden die „Penner" (Vers 24), also die politisch desinteressierten Außenseiter der Gesellschaft, mit ihrem privaten Fußballvergnügen ins Blickfeld gerückt. Ihr Spiel bildet einen provozierend-grotesken Gegensatz zum politischen Eifer der Demonstranten, denen sie keinerlei Beachtung schenken. Dass sie auf einem Platz in Heidelberg spielen, der nach dem großen Politiker Bismarck benannt ist, erhöht noch den Reiz des Kontrastiven. Im Zusammenhang mit der Schlusswendung bekommt der Gedichttitel ‚Dem Volke dienen' einen ironischen Nebensinn. Die Linksintellektuellen demonstrieren zum Wohle der Allgemeinheit gegen die herrschenden Machtverhältnisse für eine klassenlose Gesellschaft. Aber diejenigen, für die sie das zu tun glauben, legen gar keinen Wert darauf. Sie spielen lieber Fußball. Die ‚gute Absicht' der Kämpfer für soziale Gerechtigkeit erweist sich als lächerliches Missverständnis. So könnte der (wiederum ironisch zu lesende) bessere Dienst am Volke in der politischen Enthaltsamkeit bestehen, die den Leuten ihre Ruhe lässt.

Rolle des Lesers

Buselmeiers Gedicht ist kein Gedankengedicht, in dem diese Problematik reflektiert und ausgesprochen würde. Vielmehr präsentiert es dem Leser nur die äußeren Vorgänge und teilt ihm die Empfindungen des lyrischen

Subjekts mit. Es liefert auch keine expliziten Begründungen für den Meinungswechsel des Gedicht-Ichs. Es bleibt dem Rezipienten überlassen, aus den Fakten eigene Schlüsse zu ziehen. Allerdings werden seine Urteile durch die Ich-Perspektivierung des Gedichts subjektivistisch gelenkt, wodurch eine unvoreingenommene Meinungsbildung erschwert wird. Der Widerspruch zwischen dem Engagement für die revolutionäre Weltveränderung und den privaten Glücksvorstellungen, die in diesem Gedicht aufeinander stoßen, fordert zur Auseinandersetzung heraus. Er bewirkt eine inhaltliche Spannung und eine ironische Wirkung bei jenen Lesern, die beide Möglichkeiten nicht recht ernst nehmen möchten.

3. Gedichte vom alltäglichen Leben

R. D. Brinkmann: „Oh, friedlicher Mittag" (1975) – J. Theobaldy: „Im August" (1979)

Im Vorwort zu seiner Gedichtsammlung „Die Piloten" (1968) äußert sich Rolf Dieter Brinkmann sehr pointiert über die Motive und Themen in der neuen Lyrik:

> Es gibt kein anderes Material als das, was allen zugänglich ist und womit jeder alltäglich umgeht, was man aufnimmt, wenn man aus dem Fenster guckt, auf der Straße steht, an einem Schaufenster vorbeigeht, Knöpfe, Knöpfe, was man gebraucht, woran man denkt und sich erinnert, alles ganz gewöhnlich, Filmbilder, Reklamebilder, Sätze aus irgendeiner Lektüre oder aus zurückliegenden Gesprächen, Meinungen, Gefasel, Gefasel, Ketchup, eine Schlagermelodie.
> *(Klett Editionen. Alltagslyrik, S. 96)*

Alltäglichkeitt der lyrischen Themen

Verglichen mit den anspruchsvollen Inhalten früherer Lyrik formuliert Brinkmann eine umstürzlerische Poetik. Die alltägliche, banale Wirklichkeit, die zuvor aus der Lyrik ausgeschlossen war, soll nun zu ihrem eigentlichem Gegenstand werden – und dies nicht als sinnvoll geordnete Einheit, sondern in der zufälligen Abfolge der Erlebnisse und Erinnerungen.

Brinkmann: „Oh, friedlicher Mittag"

Gelegentlich ist in der Nachkriegslyrik die aufs einfachste reduzierte Wirklichkeit zum Thema des Gedichts geworden, etwa in Günter Eichs „Inventur" oder „Camp 16" (1948). Doch drücken sich in diesen Texten das verstörte Bewusstsein und die Sinnkrise aus, in die der Mensch durch das Kriegs- und Nachkriegsgeschehen geraten ist. Daher sprechen die Gedichte von der existenziellen Ausnahmesituation und nicht von der alltäglichen Normalität. Das aber geschieht in der Lyrik der späten sechziger und der siebziger Jahre wie im folgenden Gedicht aus Brinkmanns Sammlung „Westwärts 1 & 2" (1975).

Oh, friedlicher Mittag

mitten in der Stadt, mit den verschiedenen
Mittagessengerüchen im Treppenhaus. Die Fahrräder
stehen im Hausflur, abgeschlossen, neben
dem Kinderwagen, kein Laut ist zu hören.

Die Prospekte sind aus den Briefkästen
genommen und weggeworfen worden. Die Briefkästen
sind leer. Sogar das Fernsehen hat die türkische
Familie abgestellt, deren Küchenfenster

zum Lichtschacht hin aufgeht. Ich höre
Porzellan, Teller und Bestecke, dahinter
liegen Gärten, klar und kühl, in einem blassen
Frühlingslicht. Es sind überall die seltsamen

Erzählungen von einem gewöhnlichen Leben ohne
Schrecken am Mittwoch, genau wie heute. Der Tag
ist, regenhell, verwehte Laute: oh, friedlicher
Mittwoch mit Zwiebeln, auf dem Tisch,

mit Tomaten und Salat.
Die Vorhaben und Schindereien sind
zerfallen, und man denkt, wie friedlich
der Mittwoch ist

Wolken über dem Dach, blau, und
Stille in den Zimmern, friedlich und still und
genauso offen wie Porree, wie Petersilie grün ist
und die Erbsen heiß sind.

Struktur der Strophen und Verse

Das Gedicht ist in sechs vierzeilige Strophen gegliedert, von denen nur die erste und die letzte eine geschlossene Einheit bilden, während die vier Binnenstrophen inhaltlich und formal ineinander übergehen (Strophensprung). Man könnte sie problemlos zu einer sechzehnzeiligen Gesamtheit zusammenfassen. Die Einschnitte, die durch die strophische Aufteilung entstehen, wirken gewaltsam, denn sie reißen Textteile auseinander, die eng zusammengehören. Die Strophenbildung wird hier als ein äußeres Formprinzip beibehalten, ohne dass ihm eine sinnhaltige harmonische Gliederung des Textganzen entspricht. So entsteht eine disharmonische Spannung zwischen inhaltlichen und formalen Elementen des Gedichts. Die 2. Strophe endet semantisch in Vers 9, die 3. Strophe reicht bis Vers 14, die 4. Strophe bis Vers 17, während die 5. Strophe mit Vers 20 abgeschlossen sein oder bis zur Schlusszeile weitergeführt werden kann. Eine vergleichbare Diskrepanz herrscht bei der Zeilenbildung. Nur in seltenen Ausnahmen stimmt die inhaltliche mit der formalen Einheit des Verses überein, sondern fast immer springt die Zeile syntaktisch zur folgenden hinüber (Enjambement). Das wirkt besonders dann ‚störend', wenn ein Adjektiv am Zeilenschluss und das zugehörige Nomen am Beginn der nächsten Zeile steht (Vers 7, 11, 12, 15). Der Vers hat hier ebenfalls seine gliedernde Ordnungsfunktion eingebüßt, die er in der Lyrik bis ins 20. Jahrhundert hinein besitzt. Eine metrisch-rhythmische Durchformung der Gedichtzeilen ist eher selten (Vers 11), ein lyrischer Sprachfluss kommt nicht zustande. Daher kann man das Gedicht problemlos wie einen Prosatext lesen, der allerdings – vor allem durch Kommasetzungen – einen eigenen, zerhackten Rhythmus besitzt (vgl. Vers 14–16). Auf der formalen Ebene zeigt sich insgesamt, dass ein fortlaufender Zusammenhang (Kontinuität) und eine harmonische Verknüpfung der Textteile bewusst vermieden werden.

Objektivität der geschilderten Wirklichkeit

Entsprechendes gilt dann auch für die Wahrnehmungen und die sachlichen Details, die uns vom beobachtenden Gedicht-Subjekt mitgeteilt werden. Dieses Ich bleibt selbst weitgehend im Hintergrund; es meldet sich nur einmal in Vers 9 zu Wort und verschwindet dann wieder hinter der dargestellten Wirklichkeit. Der Leser kann kaum ausmachen, wo sich das Ich in der Gedichtwelt räumlich befindet. Eine subjektivistische Tendenz besitzt das Brinkmann-Gedicht (im Unterschied zu Buselmeiers „Dem Volke dienen") kaum, obwohl es einen individuellen Berichterstatter einführt. Mit der Formulierung „und man denkt" (Vers 19) wird die Subjektivität des Erlebten ausdrücklich ins Allgemeine erweitert. So entsteht der Eindruck einer objektiven Schilderung von Wirklichkeitsstücken, die jedermann auf ähnliche Weise wahrnehmen könnte. Die meisten Leser werden den Eingangsbereich eines Mehrfamilienhauses in einer Großstadt mit Fahrrädern, Kinderwagen etc. kennen oder ihn sich leicht vorstellen können. Auch die Atmosphäre der Mittagszeit mit ihren spezifischen Gerüchen und Geräuschen und ihrer eigentümlichen ‚Stille', mit dem Anblick von Obst und Gemüse ist uns allen vertraut. Die zum Teil banalen Einzelheiten sind Bestandteile der Alltagswelt, „womit jeder täglich umgeht", wie Brinkmann in seiner „Notiz" anmerkt. Die abgeschilderte Wirklichkeit erhebt in diesem Gedicht keinen weiter reichenden symbolischen Aussageanspruch. Sie verrät bestenfalls – auch durch die bewusst simplifizierende Sprache – dass es sich um die Lebenswelt einfacher Menschen handelt („die türkische Familie"). Aber diese Tatsache bleibt für die Gedichtintention belanglos.

Sinnliche Wahrnehmung und Oberflächenrealismus

Wichtiger für den Aussagesinn des Textes ist die Art und Weise, *wie* Brinkmann die Wirklichkeit abbildet und gestaltet. Mit Hilfe der sinnlichen Wahrnehmungsfähigkeit (Hören, Sehen, Riechen etc.) werden die Dinge von ihren äußeren Eigenschaften her erfasst und aneinander gereiht (‚Oberflächenrealismus'). So entsteht eine sehr konkrete, realistische Gedichtwelt, in der aber die einzelnen Wirklichkeitsteile meist zusammenhanglos und isoliert bleiben. Der Beobachter springt von einem Phänomen zum andern: von den leeren Briefkästen zum abgestellten Fernseher

(Vers 6 f.), vom Klappern des Geschirrs zu den Gärten (Vers 10 f.) – die, in willkürlicher Bildmontage, „dahinter liegen“ – von den Wolken über dem Dach zur Stille in den Zimmern (Vers 21 f.). Wo etwas zusammengehört, wird es vom Dichter absichtlich getrennt. In Vers 14 f. heißt es: „... der Tag/ist, regenhell, verwehte Laute: oh friedlicher“. Der Leser wird „regenhell“ als ein Attribut zu „Tag“ auffassen, was die Zeichensetzung aber verbietet. Der Tag, das Helle, die verwehten Laute – sie existieren je getrennt voneinander, wie sie vom Subjekt auch jeweils für sich wahrgenommen werden. In der Zeile „Mittwoch mit Zwiebeln, auf dem Tisch,“ isoliert der Autor „Zwiebeln“ und „Tisch“ durch ein Komma zu separaten Objekten, was sie realerweise ja auch sind.

Fotografische Bildtechnik in der Lyrik (Montage)

Brinkmanns lyrische Gestaltungsweise ist aufs engste mit der Technik des Fotografen bzw. Kameramanns verwandt. In dessen Bildsequenzen wird die Wirklichkeit in zahllosen Einzelbildern erfasst und dann zu einem Ganzen zusammengefügt. „Standphotos“ lautet bezeichnenderweise eine seiner Gedichtsammlungen (1962–1970). Man kann das Verfahren – von der Malerei her gesehen – auch als Montagetechnik (Collage) betrachten, die darauf beruht, dass disparateste Teile im Kunstwerk miteinander vereint werden. Eine solche Verknüpfung heterogener Elemente bietet die Schlussstrophe des Gedichts: die „Zimmer“ sind „friedlich und still und/ genauso offen wie Porree, wie Petersilie grün ist“. Dass die gewählten Inhalte weitgehend aus der banalen Alltagswelt stammen, verbindet Brinkmanns Gedichte mit Entwicklungen der Pop-Art, wie sie beispielsweise im Werk Andy Warhols realisiert ist. Gleichzeitig wird der Stil des Gedichts „Oh, friedlicher Mittag“ im übertragenen Sinne auch geprägt von einer Filmtechnik der harten Schnitte, die größere Zusammenhänge isoliert und in einzelne Sequenzen zergliedert. Angestrebt wird von Brinkmann ein gegenständlicher Realismus, der in Form einer genauen Reproduktion die Dinge einfach da sein lässt, ohne ihnen symbolische Verweisungsgehalte mitzugeben. Gedichte wie „Die Orangensaftmaschine“ oder „Einer jener klassischen Tangos“ werden dafür als typische Beispiele genannt.

Motivzusammenhang: Mitte–Mittag–Mittwoch

Die Einzelphänomene in dem Gedicht „Oh, friedlicher Mittag“ sind keineswegs beliebige Wirklichkeitsstücke. Auch wenn sie wie selbstverständlich erscheinen, sie sind vom Dichter unter übergeordneten Gesichtspunkten (dem Thema) ausgewählt und zusammengestellt worden. Die Mittagszeit und der Zustand der Friedlichkeit bilden den Rahmen, der im Gedichttitel angekündigt ist. Der Mittag bildet im Tagesablauf einen temporalen Höhe- und Wendepunkt, gekennzeichnet durch eine Phase der Ruhe und Untätigkeit. Mehrfach betont das lyrische Ich die „Stille“, die nur durch das Klappern von Geschirr und Bestecken unterbrochen und so erst recht ‚hörbar‘ gemacht wird. „Still und friedlich“ gehören als Zwillingsformel zusammen (Vers 22). ‚Friedlich‘ aber nennt das Gedicht dreimal in auffälliger Weise den „Mittwoch“. Dieser Tag – auf den auch das Gedicht-‚Geschehen' terminiert ist – stellt die zeitliche Mitte und Wende der Woche dar. Er steht damit und durch die gemeinsame Zuordnung des Attributs „friedlich" in semantischer Korrelation zum Mittag. Diese „Friedlichkeit" des Mittwochs (Mittags), von dem der Titel und die Verse 15 f. und 19 f. sprechen, wird in den Mittelzeilen bewertend erläutert. Vom ‚friedlichen' Leben reden die Leute offenbar allenthalben, und sie verstehen darunter ein ‚gewöhnliches Leben ohne Schrecken', also ein angstfreies Leben ohne Überraschungen, eine gleichförmige Existenz im Zustand des Unbewegten, ohne Auf und Ab, ein Leben, in dem alles ruht und nichts geschieht. Das lyrische Ich ist davon irritiert und nennt dieses Gerede, mit kaum spürbarer Distanz, „seltsame Erzählungen". Zum einen entsprechen sie nicht der realen Beschaffenheit der Welt, es sind eben nur erzählte Geschichten. Zum andern entwerfen sie einen vordergründigen Glücksbegriff von Friedlichkeit, der einer Mittagspause oder einem freien Mittwochnachmittag gleicht. Da Brinkmanns Gedicht die Wirklichkeit nur von außen wahrnimmt, kann es auch das Friedliche nur an äußeren Erscheinungen darstellen. Die aber können uns täuschen. Weil nun die innerpsychische Dimension im Dunkeln bleibt und eine reflektierende Stellungnahme bewusst vermieden ist, kann der Leser über die Meinung des lyrischen Ichs (bzw. des Autors) nur Vermutungen anstellen. Durch die emotionale Interjektion „Oh" in der Titelzeile bekommt die Feststellung vom ‚friedlichen Mittag' eine wertende Bedeutungsnuance. Es kann sich um einen rühmenden Anruf der Bewunderung oder um einen Ausdruck des Entsetzens handeln. Der Gedichttitel evoziert wohl eher negativ-ironische Bedeutungen, denn kaum ein Leser wird der im Text mehrfach gerühmten Friedlichkeit einen tieferen Wert beilegen wollen. Doch gleichzeitig bleibt ein Moment der harmlos freundlichen Stimmung erhalten.

Theobaldy: „Im August"

Ein sehr anschauliches Beispiel für die Trivialisierung der lyrischen Motive in der Alltagslyrik stellt das Gedicht „Im August" (vgl. S. 155) von Jürgen Theobaldy dar. Es thematisiert das Rom-Erlebnis eines lyrischen Ichs auf eine Weise, die im krassen Gegensatz zur geläufigen dichterischen Behandlung des Themas in der klassisch-romantischen Literatur steht.

Rom als traditionelles lyrisches Motiv

Keine andere Stadt ist so häufig zum dichterischen Gegenstand geworden wie Rom, und insofern reiht sich Theobaldys Gedicht in eine lange Tradition ein. Mit seiner positiven Grundstimmung knüpft es an den Typus der preisenden Romdichtungen an, wie wir sie – um ein berühmtes Beispiel zu nennen – in Goethes „Römischen Elegien" vorfinden. Voller Begeisterung heißt es im Auftakt der Elegie VII:

> Oh, wie fühl ich in Rom mich so froh! gedenk' ich der Zeiten,
> Da mich ein graulicher Tag hinten im Norden umfing,
> *(Goethes Werke. Hamburger Ausgabe, Bd. 1. S. 162)*

Im August

Hier kann ich leben, im Straßenstaub,
ockerfarbenes Rom! Die Abgase glühen
über verlassenen Plätzen, wie warm
ist zwischen die Ruinen der Asphalt
geschoben; Bruchstücke aus dem Alltag,
Felder von Steinen, kantig liegen sie
im Gras, zwischen Büschen und Papier.
Hier kannst du leben, Sonne im Turnschuh,
Lire in der Tasche! Lieder schwingen
in den Mittag, müder Palmengarten,
ich fasse die Feigen an, ich schaue hoch,
Rom ist ein Kramladen, jeder kramt
darin herum, ohne Schatten im August.
Ihr Führer, verschont mich mit Gedanken
an Ewigkeit und Kataloge! Mörtel, Schutt,
was sind die Trümmer ohne mich und meine
Neugier, durstig vor dem Eisauto am Forum!
Ich jage zum Meer, ich stehe am Strand,
schmutzig wie die Nationalbank,
Abfälle im Sand, das Obst verwest,
zerfledderte Scheine, die Jalousien
über der Straße sind unten und stumm.

Goethe und Theobaldy

Mit dem Ausruf der Freude setzt auch Theobaldys Gedicht ein: „Hier kann ich leben". Die optimistische Erwartung des Lesers wird allerdings mit dem Hinweis auf die banale Wirklichkeit (im Straßenstaub - Abgase glühen) sogleich durchbrochen. Goethes Elegie rühmt die belebende Sonne des Südens in pathetischen Worten:

Nun umleuchtet der Glanz des helleren Äthers die Stirne;

Lakonisch salopp formuliert dagegen das lyrische Ich des modernen Gedichts seine Begeisterung:

Hier kannst du leben, Sonne im Turnschuh,
Lire in der Tasche!

Antike Versformen (Elegie)

Allerdings orientiert sich der Autor (wohl mit ironischer Wirkung) an der antiken Sprachgebung, indem er Hexameter und Pentameter verwendet und so in sehr freier Gestaltung die Form der Elegie nachahmt. Bei rhythmisch betontem Lesen der Eingangszeilen kann man die Sechshebigkeit der Verse mit unregelmäßigen Senkungen heraushören:

Hier kann ich leben, im Straßenstaub,/ockerfarbenes Rom!
x́ x x x́x / x x́ x x / x́ x x x x x́
(Pentameter)

Hier kannst du leben, Sonne im Turnschuh,/Lire in der Tasche!
x́ x x x́x / x́ x x x́ x / x́x x x x́ x
(Hexameter)

In sehr viel reinerer Formgebung als bei Theobaldy wird die Elegie von Goethe durchgestaltet. Aber der Rückgriff auf klassische Versformen stellt für die Alltagslyrik eine Besonderheit dar, denn ihre Vertreter richten sich gerade gegen solchen Traditionalismus. Vielleicht kann man hier erste Anzeichen für einen „Bruch mit der modernen Lyrik“ wahrnehmen (Lamping, 2000. S. 260), der dann in den achtziger/neunziger Jahren in die Kunst der ‚Postmoderne‘ führt.

Collage aus Geschichte und Gegenwart (Postmoderne?)

Ein flüchtiger Blick auf Goethes Text gibt zu erkennen, dass die beiden Gedichte schon aufgrund ihrer unterschiedlichen Atmosphäre wenig Gemeinsamkeit besitzen. Im Inhaltlichen tritt die Differenz an den kulturgeschichtlichen Intentionen deutlich zutage. Während Goethes Ich die eigene Gegenwart zu überwinden und eine Verschmelzung mit dem mythischen Geist der Antike zu erreichen sucht, verfährt Theobaldy völlig anders. Er mischt die historischen Baudenkmäler (Felder von Steinen – Forum Romanum) mit den Elementen des gegenwärtigen Rom (Asphaltwege – Eisauto – Nationalbank) zu einer bunten Collage. Goethe blendet die städtische Realität des 18. Jahrhunderts völlig aus, während sie für Theobaldy übermächtig wirksam bleibt. So erlebt das lyrische Ich Rom nicht als Ursprungsort der europäischen Kunst und Kultur oder als ‚Heilige Stadt‘, sondern als Alltags-Rom, als einen „Kramladen“, in dem unterschiedslos die erhabenen und banalen Dinge angeboten werden. Hier entscheidet das Individuum selbst je nach Lust und Laune über die Wichtigkeit der einzelnen Dinge. Dementsprechend werden die kulturgeschichtlichen Zeugnisse (seit Jahrhunderten gepriesen) ohne die persönliche Aufnahmebereitschaft des Subjekts zum bedeutungslosen „Mörtel, Schutt“ (Vers 15–17). Mit dieser subjektivistischen Betrachtungsweise reduziert sich der Sinn des Vergangenen auf das, was es dem Ich heute noch zu sagen hat. Die beliebige Vermischung der Ebenen und ihre ironische Textmontage verweist das Gedicht mit seinem Stichwort ‚Kramladen‘ wiederum in den Stilbereich, der mit dem ungenauen Begriff ‚Postmoderne‘ beschrieben wird.

Subjektivistische Wahrnehmung

In der unerträglichen Augusthitze ist das Interesse des Rombesuchers auf erfrischendes Eis oder ein abkühlendes Bad gerichtet. Theobaldys Gedicht spiegelt hier ein Stück touristischer Alltagswirklichkeit. Das lyrische Subjekt bekennt sich ausdrücklich in einer kurzen fiktiven Ansprache an die römischen Fremdenführer zu seiner ‚Ignoranz‘, die ein Autor der klassisch-romantischen Epoche seinem Gedicht-Ich wohl kaum gestattet hätte:

Ihr Führer verschont mich mit Gedanken
an Ewigkeit und Kataloge!

Theobaldys lyrische Figur zeichnet sich überhaupt weniger durch Reflexionstätigkeit aus als vielmehr durch sinnliches Erleben und Detailwahrnehmung, die typische Strukturmerkmale der Alltagslyrik darstellen.

Unsterblichkeit und Vergehen

Die historischen Leistungen, die in den antiken Resten aufbewahrt werden, die Kirchen und Paläste, die unsterblichen Kunstwerke der römischen Sammlungen bedeuten dem lyrischen Ich so wenig, dass es sich von ihnen abwendet und an den Strand flieht. Was dort sein Interesse gefangen nimmt, sind banale Dinge der Wirklichkeit (Abfälle, verwesendes Obst, zerfledderte Lirescheine), Bilder des Aktuell-Vergänglichen, die einen schroffen Kontrast zum unsterblichen historischen Ruhm der „ewigen Roma“ (Goethes ‚Elegie‘) bilden. Vor dem nicht-idealisierenden, realistischen Blick des Gedichtsubjekts, das von Ewigkeit nichts wissen will, erscheint alles dem Wandel ausgeliefert zu sein. Diese Unbeständigkeit geht als Prinzip auch in das Gedicht selbst ein. Es bietet dem Leser kein gültiges Bild, sondern nur flüchtige Momentaufnahmen von einem Rombesuch. Die Stimmung, Bildauswahl und -mischung sind nämlich abhängig von dem gewählten Augenblick des Erlebens – einem heißen Mittag im August ohne Schatten. Diese unerträgliche Zeitspanne des Tages entscheidet darüber, wie das Ich die Stadt erlebt. Sie ist beispielsweise auch die Ursache dafür, dass die berühmten römischen Plätze verlassen (Vers 3) und die Fensterjalousien geschlossen (Vers 21 f.) sind. Am Abend wird Rom völlig verwandelt sein, und dann würde ein anderes Gedicht entstehen.

Funktion der Zeitangabe für das Gedichtverständnis

Die Wichtigkeit der temporalen Fixierung des Geschehens wird schon vom Titel bekräftigt, der eben nicht „Rom“, sondern „Im August“ lautet. Wie Brinkmanns „Oh, friedlicher Mittag“ oder sein Gedicht „Samstagmittag“, wie Borns „Horror, Dienstag“ oder „Es ist Sonntag“ und viele andere Gedichte dieser Jahre, so steht auch Theobaldys Text unter dem Titelbegriff einer präzisierenden Zeitangabe. Man kann dies als eine realistische Tendenz in der Alltagslyrik interpretieren, denn mit dem Hinweis auf einen konkreten Zeitraum gewinnt die fiktionale Schilderung mehr Glaubwürdigkeit. Andererseits schränkt die Zeitangabe aber die Geltung der Aussagen absichtlich wieder ein, indem sie nicht auf zeitlose Wahrheiten, sondern auf zeitbedingte, sich wandelnde Zustände verweist.

Zwischen politischem Engagement und privatem Glück

Motivgleiche und motivverwandte Gedichte

W. Wondratschek: In den Autos. In: Klett Editionen. Alltagslyrik, S. 27. (Dazu V. Hage in: Gedichte und Interpretationen, Bd. 6. S. 394–402.) – U. Krechel: Jetzt ist es nicht mehr so. In: Klett Editionen. Alltagslyrik, S. 25 f. – H. M. Enzensberger: Zwei Fehler. In H. M. E.: Gedichte 1950–1985. S. 13. (Dazu G. Kaiser: Geschichte der deutschen Lyrik von Heine bis zur Gegenwart, Bd. 2. S. 490 f.) – H. M. Enzensberger: Andenken. In H. M.: Gedichte 1950–1985. S. 124.

Gedichte vom alltäglichen Leben

Motivgleiche und motivverwandte Gedichte

J. Becker: Langsam, ein Sonntag. In J. B.: Gedichte 1965–1980. (suhrkamp taschenbuch 690). Frankfurt/M. 1981. S. 216. – R. D. Brinkmann: Einen jener klassischen Tangos. In: Klett Editionen. Alltagslyrik, S. 59 f. (Dazu eine Interpretation von Th. Zenke in: Gedichte und Interpretationen, Bd. 6. S. 386–393). – Die Orangensaftmaschine. In R. D. Brinkmann: Westwärts 1&2. Gedichte. (rororo 22451). Reinbek b. Hamburg 1999. S. 24. (Interpretationshinweise bei H. Korte in: Lyrik von 1945 bis zur Gegenwart, S. 101–103). – U. Krechel: Der Anfang des Wochenendes. In: Klett Editionen. Alltagslyrik, S. 41. – J. Theobaldy: Käsesahne. In: Klett Editionen. Alltagslyrik, S. 20.

Poetologische und lyriktheoretische Texte

H. Dittberner: Unterwegs mit den Leuten. Einige Überlegungen zu neuen Tendenzen in unserer Lyrik. In: Klett Editionen. Alltagslyrik, S. 96–100. – J. Theobaldy: Das Gedicht im Handgemenge. In: Klett Editionen. Alltagslyrik, S. 100–104. – M. Buselmeier: Das alltägliche Leben. Versuch über die neue Alltagslyrik In: Klett Editionen. Alltagslyrik, S. 114.

VI. Tendenzen in der Lyrik der achtziger und neunziger Jahre

1. Pluralismus der Stile – ‚Postmoderne' Lyrik

Von der gegenwärtigen Situation aus betrachtet bilden die Gedichte der Neuen Subjektivität bzw. der Alltagslyrik den derzeit letzten relativ homogenen Komplex von Lyrik. Thematisch-stilistische und wirkungsästhetische Gemeinsamkeiten rechtfertigen es, dass man sie – trotz aller Unterschiede – unter gemeinsamen Epochenbegriffen zusammenfasst. Mit dem Ausklingen dieser Strömung gegen Ende der siebziger Jahre setzt eine Zersplitterung in vielfältige Tendenzen ein, wodurch die Gesamtlage sehr unübersichtlich geworden ist. W. Barner stellt das betreffende Kapitel der von ihm herausgegebenen ‚Geschichte der deutschen Literatur' (S. 842 ff.) unter das Motto „Poesie im Auseinanderdriften".

Wiederaneignung der Tradition

Als wichtigstes Merkmal der neueren Lyrik dieser Jahre hat man das Bestreben zur ‚Wiederaneignung der Tradition' ausgemacht. Der überlieferte Formenkanon (Versbau, Reim und Rhythmus, Strophik, tradierte Gedichttypen usw.) kommt zu erneuerter Geltung und dringt wieder in die lyrische Praxis ein. Viel zitiert wird in diesem Zusammenhang das ironische Programmgedicht „Ars poetica" (1981) von Ulla Hahn:

Danke ich brauch keine neuen
Formen ich stehe auf
festen Versesfüßen und alten
Normen Reimen zu Hauf

zu Papier und zu euren
Ohren bring ich was klingen soll
klingt mir das Lied aus den
Poren rinnen die Zeilen voll

und über und drüber und drunter
und drauf und dran und wohlan
und das hat mit ihrem Singen
die Loreley getan.
(Herz über Kopf. Gedichte. Deutsche Verlags-Anstalt. Stuttgart 1981. S. 78)

Man hat die Verse als naives Bekenntnis zur poetologischen Restauration gedeutet und kritisiert. Sie postulieren einen Rückgriff auf vormalige Schreibweisen (Volkslied) und verarbeiten Motive aus vorgängiger Lyrik (Heines ‚Loreley'-Version), als ob daraus noch etwas Neues zu gewinnen sei. Die Wiederaufbereitung des alten Materials (U. Hahn führt es anschaulich vor in „Meine Loreley"), die in Form der ‚Montagekunst' zur verbreiteten Methode wird, hat in der Kritik als Epigonentum, Eklektizismus, Synkretismus etc. eher negative Beurteilung gefunden. Man hat darin Anzeichen für das Ende der avantgardistisch ausgerichteten lyrischen Moderne erkennen wollen. Dementsprechend wird die Lyrik der achtziger und neunziger Jahre häufig mit dem kulturhistorischen Begriff der ‚Postmoderne' etikettiert. Das ist wegen der Unschärfe dieses Terminus nicht unproblematisch. So bleibt es beispielsweise umstritten, ob Alltagslyrik und Neue Subjektivität als ästhetisch revolutionäre Strömung zu beurteilen sind – so hat sie R. D. Brinkmann empfunden – oder ob sie der Postmoderne zugerechnet werden sollen. Die uferlose Diskussion über Sinn und Nutzen der Begriffsverwendung kann hier nicht ausgebreitet werden. Man wird sich, wenn man die Terminologie übernehmen möchte, zunächst auf einige grobe Definitionsmerkmale beschränken müssen.

‚Postmoderne'

Rückgriff auf literarische Vorbilder

Die rückwärtige Orientierung an früheren Stilmustern und die Bezugnahme auf literarische Vorbilder allein reichen sicher nicht hin, um einen lyrischen Werkkomplex als postmodern zu charakterisieren. Ausschlaggebend dürfte sein, wie das vorhandene Sprachmaterial eingesetzt wird. Die spielerisch-ironische Zerstückelung (Dekonstruktion) von Sprach- oder Textteilen und ihre collagehafte Verwendung (Zitatmontage) in anderen Zusammenhängen könnte als Kennzeichen von Postmoderne gelten. Auch A. v. Bormann sieht in dem Zusammenspiel verschiedenster literarischer Versatzstücke innerhalb eines Gedichts (Intertextualität) ein typisches Grundmerkmal. M. Braun (1986, S. 104) verweist für die Einschätzung der Lage auf eine poetologische Äußerung von Michael Buselmeier:

Intertextualität

> Der Lyriker sucht sich im Steinbruch der Vergangenheit die Sätze, Formen, Töne, Stimmungen zusammen, die er braucht – es gibt keinen Kanon mehr – um sie, in Konfrontation mit dem gegenwärtig Erfahrenen, ein Stück weiterzuschreiben. Er kann überall anknüpfen, in der Antike, bei Eichendorff, Rimbaud, Pessoa, Auden, Brecht oder Enzensberger. Nur muß er aus dem, was in Trümmern herumliegt und sich aufheben läßt, etwas Eigenes machen.
> *(Poesie und Politik, S. 60)*

Zwei zentrale Gedanken sind in dieser Aussage vor allem zu beachten. Die Anknüpfung an die Tradition kann nicht mehr als ungebrochene Übernahme erfolgen. Es entsteht dann „ein schlechter Klassiszismus", in dem „die Krisenerfahrungen der poetischen Moderne ignoriert werden" (Braun, 1986, S. 104). Der zeitgenössische Dichter erlebt die Dichtungstradition als unwiederbringlich verloren, und er kann sie nicht mehr imitieren, ohne beim Kunstgewerbe zu landen.

Pluralismus der Stile

Zum zweiten ist für die postmoderne Literatur eine verbindliche Stil- und Denkhaltung nicht mehr auszumachen („kein Kanon mehr"). Es herrscht ein kultureller Pluralismus, in dem alles erlaubt ist (‚anything goes'). Von einer „dezentrierten" Denk- und Sehweise spricht auch v. Bormann (Geschichte der deutschen Literatur, S. 848). Es herrsche in der postmodernen Lyrik eine Polyperspektivität, die inzwischen auch zur „prägenden Grunderfahrung der alltäglichen Lebenswelt" geworden sei, „wie sie zuvor nicht vorhanden war". Die vielfältige Mischung der Stile und Lebensformen sollte aber nach Auffassung von Petersdorf (S. 16) nicht als Niedergang der Zivilisation beklagt werden (was häufig geschieht), sondern man solle sie als Befreiung und Bereicherung erfahren.

Die Gedichte, von denen in diesem letzten Kapitel die Rede ist, lassen deutliche Tendenzen zur Anknüpfung an literarische Vorbilder und Vorgänger erkennen. Auch erscheint die Differenz zwischen ihnen so grundlegend, dass sie kaum auf einen gemeinsamen Nenner zu bringen sind. Ob sie aber mit dem Begriff der ‚Postmoderne' gewinnbringend zu klassifizieren sind, mag offen bleiben (dazu: Korte, 1989. S. 195 f.). In Delius' Gedicht „Lieder eines fahrenden Gesellen" sind Stil- und Motivzüge der Neuen Subjektivität teilweise erhalten. Aber die Zitatmontage und willkürliche Transformation des Vorbildtextes weisen in eine neue Richtung. In Kunerts „Die Gedichte" übernimmt der Lyriker die Rolle des Gesellschaftskritikers und Warners vor großen Katastrophen. Wobei der Autor gleichzeitig auch erhebliche Zweifel an der Wirksamkeit solcher poetischen Warnungen zur Sprache bringt. In eine ganz andere Richtung gehen die lyrischen Textmontagen und Sprachspiele von Thomas Kling oder Bert Papenfuß-Gorek. Sie knüpfen an die Vorbilder des Surrealismus, des Dada, an Artmann, Jandl und die Konkretisten an. Nicht tiefsinnige Botschaften oder moralisch-politische Appelle, sondern Leichtigkeit und intellektuelles Vergnügen machen die Qualität ihrer Texte aus.

F. C. Delius, G. Kunert

Th. Kling, B. Papenfuß-Gorek

Ein zentrales Thema in der Dichtung hin zu den neunziger Jahren ist das Ereignis der Wiedervereinigung der beiden deutschen Staaten. Aus der Fülle der dazu geschriebenen Gedichte nimmt Volker Brauns „Das Eigentum" eine Sonderstellung ein, weil in ihr die Ambivalenz der Ereignisse unverhohlen zur Sprache kommt. Die traditionelle Stilgebung (gereimte Blankverse) und die Verarbeitung literarischer Vorgaben (Hölderlin, Büchner) weisen in die Richtung der Postmoderne. Aber was sagt das aus? Auf wieder andere Traditionen bezieht sich Durs Grünbein, dessen Gedichte sich wegen ihrer Verständnisproblematik der Erörterung im Literaturunterricht eher verschließen. Grünbein knüpft in mancher Hinsicht an Gottfried Benn an, vor allem mit der Vorliebe für medizinsprachliche Bilder und neurophysiologische Bezugnahmen („Schädelbasislektionen"). An dieser divergierenden Vielfalt der Stile und Bezüge lässt sich andeutungsweise ablesen, dass Formen eines ‚epochalen' Zusammenhangs in der gegenwärtigen Lyrik nicht erkennbar sind.

V. Braun

D. Grünbein

2. Zivilisationsklage und Warnung vor dem Untergang

F. C. Delius: „Lieder eines fahrenden Gesellen" (1981) – G. Kunert: „Die Gedichte" (1980)

Delius: „Lieder eines fahrenden Gesellen"

Aus der 1981 erschienenen Sammlung „Die unsichtbaren Blitze" von Friedrich Christian Delius stammt das folgende Gedicht, in dem sich die Tendenzen der Übergangszeit anschaulich vermischen.

Lieder eines fahrenden Gesellen

An den Autos das Blech wird immer heller
Die billigen Farben leuchten das Land aus
An allen Kreuzungen südlich von Wolfsburg
Warten die neuesten Volkswagen ungeduldig
Auf den Tod Hier will ich nicht
Geboren sein

Wir fahren Im Radio Lieder
Von Mahler Nach Braunschweig
15 Kilometer Lieder eines fahrenden Gesellen
Im Radio Sopran Ging heut morgen übers Feld
Aus Braunschweig warum nicht aus Braunschweig
Kam der Beamte der das Hakenkreuz
In meine Geburtsurkunde stempelte

Lieder eines Mannes aus Böhmen vor 90 Jahren
Geschrieben drängen auf elektromagnetischen
Schwingungen mit Lichtgeschwindigkeit auf diesen
Lautsprecher in unsere nackten Ohren
Fahren fahren übers Feld
In diesen Minuten
Mitte der Welt

Lass das Fenster zu Ich will es nicht hören
Das Getöse der Taschenrechner Nicht sehen
Die Fassaden schamlos hinter Passanten mit der
Sehnsucht nach der blauen Schönheit der
Hundertmarkscheine Hier will ich nicht
Leben Wir fahren fahren Wir mit kindlichen
Stimmen jagen der Welt hinterher

Gesellen-Motiv: das Vorbild Mahlers

Den Titel des Gedichts entnimmt Delius als wörtliches Zitat dem gleichnamigen Liederzyklus von Gustav Mahler aus dem Jahre 1884. Er schafft sich durch diese Anleihe die Möglichkeit zu einem kunstvollen Spiel auf mehreren Bedeutungsebenen. ‚Der fahrende Geselle' ist bei Mahler – wie bei den Romantikern – ein wandernder Geselle, vergleichbar etwa dem Taugenichts aus der berühmten Eichendorff-Erzählung. Von Arnim und

Brentanos romantischer Volksliedsammlung „Des Knaben Wunderhorn" hat Mahler für seinen Zyklus zahlreiche Motive entlehnt, so dass er seinerseits in einer noch älteren Traditionslinie des Wanderlieds steht. Grimms „Deutsches Wörterbuch" verweist auf eher abwertende Begriffskonnotationen, die in der Wendung ‚fahrendes Volk' (Spielleute, Wanderschauspieler, Schüler, Bettler usw.) anklingen. Durch den Titel wird so das lyrische Ich für den kundigen Leser von vornherein in eine gesellschaftliche Außenseiter-Rolle gerückt. Das Gedicht von Delius präsentiert dem Leser zwei fahrende Gesellen. Der eine gehört als literarische Übernahme in die Welt des Mahler-Liedes, der andere ist als lyrisches Subjekt von Delius selbst geschaffen. Aber dieses Gedicht-Ich wandert nicht wie bei Mahler durch Feld und Heide, es fährt (wahrscheinlich im Volkswagen) über die Straßen; und zwar, mit recht genauen Ortsangaben, unweit der VW-Stadt Wolfsburg in südlicher Richtung nach Braunschweig. Seine Fahrt beginnt am frühen Morgen, denn der Gedichteingang „An den Autos das Blech wird immer heller" verweist auf die Zunahme des morgendlichen Sonnenlichts. Auch Mahlers Geselle geht frühmorgens ‚übers Feld' (Vers 10) und im Beginn des Liedes heißt es:

Und da fing im Sonnenschein
Gleich die Welt zu funkeln an;
Alles, alles, Ton und Farbe gewann [...]

Von betauten Gräsern, ‚Glockenblum' und ‚Fink' singt der Wanderbursche. Dem kontrastiert Delius die moderne Welt des Straßenverkehrs:

Die billigen Farben leuchten das Land aus

Poetischer Versbau

Der vierhebige, klangvolle Vers mit hellen Vokalen und angenehmer l-Assonanz ist im Zeilenstil gebaut und besitzt einen ausgesprochen lyrischen Duktus. Das setzt sich bis in den vierten Vers hinein fort. Dann erfolgt ein sorgsam ausgeklügelter Zeilenbruch, der den harmonischen Versfluss anhält und viel Unruhe auslöst. Das ‚ungeduldige Warten' der Autos springt unvermutet dissonantisch hinüber in ‚den Tod'. Nach einer starken Zäsur folgt die gewichtige Verneinungsaussage des lyrischen Subjekts: „Hier will ich nicht/Geboren sein". Sie wird in zwei Verse zerrissen, so dass eine rhythmische Härte entsteht und außerdem die Kontrastbegriffe „Tod" und „Geboren" visuell auffällig (mit Hauptton) in die Zeilenanfänge rücken.
Die in der Einleitungsstrophe negativ gezeichnete Lebenswelt findet eine gesteigerte Entsprechung in der letzten Strophe. Beide bilden von ihren inhaltlichen Aussagen her einen Rahmen, der die beiden Mittelstrophen umschließt. Einen signifikanten Bezug stellt die strukturidentische Wiederholung der Verneinungsformel aus Vers 5/6 in den Schlussversen 25/26

her: „Hier will ich nicht/Leben". Wohl nicht zufällig stehen ‚Tod' und ‚Leben' in analoger Position jeweils am Beginn der vorletzten Strophenzeile. Das ablehnende ‚Ich will nicht' [hören] bzw. [sehen] tritt in der 5. Strophe noch zweimal auf (Vers 21/22). In diesen Formulierungen wird das subjektivistische Thema des Gedichts – die Positionsbestimmung des Ichs in der Welt – zur Sprache gebracht.

Ablehnung der ökonomischen Wertideologie

Aufgrund der Ortshinweise (Vers 7/8) dürfen wir vermuten, dass das lyrische Ich auf seiner Reise in die Stadt Braunschweig gelangt ist. Sie wird von ihm in der letzten Strophe wahrgenommen als ein abweisender Bereich, in dem Geld und Konsum die Herrschaft angetreten haben. Die Metapher vom „Getöse der Taschenrechner" evoziert unter anderem Vorstellungen von hektischem Börsenlärm, und es kennzeichnet das soziale Handeln der Menschen als rechnerischen Umgang mit den Dingen. Der Raum dieser ökonomisierten Lebensweise wird beherrscht von den Fassaden der Banken und Kaufhäuser. Der Geselle in Mahlers Liedern singt von der Schönheit der Natur, von den „Blümlein blau", vor allem von den schönen blauen Augen seiner Liebsten. Mit der „blauen Schönheit der Hundertmarkscheine" (Vers 24 f.) spielt Delius darauf an und setzt der romantischen Natur- und Liebessehnsucht die moderne Wohlstandssehnsucht ironisch gegenüber. Das Gedicht-Ich kann sich mit der so wahrgenommenen gesellschaftlichen Wirklichkeit nicht identifizieren. Da es in ihr nicht leben will, kann es nur die Flucht ergreifen. Es liegt nahe, das unaufhaltsame Fahren, wie es vor allem die beiden letzten Verse andeuten, als poetisches Bild für die Suche nach humaneren Lebensverhältnissen zu verstehen. Durch die Schlussformulierung „Wir mit kindlichen/Stimmen jagen der Welt hinterher" wird dieses Bemühen als unschuldignaiv und vergeblich charakterisiert. Erfüllung, so legt es das offene Gedichtende nahe, bleibt wohl unerreichbar, die Fahrt gelangt an kein Ziel.

Fahren und Bewegung als Strukturelement des Textes

Das Motiv der Ausfahrt wird mit verschiedenen inhaltlichen Nuancen im Mittelteil des Gedichts entfaltet. Vordergründig meint das Fahren eine räumliche Bewegung, bei der das Ich wechselnde optische Eindrücke aufnimmt. Mit Hilfe des Autoradios wird das Visuelle um das Akustische erweitert. Das Ich sieht nicht nur, sondern es hört auch, und zwar ein Lied, das ebenfalls vom Sichbewegen (Wandern) handelt. „Ging heut morgen übers Feld" (Vers 10) montiert Delius als wörtliches Zitat in sein Gedicht ein. Daneben stehen – ausgelöst vom Verkehrsschild ‚Nach Braunschweig' – Erinnerungsfetzen des lyrischen Subjekts an seine nazideutsche Geburtsurkunde (Vers 11 f.), ein biographischer Hinweis zu Mahler (Vers 14) und Bemerkungen zur Physik der Tonübertragung (Vers 15 f.). Es handelt sich um eine sprunghaft-assoziative Abfolge von Wahrnehmungsstücken und Gedankenreflexen des Ichs, die der Autor zu einer bunten Textcollage zusammenfügt. Der äußeren Aktion des Fahrens wird so eine lebhafte innere Bewegung parallel geschaltet. Die unvermittelten Bewusstseinssprünge

des Ichs spiegeln sich formal in der dynamischen Struktur der syntaktisch unvollständigen Textbruchstücke, vor allem der 3. Strophe. Die Montage dieser disparaten Teilelemente ist als poetisches Verfahren auch in der Alltagslyrik sehr verbreitet.
Die letzten Verse des Binnenteils stellen eine enge Motivverknüpfung mit dem Gedichtschluss her:

> Fahren, fahren übers Feld
> In diesen Minuten
> Mitte der Welt

Verschmelzung von Gedicht- und Lied-Ebene

Die doppelte Setzung des Verbs ‚fahren' und die Wiederkehr des Begriffs ‚Welt' in den Versen 26/27 signalisieren dem Leser einen semantischen Zusammenhang zwischen beiden Strophen. In Vers 18 benennt das „Fahren, fahren" den ‚realen' Vorgang der Autofahrt; die Ortsangabe „übers Feld" gehört dagegen als Zitat aus dem Mahler-Lied der Metaebene an. Delius fügt beides syntaktisch so aneinander, dass die Ebenen zur Einheit verschmelzen, obwohl das Gedicht-Ich natürlich nicht ‚übers Feld', sondern auf der Straße fährt. Trotzdem sind das Autofahren einerseits und das Wandern des Gesellen andererseits völlig eins geworden. Gedichtwelt und Liedwelt lassen sich kaum mehr unterscheiden. Das zentrale Erlebnis des Gedicht-Ichs besteht im Fahren und gleichzeitigen Hören der Lieder.

Mitte der Welt

Am Ende der 3. Strophe verknüpft sich mit diesem Ereignis die unscharf formulierte Vorstellung des Subjekts, die „Mitte der Welt" zu erfahren, was hier nur durch die Wahrnehmung des musikalischen Kunstwerks ausgelöst sein kann. In die ‚Mitte der Welt' zu gelangen oder sie zu erleben, bedeutet vor allem: einen tieferen Sinnzusammenhang zu begreifen, mit der Welt (vorübergehend) in einen Zustand der Identität zu gelangen. Am Gedichtschluss wird eine solche Übereinstimmung zwischen dem Ich und der Wirklichkeit ausdrücklich verneint. Die „Welt" bleibt ihm unerreichbar fern, weil sie als ökonomisch geprägte nicht seine Welt ist. Sie stellt in seiner Wahrnehmung lediglich eine Ersatz- oder Scheinwelt dar, die keine wahre Erfüllung bieten kann. Mit diesem Gedankenmotiv knüpft Delius wiederum an Mahlers fahrenden Gesellen an, dem sein Lebensglück hier „nimmer blühen kann".

Lyrisches Ich und Wir-Rede

Das lyrische Subjekt des Gedichts spricht aus einer Einzelgänger-Rolle heraus, wie sie auch dem Ich des Mahler-Liedes zugeschrieben ist. Aber es befindet sich auf seiner Fahrt vielleicht gar nicht allein, denn an mehreren Stellen des Textes ist von einem ‚Wir' die Rede (Vers 7, 17, 26). Die Bedeutung dieser Pluralform lässt sich aus dem Kontext nicht klar festlegen. Häufig dient sie zur rhetorischen Verallgemeinerung der Aussagen: Wir alle sind gemeint. Für die ‚Gedichthandlung' lässt sich das zweimalige „Wir fahren" (Vers 7 u. 26) leicht auf die anderen Autofahrer beziehen. Andererseits ist die Aufforderung von Vers 21 („Lass das Fenster zu") anscheinend an einen Mitfahrenden gerichtet. Sie könnte aber auch als Sprachfigur der Selbstanrede erklärt werden. Eine komplexe Mehrdeutigkeit ergibt sich besonders für den Gedichtschluss: „Wir mit kindlichen/ Stimmen jagen der Welt hinterher". Das Ich hat sich gerade von der materialistischen Lebensorientierung des allgemeinen ‚Wir' distanziert. In der Schlussformel bezieht es sich nun ausdrücklich wieder mit ein. In dieser Doppeldeutigkeit enthüllt sich die zwiespältige Bewusstseinslage des Ichs. ‚Wir jagen der Welt hinterher' meint in der gängigen Bedeutung, dass die Menschen Jagd machen auf äußeres Glück, auf Ansehen, Wohlstand, Macht usw. Das lyrische Subjekt lehnt diese naive Werthaltung der Gesellschaft ab und erklärt sich zum Außenseiter. Es ist aber gleichzeitig eingebunden in die Gesellschaft. Es ist durch die Geburtsurkunde zu einem Kind aus Nazideutschland geworden; es reiht sich ein in den allgemeinen Strom der Autofahrer usw. Als soziales Subjekt ist es ebenso anfällig für die Verlockungen der Welt wie alle anderen, obwohl es sich als autonomes Ich dagegen auflehnt. Ein Indiz für seine eigene Verführbarkeit stellt die mehrmalige verräterische ‚Ich will nicht' – Absage dar, mit der es sich trotzig gegen das unwahre Leben zur Wehr setzt. Weitgehend erfolglos. Es will „hier nicht geboren sein", ist es aber doch – es „will nicht hören" und hört trotzdem „das Getöse der Taschenrechner" – es will „nicht sehen" und sieht dennoch „die Fassaden". Es „will hier auch nicht leben" und tut dies trotz allem. So thematisiert das Gedicht ein Dilemma: die radikale Ablehnung der gesellschaftlichen Verhältnisse durch das Subjekt und seine ungewollte Verknüpfung mit ihnen.

Flucht als resignative Utopie

Das lyrische Ich des Delius-Gedichts kritisiert mit emotionalem Pathos die ökonomisch-zivilisatorischen Fehlentwicklungen der Gesellschaft. Es fordert aber nicht, wie die politisch engagierte Dichtung der späten sechziger Jahre, zu sozialen Veränderungen auf, sondern verabschiedet sich aus der Realität durch die Flucht in ein unbestimmtes Nirgendwo. An die Stelle des revolutionären Optimismus ist eine resignative Melancholie getreten. Diese Haltung kennzeichnet einen wesentlichen Teil der Lyrik der achtziger Jahre. Hermann Korte (Lyrik von 1945 bis zur Gegenwart, S. 108 ff.) schlägt für den Typus den Begriff ‚Betroffenheitslyrik' vor. Das Gedicht-Subjekt klagt im Lamentostil über die Heillosigkeit der Welt und sagt ihr baldiges Ende voraus. Bei Delius sind die konkreten Ursachen für die Ablehnung der gesellschaftlichen Verhältnisse noch benannt; bei vielen anderen Gedichten aus der Zeit werden diffuse Untergangsstimmungen beschworen, ohne dass der Leser bestimmte Anlässe für die negative Weltsicht dingfest machen kann.

Betroffenheitslyrik im Lamentostil

Kunert: „Die Gedichte"

Die wohl bedeutendsten Gedichte dieses Typus stammen von Günter Kunert, der seit den fünfziger Jahren die moderne Nachkriegslyrik wesentlich mitgeprägt hat. Seine Texte aus den achtziger Jahren spiegeln eine melancholische Desillusionierung und eine radikale Skepsis. Als Grundmotiv der späten Lyrik lässt sich ein tiefer Zweifel am Sinn des dichterischen Tuns festmachen. Er ist programmatisch ausgesprochen im poetologischen Text „Die Gedichte" (1980), in dem Kunert die gesellschaftliche Wirkungslosigkeit von Kunst beklagt:

Die Gedichte

Ziemlich schwebende Gebilde

aber gleichen sie nicht Hohn
über soviel Elend und Tötungen
über dem stillen Sterben
das alle Welt ergreift
Urwälder Einwohner Elefanten
Schwärme im Meer
und in der Luft und sogar
die Luft selber
Kennzeichnendes Spiel
steigender und fallender Worte
Kadenzen
von denen kein Armer reich
kein Reicher klüger
kein Kluger
zum rechten Handeln befähigt wird

Schwebende Gebilde wie Rauch
ein Spiel wie vom Feuer
während darunter
das Holz sich sinnlos verzehrt.

Der Grund für die Klage, die Kunert hier ausdrückt, beruht – ganz im Sinne seines Vorbilds Brecht – auf der Voraussetzung, dass Lyrik politisch-soziale Verhaltensänderungen bewirken müsste. Da sie dies nach aller Erfahrung nicht tut, wird ihr Sinn grundsätzlich in Frage gestellt. Im ersten Abschnitt (Vers 2–8) konfrontiert Kunert die Dichtung mit der Realität von Hunger, Krieg und Umweltzerstörung, und er unterstellt der Lyrik in rhetorischer Frageform eine Art von Schamlosigkeit (Vers 2). Der zweite Komplex (Vers 10–16) charakterisiert die Poesie, mit Andeutungen an musikalische Formen, als ein folgenloses Spiel. Das Stichwort von der Kunst als ‚Spiel' erscheint ein zweites Mal in der Schlussstrophe, und zwar durch den Bildvergleich mit dem Feuer als ein zerstörerisches Geschehen. Das Gedicht selbst ist dem Rauch gleichgesetzt, der immerhin positiv als Signal gebendes (Warn-)Zeichen gedeutet werden kann. Mit dem Prädikat „schwebend" vermischen sich die Wertungsmöglichkeiten: leicht, luftig, heiter; unbeständig, substanzlos – das sind einige Konnotationen, die sich mit den ‚schwebenden Gebilden' verknüpfen lassen. Aber auch das Abgehoben-Sein vom Boden der Wirklichkeit klingt wie ein Vorwurf gegen die Dichtung mit an. In der Schlusszeile richtet sich dann der Blick auf den Dichter, dessen Tätigkeit der metaphorische Bildkomplex mit dem sich selbst verzehrenden Holz vergleicht. Das Dichten erscheint wie eine Selbstopferung, wie ein vergeblicher Kampf gegen Unheil in der Welt mit dem Mittel der künstlerischen Sprache. Dass der Dichter sich nicht ins Schweigen zurückzieht, sondern trotz aller Skepsis seine warnende Stimme erhebt, bezeugt einen Rest von Glauben an die Notwendigkeit seines Handelns. Der Schlussvers nennt es zwar „sinnlos", aber man darf diese Kennzeichnung wohl als provozierende Aufforderung an den Leser verstehen: Lass es nicht zu, dass die Gedichte sinnlos bleiben! In diesem Zusammenhang ist Kortes Hinweis (Lyrik nach 1945 bis zur Gegenwart) auf Kunerts Frankfurter Poetikvorlesung (1985) aufschlussreich, in der der Dichter seine Überlegungen zur Funktion der Lyrik entwickelt. Sie trägt den Titel „Vor der Sintflut. Das Gedicht als Arche Noah". Es heißt dort über die Möglichkeit des Gedichts:

> Es besitzt die Fähigkeit der Witterung, der Vorahnung, der Prophetie, wobei ich, um seine Wirkung zu charakterisieren, sofort auf Kassandra verweise. Sie hat den Untergang Trojas vorausgesagt, ohne daß irgendeiner im Ort die Vorhersage ernst genommen hätte. Dieses Schicksal erleiden jene Gedichte, in denen Zukunft wie Zukunftslosigkeit stattfinden.
> *(Zitiert nach H. Korte, S. 105)*

Mit dieser Einschätzung erkennt Kunert dem Lyriker einen geistig-moralischen Status zu, der ihm außergewöhnliche Fähigkeiten abverlangt und der die Gefahr der Enttäuschung in sich trägt, weil man auf seine warnenden Botschaften nicht hört. Eine ironische Destruktion dieser Grundhaltung und der Propheten-Rolle des Dichters findet sich in Enzensbergers Gedicht „Arme Kassandra" aus dem Jahre 1999. Es illustriert auf ganz andere, heitere Weise die politisch–gesellschaftliche Wirkungslosigkeit von Literatur und legt einen inhaltsbezogenen Vergleich mit den ‚Katastrophen'–Gedichten nahe.

3. Spiele mit Worten. Textinstallationen als Sprachreflexion und Sprachkritik

Th. Kling: „verkehrsfunk" (1989)

Lyrik als Sprachspiel

Wenn Günter Kunert in dem zuvor erörterten Text „Die Gedichte" von der Lyrik bedauernd feststellt, dass sie bloß als ein kunstvolles „Spiel" ohne moralisch–soziale Tiefenwirkung aufgefasst wird, so gibt es neben ihm Autoren, die gerade darin den Vorzug der lyrischen Gattung erblicken. Die aufklärerische Absicht ihrer Kunst zielt nicht auf gesellschaftspolitische Verhaltensänderung, sondern in erster Linie auf die Demonstration der ungenutzten Leistungsfähigkeit der Sprache. Der spielerisch-kombinatorische Umgang mit dem Material selbst als dem primären Zweck des lyrischen Handelns kann sich berufen auf den Dadaismus, im Nachkriegsdeutschland auf die Konkrete Poesie und in ihrem Gefolge auf Lyriker wie H. C. Artmann, H. Heißenbüttel, G. Rühm, E. Jandl, Fr. Mayröcker, O. Pastior, R. Gernhardt u. a. Von den jüngeren Autoren dieser Traditionslinie, deren Texte in den achtziger und neunziger Jahren besondere Beachtung erfahren, sind vorrangig Thomas Kling und Bert Papenfuß-Gorek zu nennen.

Kling: „verkehrsfunk“

Kling ist 1957 in Bingen geboren und lebte in Köln und Hombroich, wo er 2005 starb. Aus seiner Sammlung „geschmacksverstärker“, die Gedichte aus den Jahren 1985–1988 vereinigt, stammt der folgende Text mit dem Titel „verkehrsfunk“. Der Erlebnisraum des Subjekts der neueren Lyrik hat sich aus der Natur in die Großstadt und neuerdings auf die Autostraßen verlagert. Wondratscheks „In den Autos“, Delius' „Lieder eines fahrenden Gesellen“ oder Enzensbergers „Autobahndreieck Feucht“ sprechen von fiktionalen Vorgängen, die jedenfalls äußerlich an das Bewegungsmittel ‚Auto' und den Handlungsort ‚Straße' geknüpft sind.

Lyrik als kommentierter Film

Das Gedicht ‚erzählt' die fiktive Geschichte von einem kuriosen Autobahnunfall, der in einer Massenkarambolage endet. Seine poetische Darbietungsform wirkt wie ein inszenierter Film oder ein Fernsehbericht, in dem das lyrische Subjekt die Rolle des Berichterstatters innehat, dem ein Kameramann zur Seite steht. Der Kommentator, der auch die Bildregie übernimmt, verfügt über einen Monitor, mit dessen Hilfe er das Geschehen verfolgen und die Filmaufnahme steuern kann. Seine anfänglichen Beobachtungen (Vers 3–8) erfolgen offensichtlich noch unabhängig von der Kamera, denn erst auf der Fahrbahnmitte (Vers 8) erscheinen die Kröten im Bild. Nicht eindeutig zu fixieren ist der Standort der Beobachter. Manches Bilddetail spricht für eine Vogelperspektive, wobei der Leser an die Verkehrsüberwachung der Autobahnen aus der Luft, also an die Beobachtungsposition eines Hubschraubers der Verkehrswacht denken könnte.

Multiperspektive des Beobachters

Das allerdings lässt sich mit verschiedenen akustischen Wahrnehmungseffekten (Vers 3, 17, 24) nicht in Einklang bringen. Die Ausrufe von Beteiligten (Vers 13 f.) und Kommentare von Zuschauern (Vers 22 f.) setzen eine andere Position voraus. Das Geschehen wird aus einer multiperspektivischen Sichtweise vermittelt, die dem Rezipienten die Wahrnehmung auf verschiedenen Ebenen erlaubt.

Das Gedicht bezieht seine unmittelbare Wirkung aus den skurrilen Effekten, mit denen Kling die Vorgänge ins Bild setzt. Aber ein Gedicht ist kein Film, sondern ein Sprachgebilde und seine Realisierung beruht auf dem kunstvollen Gebrauch der sprachlichen Mittel. Dazu gehört für

verkehrsfunk

für Mike Feser

anbei ein besonderer grün
donnerstag
es nähert sich NOCH
NICHT IM BILD der ernste laichzug,
geduckte landfahrer; kriechspur
drauf zu, schon böschungsquerung;
betritt unkend die bahn, schiebt
sich zur fahrbahnmitte JETZT IM BILD:
die komplette krötenwanderung! (geblähtes
spiegelglattes basedow)
ach autobahn
kreuz, vergebliche manöver
» heinz!
der wagen bricht!« (bei ins feld segelndem
vorderreifen); schons blech zusamm-
geschobn, verkeilt, entgrätete karossen;
-teile, gestierte rufe, rußhelfer
SCHÄRFER STELLN über teile stolpernde
seitenschneider, rettungssanitäter
GENAU IM BILD hinschlagend im löschschaum
im krötenbrei in gesperrter trümmer
landschaft (»viehische veranstaltung«
»aufgespießt«, »glatt abrasiert«);
aus offnem Wagenschlag dazu ein polkaschub,
verkehrsfunk meldet: » vorsicht
krötenwanderung«

Visualisierung in Schrift- und Textbild

Kling – um bei einem äußerlichen, optischen Phänomen einzusetzen – die Schreibung. Die Rolle des Moderators ist durch die Großbuchstaben seiner Regieanmerkungen augenfällig hervorgehoben.
Damit veranschaulicht der Autor die bildhafte Konzeption des Gedichts auch auf der skripturalen Ebene der Schriftzeichen. Die vier Kommentarstellen zur Bildregie beeinflussen das Geschehen nicht, aber sie leisten einen Beitrag zur Gliederung des Gesamttextes, dessen Struktur durch die unterschiedlichen Kameraeinstellungen mitgeprägt ist. Ein anderes visuelles Gestaltungsmittel besteht in den Einschnitten, die durch versetzte oder eingerückte Zeilen im Textbild entstehen (Vers 3, 11 u. 13). Sie markieren entscheidende Schnittstellen des Geschehens. Das Gedicht setzt mit der Zeitangabe des ‚Gründonnerstag' ein. Durch die Zerlegung des Wortes und die Position des Adjektivs ‚grün' am Zeilenende wird beiläufig ein irrealer Farbeindruck erzeugt.
Vor allem aber wird der neugierige Leser angeregt, der etymologischen Herkunft der seltsamen Tagesbezeichnung nachzugehen. Er muss – wie oft bei Klings Texten – mit dem Wörterbuch lesen. Durch die Aufsplitte-

rung der Wörter, die wie spaltbares Material erscheinen, werden verdeckte Bedeutungsschichten frei gelegt (Spracharchäologie). Auch spielt der Autor mit der semantischen Polyvalenz der Sprache, und dieser spielerische Umgang mit dem Material macht den Hauptreiz seiner Gedichte aus. Im Begriff ‚Autobahnkreuz', der einen festen lexikalischen Sinn besitzt, fördert Kling durch die Wortzerreißung (wie bei „grün/donnerstag") unerwartete Bedeutungsnuancen zu Tage:

Etymologie und semantische Polyvalenz

ach autobahn
kreuz, vergebliche manöver

Das isoliert stehende Wort ‚kreuz' berechtigt zunächst zu einer isolierten Wortauslegung. Es evoziert vor allem die Symbolbedeutung für Leid und Tod und könnte als versteckter Hinweis auf das Geschehen gelten. Im Kontext mit ‚Gründonnerstag' stellt sich eine assoziative Verknüpfung mit Karfreitag ein, dem Tage der Kreuzigung Christi. Der anteilnehmende Ausruf „ach" bringt Schreck- oder Angstgefühle des Beobachters zum Ausdruck, die ebenfalls auf Unheil hindeuten. Wir kennen außerdem das Präfix ‚kreuz' als Verstärkungsformel bei Flüchen in heikler Situation (‚Kreuzdonnerwetter'). Solche semantischen Konnotationen werden beim Leser aktiviert. Ausschlaggebend ist aber natürlich die Tatsache, dass der Unfall nicht auf gerader Strecke, sondern nur im Autobahnkreuz geschehen kann, wo die Fahrbahnen sich in Kurven kreuzförmig auseinander bewegen. Im aufgelösten Druckbild der Verse 10–14 visualisiert der Autor den Ausbruch des Verkehrsverlaufs aus der vorgegebenen Ordnung. Wie der Wagen ins Schleudern gerät und von der Fahrbahn abkommt, so fällt auch der Zeilensatz aus dem Rahmen.

„autobahn/kreuz" – eine vieldeutige Metapher

Durch Wortspiele und Bildmetaphern wird das Erscheinen der Kröten im ersten Textteil amüsant verfremdet, und der unheilvolle Ausgang wird unterschwellig angedeutet. Kling nennt die Wanderung der Kröten zu ihren Laichplätzen einen „ernsten laichzug". Hier stellt sich unwillkürlich eine semantische Nähe zum ‚Leichenzug' ein. Als „geduckte landfahrer" bezeichnet der Dichter die Tiere mit einem altertümlichen Ausdruck für umherziehende Leute ohne festen Wohnsitz und mit zweifelhafter Herkunft, die den ordentlichen Bürgern meist verdächtig vorkommen. Sie bilden eine „kriechspur", womit im geläufigen Gebrauch die Fahrbahn gemeint ist, die bei Steigungen von langsamen Fahrzeugen benutzt werden soll. Dieser metaphorische Sinn entsteht durch Übertragung der ursprünglichen Bedeutung, nämlich jener Spur, die Schnecken hinterlassen. Kling vollzieht hier gewissermaßen eine Rückübersetzung der verkehrstechnischen Metapher in ihren ursprünglichen Sinn. Vom Krötenzug hören wir, dass er „unkend" die Fahrbahn betritt. Der Wortwitz dieser Formulierung ergibt sich aus dem Doppelsinn von ‚unken': einerseits ist die ‚Unke'

Metaphorische Vorausdeutung des Unheils

gleichbedeutend mit ‚Kröte', andererseits meint das Verb ‚unken' unter anderem ‚Unheil verkünden'. Die glänzenden Basedow-Augen der Tiere, wahrnehmbar durch eine Naheinstellung der Kamera, verwandelt der Dichter in die imaginierte Vorstellung von einer spiegelglatten Fahrbahn, worin erneut ein Signal für die drohende Gefährdung versteckt ist.

Vom Unfallgeschehen selbst erfährt der Leser zunächst durch den Ausruf eines wohl mitfahrenden Insassen. Es handelt sich, als eine witzige Anspielung auf die Kröten, um ein Zitat aus dem Märchen „Der Froschkönig oder Der eiserne Heinrich", wo es heißt: „Heinrich, der Wagen bricht!" Für die Schilderung der ineinander gefahrenen Autos benutzt Kling ein anderes genial eingesetztes Sprachmittel. In der Phrase „schons blech zusamm–/geschobn" sind das Adverb und der Artikel („schon das') umgangssprachlich kontrahiert, und das Partizip ‚zusammengeschoben' wird durch Elision der unbetonten Endsilben in seiner Wortgestalt ebenso zusammengedrückt wie die Autowracks. Gleichzeitig imitiert die Schreibung auch das hohe Tempo der Kollision. Die vielfältigen Trümmerteile sind kaum definierbar; dem korrespondiert das unbestimmt gebliebene Kompositionsgrundwort „–teile", zu dem der Leser sich alles Mögliche hinzudenken kann.

„Zusamm-/geschobne" Worte

Wortneubildungen

Eine makabre Komik haftet den bildstarken Szenen vom Chaos der Rettungsarbeiten an. Rufe ertönen, die dem Brüllen der Stiere ähnlich sind. In sprachlich hoher Verdichtung, umständliche Umschreibungen vermeidend, nennt Kling sie „gestierte rufe". Es entsteht durch diese Wortneubildung eine unterschwellige Nebenbedeutung, indem zusätzlich zu ‚Stier' das Verb ‚stieren' aktualisiert wird. Auch die Neuschöpfung des Wortes „rußhelfer", das eine Klangbrücke zu „rufe" bildet, lässt verschiedene Deutungsmöglichkeiten zu. Der Leser mag an Feuerwehr- oder THW-Leute in schwarzer Uniform denken; es wird hier ja gelöscht und dabei gleichzeitig Ruß erzeugt. Bei den „stolpernden seitenschneidern" hat der Leser das Bild stolpernder Handwerker vor Augen, nicht aber die Scheren ähnlichen Zangen, die ‚Seitenschneider' heißen und die hier gleichermaßen personifiziert als Stolpernde auftreten. Aus der Perspektive des nicht betroffenen Zuschauers kann man das Geschehen ironisch als „viehische veranstaltung" bezeichnen. Der Witz der Benennung besteht darin, dass der sonst übliche metaphorische Sinn der Redensart hier überraschend wörtlich zu nehmen ist. Tierisch ist die Krötenwanderung als Ursache des Unfalls, tierisch sind auch metaphorische Anspielungen wie „entgrätet" oder „gestiert". Mit dem ‚Viehischen', (aber auch den Geräuschen des Blechschneidens und Löschens) korrespondiert im Klangbild der Zeilen 19–24 die Häufung des Zischlauts ‚sch', besonders wirkungsvoll in der Wendung „hinschlagend im löschschaum".

„viehische veranstaltung"

Eingeblendet wird in der Schlusspassage ein Musikstück aus einem Autoradio. Es handelt sich um eine lustig-burleske Tanzmusik, die nicht zufällig

„polkaschub“ heißt (Vers 24). Das Substantiv ‚Schub‘ bildet mit dem Verb ‚sich schieben‘ für die Bewegung der Kröten auf die Fahrbahn (Vers 7) und dem Zusammengeschoben-Werden der Autos (Vers 15) ein etymologisches Beziehungsgefüge. Der musikalische ‚Schub‘ nimmt mit Hilfe der Wortverwandtschaft die Katastrophen-Schübe noch einmal auf. Die witzige Hauptpointe der Geschichte folgt in den Schlusszeilen dann mit der Bezugnahme auf den Gedichttitel. Nachdem der Unfall geschehen ist, sendet der Verkehrsfunk mit folgenreicher Verspätung die entsprechende Warnmeldung und führt sich damit selbst ad absurdum.

Etymologisches Beziehungsgefüge: „schub“ – „schieben“

Der Textinhalt, die so genannte Aussage, und auch der Ausdrucks- oder Erlebnisgehalt sind von geringer Bedeutung. Kling gehört zu den Gegenwartsautoren, denen die Lyrik nicht mehr „als Medium für Botschaften, Betroffenheiten und Befindlichkeiten“ dient (Korte: Energie der Brüche, S. 96). Vielmehr ‚lebt‘ das Gedicht „verkehrsfunk“ von der experimentellen Sprach- und Bildphantasie, mit der Kling ein gewöhnliches fiktives Ereignis nicht erzählt, sondern in einer dichten, packenden Szenenfolge wie einen Film vor den Augen des Lesers abrollen lässt. Entsprechend wird das Gedicht von sinnlichen Eindrücken beherrscht. Der Titel der Sammlung „geschmacksverstärker“ formuliert diese Intention des Autors: die Steigerung der poetischen Wahrnehmungslust des Lesers durch die Sinne. Sprachtempo und Sprachrhythmus gehören ebenfalls zu den Gestaltungsmitteln, die das Rezeptionsvergnügen erhöhen. Der verfremdende und ‚sprachanalytische‘ Umgang mit dem Wortmaterial verlangt vom Leser allerdings auch eine reflexive Leistung, um Klings ausgeklügelten Sprachwitz wahrzunehmen.

Sinnlichkeit der Sprache

„verkehrsfunk“ ist ein leicht verständliches Gedicht, im Gegensatz zu schwierigeren Texten Klings, die erhebliche sprach- und lyrikgeschichtliche Kenntnisse voraussetzen und sehr genaues Lesen und Hinhören verlangen. In Gedichten wie „düsseldorfer kölemik“ oder „geschrebertes idyll“, die ebenfalls in „geschmacksverstärker“ stehen, wird das virtuose Spiel mit dem Wortmaterial stärker angereichert durch flapsige, umgangssprachliche Redensarten, die destruierende phonetische Schreibweise und die Erfindung neuer Wortkombinationen bekommen mehr Gewicht als in „verkehrsfunk“. Die beiden Gedichttitel signalisieren die Vorgehensweise. ‚kölemik‘ ist eine Kombination aus ‚Kö‘ (= vornehme Düsseldorfer Einkaufsstraße ‚Königsallee‘) und ‚Polemik‘; das ‚geschreberte Idyll‘ ist eine Persiflage auf die geselligen Idyllen im Schrebergarten.

Lyrik als Kritik der gesellschaftlichen Kommunikation

In „düsseldorfer kölemik“ findet sich ein auffälliger Hinweis auf die Richtung, in die Kling mit seinen Sprachdeformationen und Textinstallationen unter anderem zielt. Zweimal steht in diesem Gedicht ironisch abweisend die Formel „getrimmte zungen“ für die eitle, substanzlose Kommunikation der schicken Gesellschaft. Die Kritik am automatisierten und durch öffentliche Macht gelenkten Redeverhalten kann, neben dem lustvollen

Sprachvergnügen, zu den wesentlichen Wirkungsabsichten der Lyrik Klings und vergleichbarer Autoren gerechnet werden. Aber diese Kritik wird nur selten ausdrücklich formuliert, sondern indirekt durch stilistische Eigenwilligkeiten anschaulich gemacht.

Ostberliner Avantgarde

In der avantgardistischen Ostberliner Kulturszene der achtziger Jahre finden am Prenzlauer Berg Autoren wie Sascha Anderson, Kurt Drawert, Rainer Schedlinski, Bert Papenfuß-Gorek u.a. zusammen. Hier entstehen Gedichte gegen den Denk- und Sprachterror des DDR-Regimes, die stärker als in Westdeutschland politisch akzentuiert sind. Aber diese Lyriker, allen voran Papenfuß-Gorek, experimentieren zugleich wie Thomas Kling mit der radikalen Verfremdung der tradierten Sprache, um neue revolutionäre Ausdrucksformen zu finden. Die Gedichte sind einerseits als subversiver Widerstand gegen die Herrschaftssprache der Politik zu deuten. Andererseits stellt ihr Schreibstil eine Befreiung von den abgenutzten Ausdrucksmustern der Dichtungstradition dar.

Papenfuß-Gorek

Unter den gegenwärtigen Sprachexperimentatoren der deutschen Lyrik in der Nachfolge des Dadaismus und der Konkreten Poesie zählt Papenfuß-Gorek sicher zu den innovativsten Autoren. Allerdings bereiten seine Texte dem Leser erhebliche intellektuelle und emotionale Rezeptionsschwierigkeiten, denn sie sind wie bei Kling keineswegs auf allgemeine Verständlichkeit hin angelegt. Der eigensinnige Sprach- und Schreibgebrauch, die sperrige Syntax, versteckte intertextuelle Bezüge, dunkle Anspielungen auf außerliterarische Ereignisse, irrwitzige Wortverdrehungen und Komposita-Bildungen, die Zerstückelung thematischer Zusammenhänge – dies alles verlangt vom Leser eine intensive Einübung in die Textlektüre. Auch hier ist, wie Kling für die Rezeption seiner Gedichte schreibt „ohne Kenntnis der Sprache, der Sprach- und Literaturgeschichte nichts zu machen" („Botenstoffe", S. 68). Relativ zugänglich wegen seiner thematischen Durchschaubarkeit ist das 1991 erschienene Gedicht „die lichtscheuen scheiche versunkener reiche", in dem Papenfuß ironisch-satirisch mit den ehemaligen DDR-Herrschern abrechnet, deren sozialistischer „gesellschaftsentwurf versangundklangloste" (Vers 14 f.). Die hilfreiche Interpretation von Jürgen Zenke ermöglicht einen Zugang zu diesem Gedicht und zu weiteren Texten des Autors. Andere Gedichte, in denen eine inhaltliche Kohärenz nicht aufzufinden ist, wird man vor allen Dingen ‚sprachanalytisch' rezipieren müssen. Wenn Papenfuß – um eine Kostprobe zu geben – die Redewendung ‚Mord- und Totschlag' zu ‚wort & totschlag' variiert oder die Formeln ‚mutterseelenallein' und ‚splitternackt' zu ‚mutterseelennackt & splitterallein' verfremdet, dann wird ein unerwartetes semantisches Potenzial frei gesetzt. Der Leser gerät bei solchen Neubildungen ins Stocken, weil er über die ‚Umwortung' und die damit verbundene ‚Umwertung der Worte' nachdenken muss.

4. Lyrik im Zeichen der deutschen Wiedervereinigung

V. Braun: „Das Eigentum" (1990)

Das wichtigste politische Ereignis der Nachkriegszeit ist die Öffnung der deutsch-deutschen Grenze im November 1989 und der anschließende Vereinigungsprozess mit dem Beitritt der DDR zur Bundesrepublik im Oktober 1990. Für viele Autoren der ehemals sozialistischen Republik stellt sich nach dem Zusammenbruch des Systems die Frage nach ihrer persönlichen und gesellschaftlichen Identität. Eine Standortbestimmung ist unumgänglich. So vollzieht sich jetzt im Medium der Literatur noch einmal, wie nach dem Kriegsende 1945, eine Aufarbeitung des Geschehens der vergangenen Jahrzehnte und der Versuch einer Neuorientierung, vornehmlich bei den Schriftstellern, die in der DDR geblieben waren.

Orientierungsversuche nach der Wende

Viel zitiert und kommentiert wird das Gedicht „Das Eigentum" von Volker Braun. Der Autor wurde 1939 bei Dresden geboren und lebte bis zur Wende im Ostteil von Berlin. Braun ist ein ausgesprochen politischer Lyriker im Sinne der Tradition, die sich von Brecht herleitet. Er glaubt lange Zeit an die Möglichkeit der sozialistisch-humanistischen Erneuerung der Gesellschaft und bleibt, trotz zunehmend kritischer Haltung gegenüber dem Regime, in der DDR. Aus dieser Perspektive stellt sich die Wiedervereinigung der beiden deutschen Staaten für ihn als ambivalentes Geschehen dar, das wenig Begeisterung auslöst. Davon spricht das Gedicht, das im Jahre 1990 entsteht.

Braun: „Das Eigentum"

Das Eigentum

Da bin ich noch: mein Land geht in den Westen.
KRIEG DEN HÜTTEN FRIEDE DEN PALÄSTEN.
Ich selber habe ihm den Tritt versetzt.
Es wirft sich weg und sein magre Zierde.
Dem Winter folgt der Sommer der Begierde.
Und ich kann *bleiben wo der Pfeffer wächst*.
Und unverständlich wird mein ganzer Text.
Was ich niemals besaß, wird mir entrissen.
Was ich nicht lebte, werd ich ewig missen.
Die Hoffnung lag im Weg wie eine Falle.
Mein Eigentum, jetzt habt ihrs auf der Kralle.
Wann sag ich wieder *mein* und meine alle.

Es handelt sich hier um einen sehr subjektivistischen, emotional aufgeladenen Text, in dem das lyrische Ich (als Maske des Autors) den Versuch einer Selbstorientierung unternimmt. Man kann „Das Eigentum" als Antwort auf ein Gedicht von 1980 („Das Lehen") lesen, das mit der Zeile beginnt:

Autobiographische Lyrik

Ich bleib im Lande und nähre mich im Osten

Wie eine trotzige Bestätigung klingen zehn Jahre später die Eingangsworte „Da bin ich noch" für das Ausharren in seiner kargen Heimat, in der Angst und Misstrauen, Unterdrückung und materielle Schwierigkeiten herrschen. Mit der Öffnung der Grenze setzt eine Massenbewegung in Richtung Bundesrepublik (hin zur D-Mark) ein. Brauns lyrisches Ich charakterisiert das vermeintliche westdeutsche Paradies mit einer Zitatvariation aus Büchners „Hessischem Landboten". Dort heißt es: „Friede den Hütten! Krieg den Palästen!" Büchner seinerseits übernimmt und verändert den Schlachtruf aus einer französischen Quelle des 18. Jahrhunderts: "Guerre aux châteaux! Paix aux chaumières!" (Büchmann: Geflügelte Worte, S. 383). Diese und die Büchnersche Version konnten als Parolen für eine sozialistische Umwälzung dienen. Im kapitalistischen Westen aber herrscht nach Brauns Auffassung die entgegengesetzte Ideologie. Das in Großbuchstaben plakativ herausgehobene Motto will sagen: Alles geschieht dort, auf Kosten der armen Leute, zum Nutzen der Reichen und Mächtigen. In dieses Land der sozialen Ungerechtigkeit gehen seine Landsleute aus verächtlichen materialistischen Gründen („Sommer der Begierde") und verraten damit ihre Heimat, in der die Ideale des Marxismus verwirklicht werden sollten.

Umkehrung eines Büchner-Zitats

Gleichzeitig räumt das lyrische Ich ein, dass die sozialhumanen Errungenschaften in seinem Land eher dürftig waren („magre Zierde"). In der ‚Winter'-Metapher (Vers 5) ist eine Anspielung darauf enthalten, dass das Leben in der DDR von der unmenschlichen Härte und Kälte der Parteifunktionäre geprägt war (‚Eiszeit' und ‚Tauwetter' sind gängige Formeln). Im früheren Gedicht „Das Lehen" heißt es zum politischen Klima der achtziger Jahre: „Wie komm ich durch den Winter der Strukturen". Gemeint sind hier eindeutig und kritisch ablehnend die staatlichen Gewalt-Strukturen, unter denen der Dichter leidet. Mit „Winter" verweist das lyrische Ich im Gedicht „Das Eigentum" vielleicht am Rande auch auf die wirtschaftlichen Probleme, die die Bewohner zum Verlassen des Landes bewegen. Aber dieses Seitenmotiv bleibt marginal. Das Gedicht-Subjekt kritisiert das Verhalten der Bürger als würdelos („Es wirft sich weg"), zumal es nach seiner Ansicht in der DDR, wenn auch kleine, so doch erhaltenswerte Vorzüge („Zierde") gibt. Dieser Vorwurf des Dichters gegen seine Landsleute wirkt ungerecht, weil Braun selbst, trotz aller Schwierigkeiten mit der Partei, Freiheiten und Privilegien besaß, um die man ihn beneiden konnte. Er durfte in den Westen reisen, seine Bücher wurden in beiden Teilen Deutschlands gedruckt, er erhielt diverse Literaturpreise (Hinck: Stationen der deutschen Lyrik, S. 217). Viele ‚Normalbürger' werden weniger Anlass gehabt haben, ihrem Staat die Treue zu halten, und so lassen sie ihn fallen.

Bedeutung der ‚Winter'-Metapher

Doch auch die Haltung des Gedicht-Ichs ist zwiespältig. In der Selbstbeschuldigung (Vers 3) klagt sich der Sprecher an, seinem Land ‚den Tritt versetzt zu haben', ihm also ebenfalls treulos geworden zu sein. Biographisch

Selbstanklage des lyrischen Ichs – Kritik am DDR-Regime

erklären lässt sich der Selbstvorwurf wohl aus dem literarischen Wirken Brauns. In zunehmend schärferen Formulierungen kritisiert und verurteilt der Autor die repressiven Zustände in der DDR. Christoph Weiß („Wir wissen ja nicht, was gilt", S. 155 f.) macht in diesem Zusammenhang auf die Kommentare Brauns zu den Briefen von Georg Büchner aufmerksam, die einen politischen Skandal auslösen. Eine Büchner-Stelle zum Thema Gewalt interpretiert Braun unter aktuellem Bezug auf die Gewaltausübung des DDR-Regimes dahingehend, dass er das Recht auf Gegengewalt durch die Untertanen befürwortet. Das gleicht „einer Kampfansage an die Herrschenden in seinem Staat" (Chr. Weiß). Das modifizierte „KRIEG DEN HÜTTEN! FRIEDE DEN PALÄSTEN!" kann man mit Fug und Recht im Sinne Brauns auch auf das DDR-System beziehen. Vor allem nach der Ausbürgerung Biermanns im Jahre 1976 gerät er, wie viele der im Osten verbliebenen Lyriker (Czechowski, R. Kirsch, Kirsten, Mickel, Kolbe u. a.), in eine künstlerische Existenzkrise. Der Glaube an eine Verwirklichung des humanen Sozialismus, das Grundmotiv in Brauns Dichtungen, beginnt zu schwinden. Im Gedicht „Der Müggelsee" (1977) beklagt er in bitteren Tönen die Vertreibung der Freunde und die Unmöglichkeit „eins zu sein/ Mit seinem Land" (Conrady, S. 1081). Aggressive Empörung klingt an in „Der Frieden", einer lyrischen Parodie auf die DDR-Hymne, in der er das „Brüder zur Sonne, zur Freiheit" zersingt (Korte: Geschichte der deutschen Lyrik seit 1945. S. 201 f.). In diesen subversiven Texten ist die Zustimmung zum sozialistischen Staat aufgehoben und das Gedicht-Ich kann sie im Nachhinein als Verrat an seinem Land und als mitverantwortlich für seine Zerstörung verstehen. Insofern fühlt sich der Sprecher in der Dichterrolle offenbar gleichzeitig als Opfer und Täter des Zusammenbruchs.

Soziale und künstlerische Vereinsamung

Die individuelle Konsequenz aus der neuen Lage bedeutet: Einsamkeit. Mit der bitteren Formulierung „ich kann bleiben wo der Pfeffer wächst" spielt Braun vielleicht auf eine Äußerung von Ulrich Greiner in der ZEIT vom 22.6.1990 an. Dort heißt es: „Die toten Seelen des Realsozialismus sollen bleiben, wo der Pfeffer wächst." (Conrady, S. 1083). Weder mit der neuen noch der alten Heimat kann sich das Gedicht-Ich identifizieren. Auch kann es weder hier noch dort mit Zustimmung zu seinen Dichtungen rechnen. Die resignative Feststellung „Und unverständlich wird mein ganzer Text" (Vers 7) klingt wie eine abschließende Negativbilanz Brauns über sein gesamtes Lebenswerk. Niemand versteht mehr den Sinn des dichterischen Mitwirkens am Aufbau der neuen Gesellschaft, der so kläglich gescheitert ist. Und ebensowenig wie die Westdeutschen können auch die ehemaligen Landsleute die Einwände nachvollziehen, die der Autor gegen den kapitalistischen Westen formuliert hat. Die Kommunikation ist in alle Richtungen hin abgebrochen. In den beiden Mittelversen 6 u.7, die durch den anaphorischen Zeilenbeginn und den Endreim eng verknüpft sind, resümiert das lyrische Subjekt die doppelte Tragödie des Autors: die soziale und die künstlerische Isolierung. Ihre einschneidende Bedeutung ist nur abzuschätzen, wenn man sich bewusst macht, welch hohen Stellenwert die Gemeinschaftlichkeit im sozialistisch orientierten Denken Brauns besitzt. Beispielhaft spricht er davon in den Schlussversen des Gedichts „Im Ilmtal“ (1970), wo das lyrische Subjekt von seinen Mitstreitern („Gefährten“) bekennt:

Gemeinschaftsgefühl im Sozialismus

Und was ich beginne, mit ihnen
Bin ich erst ich
Und kann leben, und fühle wieder
Mich selber in meiner Brust.
(Texte in zeitlicher Folge, Bd. 4. Mitteldeutscher Verlag. Halle/Leipzig 1990. S. 78)

Einsam, auf sich allein gestellt, ist das Ich gleichsam wie tot. In den Versen 8 und 9, die ebenfalls durch Anaphern, parallele Syntax und Reim auffällig verkoppelt sind, formuliert das Gedicht-Subjekt stellvertretend für den Autor in scheinbar paradoxen Aussagen die Misere. Es blickt zurück auf einen Besitz und eine Lebensform, die es angestrebt hat, die aber nie verwirklicht werden konnten. Der Traum von einem Land, in dem Menschlichkeit und Gerechtigkeit herrschen sollten, blieb unerfüllt. Mit diesem unerreichten Ziel, für das das Ich voller „Hoffnung“ (Vers 10) gearbeitet hat, wird ihm etwas geraubt, was es „niemals besaß“. Von der ‚Hoffnung‘ heißt es, dass sie wie eine „Falle“ war; also eine Form von Täuschung oder Selbstbetrug? Die Bildmetapher löst vielfältige Assoziationen aus. Durch die Falle wird in der Regel ein Wesen mit verlockender Speise geködert, und ehe es den Leckerbissen erreicht, sitzt es im Käfig oder in der Grube. Es ist vorstellbar, dass das Ich die marxistische Utopie jetzt als eine solche faszinierende Verlockung begreift, als Falle, in die es hineingetappt ist und aus der es sich nicht mehr befreien konnte. Sie erwies sich im doppelten Sinne als Gefängnis. Einmal in äußerlicher (realistischer) Bedeutung, weil der Staat seine Bürger der Freiheit beraubt; und zum andern im ideellen Sinne, weil die schöne Utopie den Hoffenden nicht mehr loslässt („werd ich ewig missen“). Einen weiteren Deutungsaspekt bringt Chr. Weiß (S. 153 u.159) ins Spiel, indem er auf die „November-Hoffnung des Jahres 1989“ bei vielen DDR-Intellektuellen verweist. Sie beruht auf der Idee des ‚dritten Weges‘, die auch der Autor befürwortet: Eine Vereinigung der beiden deutschen Staaten zu einem neuen Gebilde, dessen Verfassung er mit dem Stichwort „VOLKSEIGENTUM PLUS DEMOKRATIE“ umschreibt. Dass sich diese Hoffnung nicht erfüllt und seine Landsleute den ‚Anschluss‘ an die BRD vorziehen, enttäuscht ihn tief.

Ende der Utopie: die Hoffnung als ‚Falle‘

Mit dem vorletzten Vers („Mein Eigentum, jetzt habt ihrs auf der Kralle“) ändert sich die monologische Redehaltung. Der Gedicht-Sprecher wendet sich an einen Adressaten: das Kollektiv der Westdeutschen (‚die Wessis‘).

Interpretation des Begriffs ‚Eigentum‘

Der mehrdeutige Begriff „Mein Eigentum“ lässt sich vordergründig interpretieren als Hinweis auf die materiellen Güter des Landes, die nun den „kapitalistischen Begehrlichkeiten“ der Westler zum Opfer fallen (Korte: „wenn ein staat ins gras beißt“, S. 137). Die ökonomische Seite der Vereinigung steht in der Debatte der Jahre oft im Vordergrund. Aber Brauns Gedicht verweist mit dem Titel „Das Eigentum“ erkennbar auf das Hölderlin-Gedicht „Mein Eigentum“. Den Beweis liefert er mit seinem Gedicht „An Friedrich Hölderlin“ (Conrady, S. 1081). Der Begriff ‚Eigentum‘ besitzt bei Hölderlin einen zweifachen Sinn. Für die meisten Menschen ist es der ‚eigne Herd in rühmlicher Heimat‘, der ‚eigne Grund‘, die ‚bleibende Stätte‘ als Garanten des gesicherten Lebensglücks. Für den wurzellos umgetriebenen Hölderlin selbst gibt es dies nicht. Er sucht sich eine eigene Heimat, ein ‚freundliches Asyl‘, in seiner Dichtung („im Gesang“). Diese nennt er „mein Eigentum“ (Conrady, S. 339 f.). Vollzogen ist mit dieser Konzeption eine radikale Trennung zwischen dem individuellen Dichter-Ich und der Gesellschaft, von der sich Hölderlin immer ausgeschlossen sah. Volker Braun lehnt die subjektivistische Vereinzelung als Lebensmöglichkeit prinzipiell ab. Er verneint sie ausdrücklich im Gedicht „An Friedrich Hölderlin“:

Verweise auf Hölderlins „Mein Eigentum“

> Dein Eigentum auch, Bodenloser
> Dein Asyl [...]
> Ist volkseigen;
> *(Zitiert nach Conrady, S. 1081)*

Zum Eigentum – sei es das konkrete der Heimat, sei es das virtuelle der Dichtung – gehört unablösbar die gesellschaftliche Eingebundenheit. Begrifflich definiert sich ja das Eigene durch abgrenzende Berührung mit dem Anderen. Durch die Formel „volkseigen“ umschreibt der Autor einen sozialistischen Wunschzustand, in dem es materielles und ideelles Privateigentum nicht mehr gibt, sondern alles in der Gemeinschaftlichkeit aufgeht. Was das lyrische Subjekt in Brauns Gedicht verliert, ist nicht materieller Besitz (so mögen es die Westdeutschen sehen), sondern es ist das Allen gehörende Eigentum: das heimatliche Land. Mit seinem Verlust lösen sich sämtliche sozialen Zusammengehörigkeiten auf. Braun wird wie Hölderlin zum einsamen ‚Bodenlosen‘. In der skeptischen Schlussfrage des Gedicht-Subjekts klingt die vage Möglichkeit an, dass es das geeinte Deutschland vielleicht später einmal als sein Land erleben wird und als Land, dem sich „alle“ zugehörig fühlen. In der Zeit des Vereinigungsprozesses, in der das Bewusstsein der inneren Spaltung deutlich hervortritt, kann davon nicht die Rede sein. Einige Jahre später finden sich noch immer deprimierende Äußerungen, wie etwa im Gedicht „Marlboro is red“ von 1996:

Skeptische Schlussfrage

> „Nie wieder leb ich zu auf eine Wende.“

Traditionelle Formgebung – stilistische Starrheit

Brauns Gedicht „Das Eigentum“ gehört nicht zu seinen avantgardistischen Texten, die er auch geschrieben hat. Mit dem Rückgriff auf die überlieferten Formen (fünfhebiger Jambus, Endreimverse) wirkt es eher traditionell. Der streng durchgehaltene Zeilenstil, in dem die Aussagesätze Vers für Vers schroff aneinander gereiht sind, schafft zusammen mit dem Blankvers einen gleichförmig–harten, abgehackten Sprachduktus. Das gilt besonders für die Verse 5/6 mit dem einsilbig betonten (männlichen) Ausgang, die von der Zerstörung des Ichs sprechen. Musikalische Klangbögen mit fließendem Charakter oder rhythmisch lebendige Bewegtheit sind nicht wahrzunehmen. Die Zeilen mit weiblichen Versausgängen tendieren durch die schwebende Betonung am Ende zum Hinübergleiten in die folgende Zeile. Das wird aber durch die syntaktische Struktur verhindert. So liegt über dem gesamten Text eine stilistische Starrheit, die der Verbitterung und inneren Disharmonie des lyrischen Subjekts (und des Autors) entsprechen mag.

Melancholie und Orientierungslosigkeit in der Nachwende-Lyrik

Die Enttäuschung und Desorientiertheit, die in Brauns Gedicht zur Sprache kommt, ist keine Einzelerscheinung in der Nachwende-Lyrik. Kurt Drawert formuliert in „Ortswechsel“ (1996), sicher stellvertretend für viele, das tragische Dilemma des vormaligen DDR-Bürgers, der sich nun als Bundesdeutscher definieren soll.

Meine Freunde im Osten
verstehe ich
nicht mehr, im Landstrich
zwischen Hamme und Weser

kenne ich keinen. [...]

Nirgendwo bin ich angekommen.
Nirgendwo war ich zuhaus.
(Wo es war. Gedichte. Suhrkamp Verlag. Frankfurt/M. 1996. S. 83)

Abrechnung mit der DDR-Vergangenheit

Die Grundstimmung dieses und mancher vergleichbarer Gedichte ist geprägt von Ratlosigkeit und Melancholie. Eine etwas andere Tonlage erklingt in Lutz Rathenows „Deutschland“-Gedicht „Grüß Heil! Sieg Front!“ Es handelt sich um eine satirische Textcollage, in der der Autor, trotz emotionaler Betroffenheit, kritische Distanz zur alten wie auch zur neuen politischen Situation zu gewinnen sucht. Wirklich gelungen ist solche ironische Abrechnung mit der Vergangenheit in den Gedichten von Papenfuß–Gorek („die lichtscheue scheiche“). Der Papenfuß–Text verdient Beachtung wegen seiner politischen Thematik, aber bedeutsamer erscheinen seine avantgardistischen Sprach- und Formexperimente. Daher wurde auf den Autor im vorhergehenden Kapitel besonders hingewiesen. Unter inhaltlichen Gesichtspunkten ist aber eine vergleichende Interpretation der „lichtscheuen scheiche“ mit Wende-Gedichten wie Brauns „Eigentum“ ebenfalls sehr reizvoll. Radikal negative Einschätzungen des politischen Lebens in der vormaligen DDR bestimmen die Gedichte von Durs Grünbein, der bis zur Wende vorwiegend in Dresden lebte. In „Grauzone morgens“ (1988) entwirft er auf der Basis eigener Erlebnisse Momentaufnahmen von der Einöde des ‚grauen Lebens in der Zone‘. Die 1991 erschienene Sammlung „Schädelbasislektion“ enthält zahlreiche Texte, die die unerträgliche Situation des Dichters im SED–Staat reflektieren (‚Porträt des Künstlers als junger Grenzhund‘). Folgerichtig stellt sich für Grünbein der Fall der Mauer als Akt der Befreiung dar. In dem Zyklus „Sieben Telegramme“ (in „Schädelbasislektion“) findet sich ein Gedicht zum „12/11/89“, das einen Abgesang auf die sozialistische Republik formuliert. Es empfiehlt sich, wie Papenfuß–Goreks Gedicht, mit seiner anderen Sichtweise als Volker Brauns Lyrik zu einem komplementären Textvergleich.

Pluralismus der Stile – ‚Postmoderne‘ Lyrik

Sekundärliteratur

M. Braun: Eklektizismus und Montagekunst. Das „Posthistoire“ in der Lyrik. In: Sprache im technischen Zeitalter 1986. S. 91–106. – R. Baumgart: Postmoderne Literatur – auf deutsch? In R. B.: Deutsche Literatur der Gegenwart, S. 532–540. – H. Korte: Geschichte der deutschen Lyrik seit 1945, S. 145–207. – Geschichte der deutschen Literatur von 1945 bis zur Gegenwart. Hg. v. W. Barner. München 1994. S. 843–859.

Zivilisationsklage und Warnung vor dem Untergang

Motivgleiche oder motivverwandte Gedichte

G. Kunert: Mein Troja. In G. K.: Abtötungsverfahren, S. 39. – R. Haufs: Winter. – Immer noch einmal. Beide in R. H.: Juniabschied. Gedichte (rororo 5367). Reinbek b. Hamburg 1984. S. 21, 83. – S. Kirsch: Erdrauch. In: Conrady, S. 1034 – E. Fried: Fragen nach Tschernobyl. In E. F.: Am Rand unserer Lebenszeit. Gedichte. (Wagenbachs Taschenbuch 261). Berlin 1987. S. 31. (Auch in: Kristallisationen, S. 67) – H. Taschau: Tschernobyl? Tschernobyl 1990? In: Conrady, S. 1058. – H. M. Enzensberger: Arme Kassandra. In: Leichter als Luft. Moralische Gedichte. Frankfurt/M. 1999. S. 30.

Sekundärliteratur

H. Korte: Auf dem Trampelpfad. Deutsche Lyrik 1985 bis 1991. In: Text + Kritik. H.113 (1992). S. 52–62. – H. Korte: Geschichte der deutschen Lyrik seit 1945, S. 145–207. – H. Korte: Lyrik von 1945 bis zur Gegenwart, S. 104–110. – Th. Elm: Einleitung zu ‚Kristallisationen‘, S. 15–38.

Spiele mit Worten. Textinstallationen als Sprachreflexion und Sprachkritik

Motivgleiche und motivverwandte Gedichte

H. M. Enzensberger: Autobahndreieck Feucht. In H. M. E.: Die Furie des Verschwindens. Gedichte. (edition suhrkamp 1066). Frankfurt/M. 1980. S. 20 f. (Auch in: Kristallisationen, S. 44) – Th. Kling: düsseldorfer kölemik. In Th. K.: geschmacksverstärker. gedichte 1985–1988, S. 15 f. (Auch in: Kristallisationen,

S. 120. Dazu H. Gnüg: „Kopfzoo" mit „heftiger Nervenrevue". In: Gedichte und Interpretationen, Bd. 7. S. 177–186). – Th. Kling: geschrebertes idyll. In Th. K.: geschmacksverstärker, S. 33 f. (Auch in: Conrady, S. 1217) – B. Papenfuß–Gorek: die lichtscheuen scheiche versunkener reiche. In: Conrady, S. 1199. (Dazu J. Zenke in: Gedichte und Interpretationen, Bd. 7. S. 146–157). – B. Papenfuß–Gorek: seilschaften der zögerlichkeit. In: Conrady, S. 119.

Sekundärliteratur
H. Korte: Lyrik von 1945 bis zur Gegenwart, S. 120–128. – E. Grimm: Lesarten der zweiten Natur. Landschaften als Sprachräume in der Lyrik Thomas Klings. In: Text + Kritik, H. 147 (2000). S. 59–69. – M. Braun: Suchbewegungen im Sprachzerfall. Einige Bemerkungen zur Poetik der jüngsten Lyriker–Generation. In: Sprache im technischen Zeitalter 1989. S. 210–216. – A. Trebeß: „im rechten augenblick das linke tun". Spracherneuerung in Texten von Bert Papenfuß–Gorek. In: Weimarer Beiträge 36 (1990). S. 617–636.

Lyrik im Zeichen der deutschen Wiedervereinigung
Motivgleiche und motivverwandte Gedichte
V. Braun: Das Lehen. In: Conrady, S. 1089 (Es thematisiert nicht die Wiedervereinigung, ist aber als Bezugstext zu „Das Eigentum" aufschlussreich). – B. Köhler: Rondeau Allemagne. In: Deutsches Roulette. Gedichte 1984–1989. Frankfurt/M. 1991, S. 63. (Auch in: Kristallisationen, S. 158). – L. Rathenow: Deutschland. In: Conrady, S. 1180). – H. Czechowski: Am Bahndamm. In: Nachtspur. Gedichte und Prosa 1987–1992. Zürich 1993. (Vgl. W. Hinck: Stationen der deutschen Lyrik, S. 218 ff. mit Erläuterungen). – H. Czechowski: Hinter der Stadt. In: Wüste Mark Kolmen. Gedichte. Zürich 1997. (In: Lyrik der neunziger Jahre, S. 102). – K. Drawert: Ortswechsel. In: Wo es war. Gedichte. Frankfurt 1996. (In: Lyrik der neunziger Jahre, S. 112). – K. Drawert: Zustandsbeschreibung. Zwischenbericht. In: Wo es war. Gedichte. Frankfurt 1996. (In: Gedichte und Interpretationen, Bd. 7. Mit einer Interpretation von W. Emmerich, S. 106–115). – U. Kolbe: Berlin. Aus: „Vaterlandkanal. Ein Fahrtenbuch." Frankfurt/ M. 1990. (In: Gedichte und Interpretationen, Bd. 7. Mit einer Interpretation von W. Segebrecht, S. 92–105). – D. Grünbein: Sieben Telegramme. 12/11/89. In D. G.: Schädelbasislektion. Gedichte. Frankfurt/M. 1991. S. 61.

Sekundärliteratur
Chr. Weiß: „Sei du, Gesang, mein freundlich Asyl!" S. 151–161. – H. Korte: „Wenn ein staat ins gras beißt, singen die dichter", S. 122–144. – K. O. Conrady: Deutsche Wendezeit. Essay. In: Von einem Land und vom andern. Insbesondere S. 235–243.

Quellenverzeichnis

Anthologien

Arbeitstexte für den Unterricht. Gedichte seit 1945. Hg. v. O. Knörrich. (Reclams Universal–Bibliothek 15016). Stuttgart 1990.

Der Neue Conrady. Das große deutsche Gedichtbuch von den Anfängen bis zur Gegenwart. Hg. v. K. O. Conrady. Artemis u. Winkler. Düsseldorf, Zürich 2000 (= Conrady).

Conrady, Karl Otto (Hg.): Von einem Land und vom andern. Gedichte zur deutschen Wende 1989/1990. Mit einem Essay. (Edition Suhrkamp 1829). Frankfurt 1993.

Deutsche Lieder. Texte und Melodien. Ausgew. v. E. Klusen. (insel taschenbuch 1032). Frankfurt/M. 1988.

Das bleibt. Deutsche Gedichte 1945–1995. Hg. v. J. Drews. (Reclam–Bibliothek 1532). Leipzig 1995.

Das verlorene Alphabet. Deutschsprachige Lyrik der neunziger Jahre. Hg. v. M. Braun/H. Thill. Heidelberg 1998.

Editionen für den Literaturunterricht. Hg. v. D. Steinbach. Experimentelle und Konkrete Poesie – Vom Barock zur Gegenwart mit Materialien. Ernst Klett Schulbuchverlag. Stuttgart 1981 (= Editionen Konkrete Poesie).

Editionen für den Literaturunterricht. Hg. v. D. Steinbach. Alltagslyrik und Neue Subjektivität mit Materialien. Ernst Klett Schulbuchverlag. Stuttgart 1982 (= Editionen Alltagslyrik).

Jahrhundertgedächtnis. Deutsche Lyrik im 20. Jahrhundert. Hg. v. H. Hartung. Stuttgart 1998.

Kristallisationen. Deutsche Gedichte der achtziger Jahre. Hg. v. Th. Elm. (Reclams Universal–Bibliothek 8827). Stuttgart 1992 (= Kristallisationen).

Lyrik der neunziger Jahre. Hg. v. Th. Elm. (Reclams Universal–Bibliothek 18048). Stuttgart 2000.

Punktzeit. Deutschsprachige Lyrik der achtziger Jahre. Hg. v. M. Braun/H. Thill. Heidelberg 1987.

Einzelnachweise der im Text interpretierten Gedichte

Achleitner, Friedrich: ruh und ruh. In F. A.: prosa, konstellationen, montagen, dialektgedichte, studien. Rowohlt Verlag. Reinbek b. Hamburg 1970. S. 51.

Bachmann, Ingeborg: Wahrlich. In I. B.: Werke. Hg. v. Chr. Koschel u.a. Bd. 1. (Serie Piper 1701). R. Piper & Co. Verlag. München 5. Aufl. 1993. S. 166.

Bachmann, Ingeborg: Schatten Rosen Schatten. In: Dass., S. 133.

Benn, Gottfried: Satzbau. In G. B.: Sämtliche Gedichte. Klett-Cotta. Stuttgart. 1998.

Benn, Gottfried: Reisen. In: Dass.

Bienek, Horst: Wörter meine Fallschirme. In H. B.: Gleiwitzer Kindheit. Gedichte aus zwanzig Jahren. Carl Hanser Verlag. München 1976. S. 5.

Biermann, Wolf: Das Hölderlin–Lied. In W. B.: Nachlaß 1. Noten, Schriften, Beispiele. Verlag Kiepenheuer u. Witsch. Köln 1977. S. 395.

Bobrowski, Johannes: Holunderblüte. In J. B.: Schattenland Ströme. Gedichte. Deutsche Verlags-Anstalt. Stuttgart 1962. S.29.

Braun, Volker: Das Eigentum. In V. B.: Lustgarten, Preußen. Ausgewählte Gedichte. (suhrkamp taschenbuch 3124). Frankfurt/M. 2000. S.141.

Brecht, Bertolt: Auf einen chinesischen Theewurzellöwen. In B. B.: Gesammelte Werke, Bd.10. (werkausgabe edition suhrkamp). Gedichte 3. Frankfurt/M. 1967. S.997.

Brecht, Bertolt: Als unsere Städte in Schutt lagen. In: Dass., S.960.

Brinkmann, Rolf Dieter: Oh, friedlicher Mittag. In R. D. B.: Westwärts 182. Gedichte. Copyright © 1975 by Rowohlt Taschenbuch Verlag GmbH, Reinbek bei Hamburg.

Buselmeier, Michael: Dem Volke dienen. In M. B.: Nichts soll sich ändern. Gedichte. Verlag Das Wunderhorn. Heidelberg 1980. S.12. (Auch in: Editionen Alltagslyrik, S.23).

Celan, Paul: WEGGEBEIZT. In P. C.: Gesammelte Werke in fünf Bänden. Hg. v. B. Allemann. Bd.2. (suhrkamp taschenbuch 1331). Frankfurt/M. 1986. S.31.

Delius, Friedrich Christian: Lieder eines fahrenden Gesellen. In F. C. D.: Die unsichtbaren Blitze. Gedichte. Rotbuch Verlag. Berlin 1981. S.15.

Eich, Günter: Ende eines Sommers. In G. E.: Gesammelte Werke in vier Bänden. Hg. v. A. Vieregg. Bd. 1. Die Gedichte. Revidierte Ausgabe. Suhrkamp Verlag. Frankfurt/M. 1991. S.81.

Eich, Günter Latrine. In: Dass., S.37.

Enzensberger, Hans Magnus: Poetik-Vorlesung. In H. M. E.: Gedichte 1950–1985. (suhrkamp taschenbuch 1360). Frankfurt/M. 1986. S.70.

Enzensberger, Hans Magnus: Die Verschwundenen. In: Dass., S.58.

Enzensberger, Hans Magnus: Ins Lesebuch für die Oberstufe. In H. M. E.: Verteidigung der Wölfe. Gedichte. Suhrkamp Verlag. 3. Aufl. Frankfurt/M. 1997. S.90.

Fried, Erich: Vordruck. In E. F.: Und Vietnam und. Einundvierzig Gedichte. © 1966, NA 1996 Verlag Klaus Wagenbach Berlin.

Gomringer, Eugen: schweigen. In E. G.: 33 Konstellationen mit 6 Konstellationen von Max Bill. Tschudy Verlag. St. Gallen 1960. (Auch in: Editionen Konkrete Poesie, S.31).

Hahn, Ulla: Ars poetica. In U. H.: Herz über Kopf. Gedichte. Deutsche Verlags-Anstalt, Stuttgart 1981. S. 78.

Jandl, Ernst: lenin im winter. In: ernst jandl für alle. mit einem nachwort des verfassers. (Sammlung Luchterhand 566). Luchterhand Literaturverlag. Darmstadt/Neuwied 1990. S.101.

Jandl, Ernst: schtzngrmm. In: E. J.: Laut und Luise. Luchterhand Literatur Verlag. Darmstadt/Neuwied 1966. (Auch in: Editionen Konkrete Poesie)

Kaschnitz, Marie Luise: Ein Gedicht. In M. L. K.: Überallnie. Ausgewählte Gedichte 1928–1965. Claassen Verlag, Hamburg, 2. Aufl. 1998.

Kling, Thomas: verkehrsfunk. In Th. K.: geschmacksverstärker. gedichte 1985–1988. (edition suhrkamp 1523). Frankfurt/M. 1989. S.39.

Kunert, Günter: So soll es sein. In G. K.: Im weiteren Fortgang. Gedichte. Carl Hanser Verlag. München 1974. S.36.

Kunert, Günter: Unterschiede. In G. K.: Erinnerung an einen Planeten. Gedichte. Carl Hanser Verlag. München 1963. S.41.

Kunert, Günter: Die Gedichte. In G. K.: Abtötungsverfahren. Gedichte. Carl Hanser Verlag. Wien/München 1980. S. 59.
Kunze, Reiner: Sensible Wege. Aus ders.: gespräch mit der amsel. © S. Fischer Verlag GmbH, Frankfurt/Main 1984.
Rühmkorf, Peter: Bleib erschütterbar. In P. R.: Haltbar bis Ende 1999. Gedichte. (rororo 12115). Rowohlt Taschenbuch–Verlag. Reinbek b. Hamburg 1987. S. 24.
Sachs, Nelly: Chor der Geretteten. In N. S.: Gedichte. Hg. v. H. Domin. Suhrkamp Verlag. 9. Aufl. Frankfurt/M. 1996. S. 27.
Theobaldy, Jürgen: Im August. In J. Th.: Drinks, Gedichte aus Rom. Verlag Das Wunderhorn. Heidelberg 1979. S. 14.

Literaturverzeichnis

Allgemeine Darstellungen, poetologische und lyrikgeschichtliche Literatur

Adorno, Theodor W.: Rede über Lyrik und Gesellschaft In: Noten zur Literatur I. Frankfurt/M.1958. S. 73–104.

Adorno, Theodor W.: Engagement. In: Noten zur Literatur III. Frankfurt/M.1965. S. 109–135.

Adorno, Theodor W.: Kulturkritik und Gesellschaft. In: Prismen. (dtv 159). München 1963. S. 7–26.

Baumgart, Reinhart: Deutsche Literatur der Gegenwart. Kritiken – Essays – Kommentare. München/Wien 1994.

Bachmann, Ingeborg: Frankfurter Vorlesungen. Problem zeitgenössischer Dichtungen II. Über Gedichte. In: Werke, Bd. 4. München/Zürich 1993. S. 200–216.

Benn, Gottfried: Probleme der Lyrik. [Vortrag in Marburg 1951]. In: Sämtliche Werke, Bd. 6. (Stuttgarter Ausgabe). Hg. v. G. Schuster. Stuttgart 2001. S. 9–44.

Binneberg, Kurt: Deutsche Lyrik von der Klassik bis zur Romantik. Interpretationshilfen. Ernst Klett Verlag. Stuttgart 1995.

Brecht, Bertolt: Über reimlose Lyrik mit unregelmäßigen Rhythmen. In: Gesammelte Werke, Bd. 19. (werkausgabe edition suhrkamp). Frankfurt/M. 1967. S. 395–404.

Burdorf, Dieter: Einführung in die Gedichtanalyse. (Sammlung Metzler 284). 2. Aufl. Stuttgart 1997.

Durzak, Manfred (Hg.): Deutsche Gegenwartsliteratur. Ausgangspositionen und aktuelle Entwicklungen. Stuttgart 1981.

Celan: Paul: Der Meridian. Rede anlässlich der Verleihung des Georg–Büchner–Preises. Darmstadt, am 22. Okt. 1960. In: Gesammelte Werke, Bd. 3. (suhrkamp taschenbuch 1331). Frankfurt/M. 1986. S. 187–202.

Emmerich, Wolfgang: Aspekte der Gegenwart. Deutsche Demokratische Republik. In: W. Hinderer (Hg.): Geschichte der deutschen Lyrik vom Mittelalter bis zur Gegenwart. S. 576–604.

Enzensberger, Hans Magnus: Poesie und Politik. In: Einzelheiten. Frankfurt/M. 1962. S. 334–353.

Friedrich, Hugo: Die Struktur der modernen Lyrik. Von der Mitte des neunzehnten bis zur Mitte des zwanzigsten Jahrhunderts. (rowohlts deutsche enzyklopädie 25). Erw. Neuausgabe. 6. Aufl. Hamburg 1974.

Hamburger, Michael: Wahrheit und Poesie. Spannungen in der modernen Lyrik von Baudelaire bis zur Gegenwart. Aus dem Englischen v. H. Fischer. Wien/Bozen 1995.

Hansers Sozialgeschichte der deutschen Literatur vom 16. Jahrhundert bis zur Gegenwart, Bd. 10: Literatur in der Bundesrepublik Deutschland bis 1967. Hg. v. L. Fischer. (dtv 4352). München/Wien 1986. – Band 12: Gegenwartsliteratur seit 1968. Hg. v. K. Briegleb u. S. Weigel. (dtv 4354). München/Wien 1992.

Hartung, Harald: Experimentelle Literatur und konkrete Poesie. (Kleine Vandenhoeck–Reihe 1405). Göttingen 1975.

Hartung, Harald: Masken und Stimmen. Figuren der modernen Lyrik. München/ Wien 1996.

Hinck, Walter (Hg.): Geschichte im Gedicht. (edition suhrkamp 721). Frankfurt/M. 1979.

Hinck, Walter: Magie und Tagtraum. Das Selbstbild des Dichters in der deutschen Lyrik. Frankfurt/M. u. Leipzig 1994.

Hinderer, Walter (Hg.):Geschichte der deutschen Lyrik vom Mittelalter bis zur Gegenwart. Stuttgart 1983.

Jandl, Ernst: Die schöne Kunst des Schreibens. 3. Aufl. München 1995.

Kaiser, Gerhard: Geschichte der deutschen Lyrik von Heine bis zur Gegenwart. Ein Grundriß in Interpretationen. 3 Bde. (suhrkamp taschenbuch 2107). Frankfurt/M. 1991.

Knörrich, Otto: Die deutsche Lyrik seit 1945. (Kröners Taschenausgabe 410). 2. Aufl. Stuttgart 1978.

Knörrich, Otto: Aspekte der Gegenwart. Bundesrepublik Deutschland. In: W. Hinderer (Hg.): Geschichte der deutschen Lyrik vom Mittelalter bis zur Gegenwart. S. 551–575.

Koebner, Thomas (Hg.): Tendenzen der deutschen Gegenwartsliteratur. (Kröners Taschenausgabe 405). 2. Aufl. Stuttgart 1984.

Korte, Hermann: Geschichte der deutschen Lyrik seit 1945. (Sammlung Metzler 250). Stuttgart 1989.

Korte, Hermann: Energie der Brüche. Ein diachroner Blick auf die Lyrik des 20. Jahrhunderts und ihre Zäsuren. In: Text + Kritik (1999). Sonderband: Lyrik des 20. Jahrhunderts. S. 63–106.

Krolow, Karl: Aspekte zeitgenössischer deutscher Lyrik.. Gütersloh 1961.

Krolow, Karl: Wenn die Schwermut Fortschritte macht. Gedichte. Prosa. Essays. (Reclam–Bibliothek 1473). Reclam Verlag. 2. Aufl. Leipzig 1993.

Lamping Dieter: Das lyrische Gedicht. Definitionen zu Theorie und Geschichte der Gattung. 3. Aufl. Göttingen 2000.

Lamping, Dieter: Moderne Lyrik. Eine Einführung. (Kleine Vandenhoeck–Reihe 1557). Göttingen 1991.

Matt, Peter von: Die verdächtige Pracht. Über Dichter und Gedichte. München/ Wien 1998.

Naturlyrik und Gesellschaft. Hg. v. N. Mecklenburg. (Literaturwissenschaft – Gesellschaftswissenschaft 31). Verlag Klett–Cotta. Stuttgart 1977.

Petruschke, Adelheid: Lyrik nach 1945. (Klett Lektürehilfen). Stuttgart 1987.

Raddatz, Fritz J.: Traditionen und Tendenzen. Materialien zur Literatur der DDR. 2 Bde. (suhrkamp taschenbuch 269). Frankfurt/M. 1976.

Rey, William H.: Poesie der Antipoesie. Moderne deutsche Lyrik. Genesis. Theorie. Struktur. (Poesie und Wissenschaft XXI). Heidelberg 1978.

Schöne, Albrecht: Über politische Lyrik im 20. Jahrhundert. (Kleine Vandenhoeck–Reihe 228/229). 3. Aufl. Göttingen 1972.

Schuhmann, Klaus: Lyrik des 20. Jahrhunderts. Materialien zu einer Poetik. (rowohlts enzyklopädie 550). Reinbek b. Hamburg 1995.

Schultz, Hartwig: Vom Rhythmus der modernen Lyrik. Parallele Versstrukturen bei Holz, George, Rilke, Brecht und den Expressionisten. München 1970.

Sengle, Friedrich: Moderne deutsche Lyrik. Von Nietzsche bis Enzensberger (1875–1975). Hg. v. G. Schneider. Heidelberg 2001.

Sorg, Bernhard: Lyrik interpretieren. Eine Einführung. Berlin 1999.

Steiner, George: Sprache und Schweigen. Essays über Sprache, Literatur und das Unmenschliche. Frankfurt/M. 1969.

Stephan, Günter: Naturlyrik. Gattungs- und epochenspezifische Aspekte. (Klett Lektürehilfen). Stuttgart 1989.

Vormweg, Heinrich: Deutsche Literatur 1945–1960. Keine Stunde Null. In: Durzak, S. 14–31.

Wapnewski, Peter: Zumutungen. Essays zur Literatur des 20. Jahrhunderts. (dtv 10010). München 1982.

Weissenberger, Klaus (Hg.): Die deutsche Lyrik 1945–1975. Zwischen Botschaft und Spiel. Düsseldorf 1981.

Zeller, Michael: Gedichte haben Zeit. Aufriß einer zeitgenössischen Poetik. Stuttgart 1982.

Interpretationssammlungen

1000 Deutsche Gedichte und ihre Interpretationen. 10 Bände. Hg. v. M. Reich-Ranicki. Frankfurt/M. 1994.

Breuer, Dieter (Hg.): Deutsche Lyrik nach 1945. Frankfurt/M. 1988.

Domin, Hilde (Hg.): Doppelinterpretationen. Das zeitgenössische deutsche Gedicht zwischen Autor und Leser. (Fischer Taschenbuch 1690). Frankfurt/M. 1969.

Freund, Winfried: Deutsche Lyrik. Interpretationen vom Barock bis zur Gegenwart. (UTB 1583). 2. Aufl. München 1994.

Gedichte und Interpretationen. Band 6: Gegenwart. Hg. v. W. Hinck. (Reclams Universal–Bibliothek 7895). Stuttgart 1982.

Gedichte und Interpretationen. Band 7: Gegenwart II. Hg. v. W. Hinck. (Reclams Universal–Bibliothek 9632). Stuttgart 1997.

Gedichte aus unserer Zeit. Interpretationen. Hg. v. K. Hotz u. G. C. Krischker. 2. Aufl. Bamberg 1998.

Geist, Peter u.a. (Hg.): Vom Umgang mit Lyrik der Moderne. Berlin 1992.

Hinck, Walter: Stationen der deutschen Lyrik. Von Luther bis in die Gegenwart – 100 Gedichte mit Interpretationen. Göttingen 2000.

Hoffmann, Dieter: Arbeitsbuch Deutschsprachige Lyrik. (UTB Mittlere Reihe 2037). Tübingen/Basel 1998.

Kaiser, Gerhard: Augenblicke deutscher Lyrik. Gedichte von Martin Luther bis Paul Celan. (insel taschenbuch 978). Frankfurt/M. 1987.

Köpf, Gerhard (Hg.): Neun Kapitel Lyrik. Paderborn 1984.

Kopplin, Wolfgang: Beispiele. Deutsche Lyrik '60–'70. Texte – Interpretationshilfen. Paderborn 1969.

Korte, Hermann: Lyrik von 1945 bis zur Gegenwart. (Oldenbourg Interpretationen 82). München 1996.

Lermen, B. u. Loewen, M. (Hg.): Lyrik aus der DDR. Exemplarische Analysen. Paderborn 1987.

Riedler, Rolf (Hg.): Die Pausen zwischen den Worten. Dichter über ihre Gedichte. (Serie Piper 638). München/Zürich 1986.

Einzeluntersuchungen

(Die zahlreichen Kurzinterpretationen zu einzelnen Gedichten aus der Sammlung „1000 Deutsche Gedichte und ihre Interpretationen" sind in den jeweiligen Interpretationskapiteln nachgewiesen)

Böschenstein, Bernhard: Über Paul Celan. Hg. v. D. Meinecke. (edition suhrkamp 495). Frankfurt/M. 1970. S. 101 ff.

Braun, Michael: Eklektizismus und Montagekunst. Das „Posthistoire" in der Lyrik. In: Sprache im technischen Zeitalter 1986. S. 91–106.

Braun, Michael: Suchbewegungen im Sprachzerfall. Einige Bemerkungen zur Poetik der jüngsten Lyriker–Generation. In: Sprache im technischen Zeitalter 1989. S. 210–18.

Buddeberg, Else: Gottfried Benn. Stuttgart 1961.

Buhr, Gerhard: Über Paul Celans Gedicht ‚Weggebeizt'. In: Celan–Jahrbuch 1 (1987). S. 9–56.

Burger, Hermann: Auf der Suche nach der verlorenen Sprache. Zürich/München 1974.

Buselmeier, Michael: Poesie und Politik. Zur Lyrik der 70er und 80er Jahre. In: Text + Kritik. Politische Lyrik. H. 9/9a (1984).

Demetz, Peter: Eugen Gomringer und die Entwicklung der konkreten Poesie. In: Weissenberger, S. 277–286.

Döhl, Reinhard: Konkrete Literatur. In: Durzak, S. 270–298.

Gadamer, Hans–Georg: Wer bin ich und wer bist Du? Ein Kommentar zu Paul Celans Gedichtfolge ‚Atemkristall'. (Bibliothek Suhrkamp 352). Frankfurt/M. 1973.

Gerth, Klaus: Absolute Dichtung? Zu einem Begriff in der Poetik Gottfried Benns. In: Gottfried Benn. Hg. v. B. Hillebrand. (Wege der Forschung 316). Darmstadt 1979. S. 240–260.

Gnüg, Hiltrud: Gespräch über Bäume. Zur Brecht–Rezeption in der modernen Lyrik. In: Basis. Jahrbuch f. deutsche Gegenwartsliteratur, Bd. 7 (1977). S. 89–117.

Grimm, Erk: Lesarten der zweiten Natur. Landschaften als Sprachräume in der Lyrik Thomas Klings. In: Text + Kritik, H.147 (2000). S. 59–69.

Grimm, Reinhold: Die problematischen ‚Probleme der Lyrik'. In: Gottfried Benn. Hg. v. B. Hillebrand. (Wege der Forschung 316). Darmstadt 1979. S. 206–239.

Hartung, Harald: Experimentelle Literatur und konkrete Poesie. (Kleine Vandenhoeck–Reihe 1405). Göttingen 1975.

Haupt, Jürgen: Natur und Lyrik. Naturbeziehungen im 20. Jahrhundert. Stuttgart 1983.

Holthusen, Hans Egon: Hans Magnus Enzensberger. In: Weissenberger, S. 331–343.

Janz, Marlies: Vom Engagement absoluter Poesie. Zur Lyrik und Ästhetik Paul Celans. Frankfurt/M. 1976.

Koepke, Wulf: Reiner Kunze. In: Weissenberger, S. 373–382.

Korte, Hermann: Auf dem Trampelpfad. Deutsche Lyrik 1985–1991. In: Text + Kritik, H. 113 (1992). S. 52–62.

Korte, Hermann: „Es ist in aller Trauer der tiefste Hang zur Sprachlosigkeit". Der Holocaust in der Lyrik nach 1945. In: Text + Kritik, H. 144 (1999). S. 25–47.

Korte, Hans: „Wenn ein staat ins gras beißt, singen die dichter". DDR–Lyrik der neunziger Jahre. In. Text + Kritik, Bd. IX (2000). S. 122–144.

Kummer, Irène: Unlesbarkeit dieser Welt. Spannungsfelder moderner Lyrik und ihr Ausdruck im Werk von Paul Celan. Frankfurt/M. 1987.

Lamping, Dieter: Gedichte nach Auschwitz, über Auschwitz. In: Poesie der Apokalypse. Hg. v. Gerhard R. Kaiser. Würzburg 1991. S. 237–256.

Menninghaus, Winfried: Paul Celan. Magie der Form. (edition suhrkamp 1026). Frankfurt/M. 1980.

Neumann, Peter Horst: Zur Lyrik Paul Celans. Eine Einführung. (Kleine Vandenhoeck–Reihe 1286). 2. Aufl. Göttingen 1990.

Neumann, Peter Horst: Günter Eich. In: Weissenberger, S. 230–243.

Petersdorf, Dirk von: Was ist an Kitzbühel so schlimm? Junge Lyrik. Fünf Portäts, ein Essay, ein Gedicht. In: Neue Rundschau 3 (1993). S. 88–105.

Pöggeler, Otto: Spur des Worts. Zur Lyrik Paul Celans. Freiburg/München 1986.

Ryan, Judith: Nelly Sachs. In: Weissenberger, S. 110–118.

Schröder, Jürgen: Gottfried Benn. Poesie und Sozialisation. (Sprache und Literatur 103). Stuttgart u.a. 1978.

Schuhmann, Klaus: Späte Lyrik Brechts. In: Weimarer Beiträge. Brecht Sonderheft 1968. S. 39–61.

Trebeß, Achim: „im rechten augenblick das linke tun". Spracherneuerung in Texten von Bert Papenfuß–Gorek. In: Weimarer Beiträge 36 (1990). S. 617–636.

Wagenknecht, Christian: Variationen über ein Thema von Gomringer. In: Konkrete Poesie I. Text + Kritik 25 (1970), S. 14–16.

Wagner, Rüdiger: Entdeckung der konkreten Poesie. In: Deine Träume – Mein Gedicht. Eugen Gomringer und die konkrete Poesie. Hg. v. C. Schnauber. Nördlingen 1989. S. 236–249.

Weinrich, Harald: Kontraktionen. Paul Celans Lyrik und ihre ‚Atemwende'. In: Neue Rundschau 79 (1968), S. 112–121.

Weinrich, Harald: Linguistische Bemerkungen zur modernen Lyrik. In: Literatur für Leser. Essays und Aufsätze zur Literaturwissenschaft. Stuttgart u.a. 1971. S. 109–123.

Weiß, Christian: „Sei du, Gesang, mein freundlich Asyl!" In. „Wir wissen ja nicht, was gilt." Interpretationen zur deutschsprachigen Lyrik des 20. Jahrhunderts. Hg. v. R. Marx u. Chr. Weiß. St. Ingbert 1993. S. 151–161.

Zimmermann, Arthur: Hans Magnus Enzensberger. Die Gedichte und ihre literatur–kritische Rezeption. Bonn 1977.

Zürcher, Gustav: Das Gedicht als Genicht. In: Text + Kritik. Paul Celan. H. 53s54 (1977). S. 9–17.